Friedrich Stoltze

Vermischte Schriften

Friedrich Stoltze

Vermischte Schriften

ISBN/EAN: 9783744617222

Hergestellt in Europa, USA, Kanada, Australien, Japan

Cover: Foto ©ninafisch / pixelio.de

Weitere Bücher finden Sie auf **www.hansebooks.com**

Vermischte Schriften

von

Friedrich Stoltze.

— · —

Herausgegeben und mit einem Vorwort sowie einem
Lebens-Abriß des Dichters versehen

von

Otto Hörth.

Dritte Auflage.

Frankfurt am Main.
Verlag von Heinrich Keller.
1896.

Inhaltsverzeichniß.

	Seite.
Seltsame Welt	3
Zu viel	4
Recept für moderne Dichtung	6
Moderne Malerei: I. Der Naturalist	6
„ „ II. Der Idealist	7
Wohlthätigkeit	8
Einladung zum Abonnement	9
Aus der alten und neuen Mythologie	11
Reiblos	13
Fastnacht	14
Frühlingsahnen	16
Der Storch im Schneewetter	18
Frühlingslied	20
April	21
Das Osterei	22
Das Hasenei	24
Im wunderschönen Monat Mai	26
Wieder Winter	26
Wieder milde Weihnachten	28
Winterliedchen	30
Milder Winter	32
Schlaflosigkeit	33
Trinklied	35
Der Schiersteiner	36
Hattenheim	58
Der Pfarrthurm	39
Eine Alt-Frankfurtische Neuigkeit	41
Der Kronprinz	42
Ob Freiheit oder Einheit	44
Die Kirchenbuße	45
Aus einer kleinen Pfingstreise	47
Zur Märzfeier 1873	49

Seite.

Zum Buchdruckertag in Frankfurt a. M. 51
Einem Leidensgefährten 54
An die Geliebte 55
Wir können auch ohne Ihn leben 57
Zum Brauertag in Frankfurt a. M. 58
Adolf Glaßbrenner 60
Ermahnung zur Tugend 62
An Ihn 64
Aus Neuseeland 65
Wucherpflanzen 67
Allerlei Zustände 69
Indirekte Steuern 72
Michel 74
Forst= und Waldfrevel 76
Zur Abrüstung 78
Die Bekehrten 80
Gewissen Leuten 81
Den Auswanderern 83
Schnupftabak 84
Die Mischehe 86
Das Frankfurter Schauspielhaus 88
Luther 90
Leiden 92
Der Soldat muß auch religiös erzogen werden 94
Zur Auswanderung 95
Kaiser Friedrich 97
Improvisation 97
Eden 98
Das Frankfurter Wahrzeichen auf dem Eschenheimer Thurm . 100
Die Weckverschwörung in Darmstadt 102
Die Vergiftung in Offenbach 105
Der Gänserich von Offenbach 106
Weihnachtsballade 108
Der Adjunkt von Neustadt a. H. 112
Thier=Charakter-Studien für kleine und große Kinder . . 114
Zur ersten Ausgabe der „Gedichte in Frankfurter Mundart" . 116
Straa=Bulver 117
Die Fleckesaaf 119
Die Amnestie 124

Seite.

Hann Jerg, dappen! 127

An seiner Seite 130

Wahrhaftige Historia, so sich auf der Constabler Wache zugetragen 133

Die Millich 135

Juchhe Fassenacht! un Vivat Frankfort! 137

Radowessische Todtenklage 139

Palmengarten-Concerte 142

Das Eckhaus vom Rawunzelgässi 144

E guter Eifall 148

Vivat Fassenacht! 153

Aprilwetter 154

Frühfrost 157

Alt=Frankforter Stadtnarrn: I. Der narrisch Wolf . . . 158

„   „   II. Raphael, der Minnesänger . . 160

Der Storch 161

Kundschaft 164

Stärkmehl in de Schwartemäge 166

Der fremde Has 167

Geographie der Liebe 168

Liebeserklärung 170

Autograph 170

Schützenspruch 171

Vivat König! 171

Oberräder Ländler 172

Lumpeliedche 172

Dreisilbige Charade 173

Dreisilbige Charade 174

Zweisilbige Charade 177

Räthsel 179

Viersilbiges Räthsel 179

Viersilbige Charade 181

Viersilbige Charade 182

Räthsel 183

Drei Charaden 184

Schwere Räthsel für leichte Gedankenübungen 186

Eine sehr lange, wenn auch nur zweisilbige Charade . . . 190

Die weißen Rosen 193

Erinnerungen an Arthur Schopenhauer 202

Wie ich um meinen ersten Schatz gekommen bin 218

Seite.

Die tobte Maus 225

Das Frankfurter Hoftheater 232

Die letzt Hochzeit uff dem Pathorn 245

Die Frau im schottischkarrirten Mantel 251

Der Sperrbatze 261

Die Nachtigalle 270

Etwas vom Dienstrid 278

Die Betstunn un das Wirthshaus 280

Der Berger Markt 289

Wie Käner absolut wollt erschosse sei 297

Nächtliche Abenteuer 334

Mensch und Mensch 339

Frankfurt in seinen Sprüchwörtern und Redensarten . . 342

Vorwort.

Die Veröffentlichung des vorliegenden Bandes hat sich in unliebsamer Weise verzögert, und zwar aus verschiedenen Gründen. Zunächst hat sich der Nachlaß des Dichters als so überaus reichhaltig erwiesen, daß schon die Sammlung und Sichtung des Materials viel Zeit in Anspruch nahm, und dann war auch die Auswahl und Zusammenstellung dessen, was aufgenommen werden sollte und konnte, eine langwierige Arbeit. Ich beabsichtigte anfänglich, dem Publikum so viel wie möglich zu bieten, damit es im Stande wäre, über Umfang und Tiefe der dichterischen Thätigkeit Friedrich Stoltze's sich selbst ein erschöpfendes Urtheil zu bilden, aber zu diesem Zwecke hätten mindestens zwei Bände veröffentlicht werden müssen, und dieser Ausdehnung standen Erwägungen entgegen, die zwar nicht rein literarischer Natur sind, deren entscheidendes Gewicht ich jedoch nicht verkennen konnte. So mußte ich mich denn dazu entschließen, die Veröffentlichung auf einen einzigen Band zu beschränken: in diesen habe ich Alles aufgenommen, was mir einen dauernden Werth zu haben schien und in dem sich auch das Wesen der Stoltze'schen Poesie, der Humor, in

reichſter und vielſeitigſter Weiſe entfaltet. Mit dem
vorliegenden fünften Bande iſt denn auch die gegen-
wärtige Sammlung ausgewählter Werke abgeſchloſſen.
Ob ſpäter eine Nachveröffentlichung ſtattfindet, das muß
Bedürfniſſen und Erwägungen überlaſſen bleiben, über
die erſt die Zukunft entſcheiden kann.

Zu dem Bande ſelbſt habe ich nur wenig zu bemerken. Zunächſt habe ich alle dramatiſchen Stücke
(„Eröffnung des Suez-Kanals“, „Sylveſterſpiel“ und
„Feſtſpiel zum hundertjährigen Jubiläum des Frankfurter Stadttheaters“) weggelaſſen, einestheils, weil ihre
Aufnahme Anderes, das ich für werthvoller hielt, ver-
drängt hätte, und anderntheils, weil dieſe Stücke in
Separatausgabe erſchienen ſind, ſo daß der Liebhaber
ſie ſich leicht verſchaffen kann. Unter den Gedichten
und Erzählungen ſind das Hochdeutſch und die Frankfurter Mundart in ungefähr gleichem Maße vertreten;
ſie ſind alle vorwiegend humoriſtiſchen Inhalts. Den
Gedichten habe ich einige der beſten Räthſel beigeſellt,
unter die Erzählungen habe ich eine hübſche Epiſode
aus dem unvollendeten Roman „Polen und Studenten“
aufgenommen. Den Gedichten habe ich am Schluſſe
noch die Ballade „Die weißen Roſen“ beigefügt. Der
Dichter hatte dieſe Jugendarbeit nicht zur Aufnahme
in die vorliegende Sammlung beſtimmt, aber es ſind

ihretwegen seit der Ausgabe des vierten Bandes so viele
Reklamationen an die Verlagshandlung und an mich
gekommen, daß ich mich entschloß, sie dem Publikum,
das die Ballade von früheren Ausgaben her kennt und
liebgewonnen hat, auf's Neue zu bieten. Endlich enthält der Band noch aus den erklärten Sprüchwörtern
und Redensarten diejenigen, die unzweifelhaft Frankfurter Ursprungs sind und deren Erklärung nicht bloß
von lokalgeschichtlichem, sondern auch von literarisch-
linguistischem Interesse ist.

Schließlich habe ich an dieser Stelle noch eine
angenehme Pflicht zu erfüllen, indem ich Allen, die mich
bei der Erfüllung meiner Aufgabe unterstützten, ins-
besondere den Hinterbliebenen des Dichters, meinen auf-
richtigen Dank sage. So möge denn der neue Band
hinausgehen, die alten Freunde des Dichters zu erfreuen
und ihm neue zu erwerben!

Frankfurt a. M., am 80. Geburtstage Stolze's
und am Tage der Enthüllung seines Denkmals,
den 21. Novbr. 1895.

Otto Hörth.

Friedrich Stoltze.

Ein Abriß seines Lebens.

—

Friedrich Stoltze, ein richtiges Frankfurter Kind, stammte nicht aus einer Altfrankfurter Familie. Sein Vater, Friedrich Christian Stoltze, war in Hörla im Waldeck'schen geboren: er lernte in Kassel als Kellner und kam als solcher im Jahre 1800 nach Frankfurt, wo er 1808 Bürger wurde, das „Gasthaus zum Rebstock" erwarb und sich mit einer Frankfurterin, Anna Maria, geb. Rottmann, verheirathete. Der Vater der letzteren war aus Neckargemünd eingewandert, ihre Mutter war aus Sonneberg in Thüringen. Der Ehe entstammten fünf Kinder, von denen drei früh starben. Friedrich war das jüngste; er war am 21. November 1816 geboren. Seine Schwester Anna, genannt Annette, war am 11. November 1813 geboren; sie starb am 17. November 1840. Der alte Stoltze starb am 6. November 1833, seine Frau am 24. Dezember 1868.

Der junge Friedrich erhielt eine vorzügliche Erziehung, nach damaligen Begriffen sogar eine Erziehung, die weit über seinen Stand hinausging. Zu seinen Lehrern gehörte u. A. auch Dr. Textor, der Neffe Goethe's. Friedrich war ein begabter, aber auch ein wilder Junge. Sein poetisches Talent regte sich sehr frühe, namentlich unter dem Einfluß seiner etwas

schwärmerisch angelegten Schwester, die er leidenschaftlich
liebte. Das Vaterhaus wurde Ende der Zwanziger und
Anfangs der Dreißiger Jahre ein Sammelpunkt der
Frankfurter „Demagogen"; im „Rebstock" kamen sie zusammen, besprachen die Zeitereignisse, sangen verbotene
Lieder, träumten vom einigen und freien Deutschland
und machten Pläne für die Zukunft. Manche, die von
ihren Regierungen verfolgt wurden, fanden im „Rebstock"
Zuflucht und Unterhalt, ebenso die Polen, als sie nach
dem Mißlingen des Aufstandes von 1830 in Masse
auswanderten und Deutschland durchzogen. Der junge
Stolze nahm, gleich seiner Schwester, an Allem den
lebhaftesten Antheil, und hier im Vaterhause war es,
wo die drei Hauptgedanken seines poetischen Schaffens
ihre feste Wurzel hatten: die Anhänglichkeit an die
Vaterstadt, die Sehnsucht nach einem einigen und starken
Deutschland und die Liebe zur Freiheit. Heimath,
Vaterland und Freiheit waren es im innigsten Verein,
die schon den Knaben begeisterten und denen der Mann
treu blieb bis zum letzten Athemzuge seines Lebens.
Als nach dem Sturm der Studenten auf die Frankfurter Hauptwache (3. April 1833) eine scharfe Unter-
suchung eingeleitet wurde, betheiligten sich die Geschwister
Stolze an allerlei Plänen zur Befreiung der gefangenen
Studenten. Ein Brief Annettens an einen derselben,
Eimer, wurde aufgefangen, was die Briefschreiberin mit
in die Untersuchung verwickelte. Sie ist das „Fräulein
Stolze," von welcher Treitschke im vierten Band seiner
„Deutschen Geschichte im 19. Jahrhundert" (S. 747
und 748) nach den späteren Aufzeichnungen Dr. Eimer's

spricht. Stolze hat die Erlebnisse seiner Schwester in einem hübschen Gedichte verherrlicht, das jedoch den historischen Thatsachen nicht genau entspricht. Wenigstens ist in den Akten nur zu finden, daß Fräulein Stolze einem Verhör unterzogen und mit einem Verweise bedacht worden ist; von einer Gefangenschaft ist nirgends etwas erwähnt. Wahrscheinlich ist es also blos die dichterische Phantasie, die den erst sechzehnjährigen Stolze in dem Verhörslokale einen Kerker sehen ließ.

Friedrich sollte nach dem Willen seines Vaters Kaufmann werden; das war damals die ehrenvollste Laufbahn eines jungen Menschen in Frankfurt. Friedrich hatte keine Lust dazu, und auch seine Schwester sowie sein Lehrer Dr. Textor riethen eindringlich davon ab. Aber der Vater setzte seinen Willen durch und so kam Friedrich in die Lehre zum Kaufmann G. C. Melchior, welcher sein Geschäft im Hause des Herrn von Willemer, des Freundes Goethe's hatte. Stolze's Mitlehrling war Hermann Hendrichs, der spätere berühmte Schauspieler. Die Beiden waren zu Allem eher aufgelegt, als zu ernster kaufmännischer Thätigkeit. Namentlich der junge Stolze dichtete lieber, als daß er Briefe kopirte. Er machte recht hübsche Gedichte, mit denen er die Aufmerksamkeit der Frau Marianne von Willemer auf sich lenkte. Er sang auch gern Mariannens Lieder von seinem Comptoir nach ihren Fenstern hinauf. Sie nahm sich seiner liebreich an, und als er ihr wieder einmal sein Kaufmannsleid klagte, rieth sie ihm kurz und bündig, er solle aus der Lehre durchbrennen. Das wäre vielleicht auch geschehen, wenn nicht das Schicksal in anderer Weise ein-

gegriffen hätte. Stolze's Vater starb; nun war Friedrich
frei, er konnte seinen literarischen Neigungen leben und
auf Reisen gehen. Er ging nach Paris, wo er u. A.
Beranger besuchte, und war auch in Lyon, wo er zum
Stiftungsfeste des dortigen deutschen Gesangvereins das
schwungvolle Bundeslied dichtete, das Mendelssohn-
Bartholdy komponirt hat. Nach Frankfurt zurückgekehrt,
gab Stolze 1841 ein Bändchen Gedichte heraus, dessen
vornehmste Wirkung war, daß es dem Dichter in dem
reichen, hochgebildeten und angesehenen Frankfurter M.
G. Seufferheldt einen väterlichen Freund und Gönner
gewann. Der war ihm um so nöthiger, als er sich
jetzt nach einem Erwerb umsehen mußte. Seufferheldt
machte ihn zu seinem Hauslehrer und schickte ihn dann
nach Thüringen zu Fröbel, um dort das System der
Kindergärten zu studiren, das Seufferheldt in Frankfurt
einzuführen gedachte. Stolze traf in Thüringen außer
mit Fröbel noch mit andern bedeutenden Männern zusammen, so mit Ludwig Storch, Ludwig Bechstein, dem
Maler Unger u. A., aber mit dem pädagogischen Genie,
das Seufferheldt in ihm entdeckt zu haben glaubte, war
es nichts. Stolze kehrte nach Frankfurt zurück und trat
nunmehr in Beziehung mit dem alten Amschel Rothschild,
bei dem er eine Zeit lang das Amt eines Vorlesers
versah. Inzwischen kamen bewegte Zeiten heran. Mit
voller Begeisterung stürzte sich Stolze in die Bewegung
des Jahres 1848, die gerade in Frankfurt wegen des
Parlaments ihren Mittelpunkt hatte und die Stolze
mit seiner Feder nachhaltig fördern half. Das Jahr
darauf zog er mit den Freischärlern in die Pfalz, wo

für die Reichsverfassung gekämpft wurde; dem Maler
Schalck, der Skizzen aus dem Freischaarenleben zeichnete,
lieferte Stolze den literarischen Text. Den Sieg der
Reaktion konnten beide freilich nicht verhindern.

Gegen Ende des Jahres 1849 verheirathete sich
Stolze mit einer Frankfurterin, Marie geb. Messenzehl,
die seines Lebens treue und sorgende Gefährtin geworden
ist, und der er stets mit der innigsten Liebe zugethan
war. Mit seiner Verheirathung begann für Stolze eine
Zeit fröhlichen Dichtens und Schaffens, aber auch eine
Zeit der Sorgen, da die Poesie nicht so viel eintrug,
als das Leben verlangte, und da namentlich allmählig
auch reichlicher Kindersegen sich einstellte. Nachdem ein
paar Versuche, ein eigenes Blatt zu gründen, gescheitert
waren, wurde Stolze Mitarbeiter am Hadermann'schen
„Volksfreund" und gab von 1852 an in zwangloser
Folge die „Krebbelzeitung" heraus, die in Frankfurter
Mundart die Tagesereignisse besprach, sowie die Zustände
Frankfurts und seiner Nachbarstaaten humoristisch-kritisch
beleuchtete. Die „Krebbelzeitung" hatte einen großen
Erfolg; ihr Erscheinen war jedesmal ein Ereigniß. Die
Frankfurter Behörden waren tolerant genug, den Dichter
nicht zu belästigen, ja sie ließen ihn selbst dann gewähren,
wenn der Hohe Bundestag sich über ihn beklagte, wozu
er nicht selten Ursache hatte. Hessen und Kurhessen
dagegen verstanden keinen Spaß; sie strengten gegen
Stolze Prozesse an, die freilich, da es noch keine Rechts-
hülfe der Bundesstaaten gab, auf Steckbriefe hinausliefen,
sowie auf die Weisung an die Gendarmen, Stolze zu
verhaften, sobald er einen Schritt über das Frankfurter

Gebiet hinaus wagen sollte. So war Stolze thatsächlich
Jahre lang in Frankfurt förmlich internirt, was für ihn
wegen der knappen und verwickelten Grenzverhältnisse
Frankfurts eine ziemlich unangenehme Sache war. Freilich
gab ihm seine Internirung auch wieder Gelegenheit zu
manchen guten Witzen und humoristischen Schilderungen.
Einmal wäre er beinahe gefaßt worden. Durch Ueber-
arbeitung hatte er sich ein nervöses Leiden zugezogen,
und die Aerzte schickten ihn, obgleich es Winter war,
nach Königstein in die dortige Pingler'sche Kaltwasser-
anstalt. Es war nassauischer Boden, wo er Heilung
suchte, aber Nassau hatte einen Auslieferungsvertrag mit
Hessen. Als es daher bekannt wurde, daß Stolze in
Königstein weile, verlangte die hessische Regierung von
der nassauischen die Auslieferung Stolze's, die denn
auch dem Vertrage gemäß bewilligt wurde. Diese Aktion
der hessischen Regierung war aber in Frankfurt ruchbar
geworden; zwei Freunde Stolze's, Franz Fabricius und
Eduard Fay, eilten trotz der strengsten Winterkälte nach
Königstein und retteten bei Nacht und Nebel den Dichter
auf Frankfurter Gebiet. Als in der Frühe die nassauische
Polizei kam, fand sie das Nest leer. Stolze hat diese
Ereignisse bekanntlich in seiner Erzählung „Die Flucht
von Königstein" mit prächtigem Humor beschrieben.

Im Jahre 1860 begründete Stolze in Gemeinschaft
mit dem Maler Schalck die „Frankfurter Latern", ein
humoristisch-satirisches Wochenblatt, das in hochdeutscher
Sprache wie in Frankfurter Mundart, in poetischer wie
in prosaischer Form die lokalen Ereignisse wie die Zeit-
begebenheiten kritisch erörterte. Stolze bediente sich dabei

sehr wirksam der bereits populären Figur des Herrn
Hampelmann, die er aber bedeutend verfeinerte; Hampelmann's Gattin „Settche" ist Stolze's Zuthat. Die
Gründung der „Frankfurter Latern" stand am Anfang
einer bewegten Zeit. Auf das Schillerfest, an welchem
Stolze einen rühmlichen Antheil nahm, folgte der
nationale Aufschwung, das erste Frankfurter Schützenfest,
der Fürstenkongreß, der Schleswig-Holstein'sche Krieg,
die Action Preußens zur Sprengung des Bundestags
und der Krieg gegen Oesterreich. Stolze, für die Einheit
und Macht, aber auch für die Freiheit Deutschlands
begeistert, bekämpfte in schärfster Weise die preußische
Politik und wurde dafür von preußischen Gerichten zu
schwerer Gefängnißstrafe verurtheilt. Als daher die
Preußen im Juli 1866 Frankfurt besetzten, mußte Stolze
fliehen, wenn er seine Freiheit behalten wollte. Am Tage
vor dem Einmarsch der Preußen reiste Stolze nach
Stuttgart, dann an den Bodensee und schließlich in die
Schweiz. Die allgemeine Amnestie öffnete ihm die
Heimath wieder und er kehrte nach Frankfurt zurück.
Die „Frankfurter Latern" hatte selbstverständlich zu
existiren aufgehört; in Ermangelung ihres Herausgebers
und Redacteurs beschlagnahmten die Preußen Alles in
der Redaction, Expedition und in der Druckerei, darunter
sämmtliche alten Jahrgänge, und Stolze hat sie, trotz
wiederholter Mahnungen, nie wieder zu sehen bekommen.
Unter den veränderten Verhältnissen begegnete die Heraus-
gabe neuer Blätter großen Schwierigkeiten; erst nach
dem deutsch-französischen Kriege, in dem gleich Stolze
auch ganz Frankfurt sich als gut deutsch erwies, konnte

die „Frankfurter Latern" wieder ungehindert erscheinen. Allmählig bekam Stolze bemerkenswerthe Mitarbeiter, aber den Hauptinhalt, den Geist und den Charakter des ganzen Blattes lieferte immer er selbst. Daher konnte ihn das Blatt auch nicht überleben; ein Jahr nach Stolze's Tode ging es ein.

Der Lebensabend Stolze's war nicht ohne schwere Trübungen. Er hatte den Schmerz, zwei Söhne im blühenden Alter von 20 und 22 Jahren zu verlieren; der eine starb in Amerika, der andere in Zürich, wo er studirte. Am 3. August 1884 riß der Tod die treue Gattin von seiner Seite, ein Verlust, den er nie mehr ganz überwinden konnte. Doch fehlte es auch nicht an Lichtblicken. Die verehrungsvolle Liebe seiner Mitbürger zeigte sich schon bei Gelegenheit des Festes seiner silbernen Hochzeit, in glänzender Weise aber bei der Feier seines siebzigsten Geburtstages. Es war zu jener Zeit, als der Post in Frankfurt ein Brief zuging mit der Aufschrift: „An den populärsten Mann Frankfurts." Sie ließ ihn ohne Zögern an Stolze gelangen, und die ganze Bevölkerung gab ihr Recht. Von Königstein, wo er sich alle Sommer zu erholen pflegte, kam er 1890 zurück, ohne die gewohnte Kräftigung gefunden zu haben. Er begann zu kränkeln; ein Leberleiden ließ seine Kräfte rasch zerfallen, und am Ostersamstag 1891, unter dem Klang der Glocken, die das Fest einläuteten, entschlummerte er sanft für immer. Stolze hinterließ fünf Kinder, einen Sohn und vier Töchter, in gesicherten Lebensverhältnissen. Von der Liebe seiner Mitbürger zeugt auch noch der Umstand, daß nach seinem Tode in kurzer Frist die Mittel zur Errichtung eines Denkmals für ihn beisammen waren. Dasselbe steht in der Altstadt, auf dem ehemaligen Hühnermarkt, nicht weit vom Vaterhause des Dichters.

Für Friedrich Stoltze's Bedeutung als Dichter und Humorist sprechen seine Werke. Hier sei nur noch ein Wort über seine Persönlichkeit gesagt. Stoltze war ein Mann von seltener Anspruchslosigkeit und Bescheidenheit; fremdes Verdienst erkannte er freudig und neidlos an, Lob und Anerkennung wehrte er fast schamhaft ab. In dem Manne mit glühender Vaterlandsliebe, begeistertem Freiheitsmuth und rückhaltlosem Gerechtigkeitsgefühl wohnte die Seele eines Kindes, harmlos und mild, der Natur sich freuend und der Segnungen der Freundschaft, der Liebe und der Menschlichkeit bedürftig. Er war von strengster Rechtschaffenheit; seine schriftstellerischen Gaben hat er niemals, obschon die Versuchung oft genug an ihn herantrat, für den Erwerb anrüchiger Reichthümer verwerthet, wohl aber stets uneigennützig in den Dienst der Wohlthätigkeit gestellt. Viele Jahre lang im Kampfe gegen politische und soziale, kirchliche und gesellschaftliche Mißbräuche stehend, hat er sich doch nie zu persönlichen Verunglimpfungen hinreißen lassen; die Gerechtigkeit, deren Reich er für die ganze Menschheit fördern zu helfen versuchte, war auch das Grundgesetz seines eigenen Verhaltens. Daher hat er wohl Gegner gehabt, aber keinen einzigen Feind hinterlassen. So steht Friedrich Stoltze im Gedächtniß seiner Mitbürger nicht blos als Dichter und Humorist, sondern auch als treuer Sohn seiner Vaterstadt, als

tüchtiger deutscher Bürger, als liebenswürdiger braver
Mensch, und dieses Gedächtniß wird nicht schwinden, so
lange Frankfurt steht und Vaterlandsliebe, Freiheit,
Gerechtigkeit und Menschlichkeit überzeugte Anhänger
haben.

Vermischte Gedichte,

Erzählungen, Frankfurter Sprüchwörter und Redensarten.

In Hochdeutsch und in Frankfurter Mundart.

Seltsame Welt.

Das Firmament ist ferne;
    Wie mag's da droben steh'n?
Den Wechsel auf die Sterne
    Wer acceptirt uns den?

Ach, Hoffnung & Soweiter
    Und Glück & Himmelfahrt
Sind lauter Firmen leider
    Höchst unsolider Art.

Und lassen sie uns stecken,
    Wie fast sich fürchten läßt, —
Bei welchem Nebelflecken
    Erheben wir Protest?

Auf Sternen und auf Sonnen
    Wohl selig lebt sich's drauf;
Wir ahnen schon die Wonnen, —
    Doch wie kommt man hinauf?

Durch Kummer, Nacht und Leiden
    Steigt man zur Lust empor;
Ein solches Vorbereiten,
    Ach, kommt mir seltsam vor.

1*

Damit mich einst der Flügel
   Viel besser trag' empor,
Bekomm' ich tücht'ge Prügel
   Auf Erden erst zuvor.

Damit ich sel'ger werde
   Im Schooß des Abraham,
Schlägt man mir auf der Erde
   Erst alle Knochen lahm.

Ein Stern will sein erworben,
   So ist's einmal verfügt, —
Und wann ich bin gestorben,
   Dann bin ich erst vergnügt!

———

Zu viel.

Es hat so viel dem Menschensohn
   Der liebe Gott gegeben:
Wir könnten hier auf Erden schon
   Als wie im Himmel leben.

Mit ihren Thälern, ihren Höh'n,
   Wie könnte es uns fehlen?
Die Welt ist groß genug und schön
   Für doppelt so viel Seelen!

Er hat gesetzt uns in die Brust
   Die Freundschaft und die Liebe,
Gefühl für Leid, Gefühl für Lust,
   Und alle schönen Triebe.

Er hat gesetzt uns in das Haupt
   Den göttlichen Gedanken;
Er hat ihm freien Flug erlaubt
   Und zog ihm keine Schranken.

Er schickte Thau und Sonnenschein
   Uns auf die Erde nieder;
Er gab uns Früchte, Korn und Wein,
   Die Blumen und die Lieder.

Und doch nicht gut ergeht's uns sehr,
   Ach, unter Gottes Sonne;
Des Bluts und Schweißes ist es mehr
   Als wie der Lebenswonne.

Gewalt für Recht ist Vieler Loos,
   Die Freiheit ging auf's Wandern;
Wir zittern vor dem Gnadenstoß
   Von einem Tag zum andern.

O Gott, du hast in deiner Huld
   Uns für das Menschenleben
Zu viel — Geduld, viel mehr Geduld,
   Als nöthig war, gegeben!

Recept für moderne Dichtung.

Nimm einen Vollmond und zwei Sterne,
Drei Fahrewohl und vier Ade,
Fünf Seufzer in die weite Ferne,
Ein blaues Aug' und sieben Weh;
Zerstoße Dieses mit acht Rosen,
Neun Veilchen und der Lilien zehn
Und etwas Zwielichts-Liebeskosen,
Und laß es träumend dann zergeh'n:
Dann rühre etwas Abendröthe
Und etwas Lämmerwölfchen dran
Und eine Nachtigallenflöte
Und einen trauten Silberschwan:
Nimm einen Schoppen Seegekräusel
Und Waldesduft und Einsamkeit
Und Südenhauch und Westgesäusel,
Und etwas Freud' und etwas Leid;
Und rühre das in Gottes Namen
Mit einem blüh'nden Myrthenreis
Und bringe es für zarte Damen
Dann auf die Tafel glühend heiß.

Moderne Malerei.

1. Der Naturalist.

Geh' ungewaschen, ungekämmt
In die Natur hinein;
Je schmutziger dabei dein Hemd,
Je besser wird es sein.

Und wo ein Haufen Dünger ist
Und duftet angenehm,
Da setz' dich mitten auf den Mist,
Doch möglichst unbequem.
Blick' grade aus und mal' mit Koth,
Was sich dir beut zur Schau:
Im Hintergrund das Abendroth
Und vornen eine Sau.
Doch nimm dazu den Pinsel nicht
Und nur die Spachtel stets;
Und wenn sie dir dabei zerbricht,
Auch mit dem Stiefel geht's.
Und zieh' dein Bild dann kühn und keck
Noch durch den dicksten Schmutz,
Und was hinzugemalt der Dreck,
Den Zufall, den benutz'!
Und lief're es als Prämienbild
Dann einem „Kunstverein",
Der dann als tiefster Kenner gilt
Urkräft'ger Malerei'n.

2. Der Idealist.

Empfind' und fühl' begeistert ein Motiv,
Von Unnatur ein höchst verzwicktes Wesen,
Von dem in einem Buche oder Brief
Du Unverständliches einmal gelesen;
Von dem du was im Halbschlaf hast geschaut,
Ein unbestimmter Phantasien-Dusel,
Halb Kammerjungfer und halb Himmelsbraut,
Halb Nektarkrätzer, halb versüßter Fusel.

Und die „Idee", (von welcher keine Spur),
Auf zarte Leinwand träum' sie, auf egale,
Und hoch und tief empfinde die Contour,
Und ist's gescheh'n, so thu's noch ein'ge Male.
Un dann mit Farben, aber dünn, sehr dünn,
Beginn' ätherisch süß zu coloriren,
Und überzarte blaue Tönchen drin
Versuche möglichst schmelzend zu lasiren.
Und sieh' vor Allem, daß vor deinem Aug'
Recht überraschend plastisch wirf' die Gruppe,
Und nimm zu diesem Zwecke in Gebrauch
Statt roher Menschen eine Gliederpuppe.
Und ist's dann fertig, stell's in Sonnenschein,
Verklärungshalber, bis zum nächsten Winter.
Nach Jahr und Tag kauft's dann der Frau'nverein
Vielleicht zum Besten ungerath'ner Kinder.

Wohlthätigkeit.

Ein edles Werk verrichte man im Stillen,
Man thut das Gute um des Guten willen;
    Es ist der Mensch jedoch kein höh'res Wesen,
    Und was er gibt, will er gedruckt auch lesen.

Wie vieles Gute würde nicht geschehen,
Wär' in der Zeitung nichts davon zu sehen;
    Ach, Solche, welche tausend Mark gar melden
    Und nur mit N. N., die sind wunderselten.

Schon häufiger sind die mit vollem Namen,
Um ein ganz winzig Sümmchen auszukramen,
　Sammt Straße, Haus, das Stockwerk und die Nummer;
　Sonst wäre das für sie ein Herzenskummer.

Für Andre, die es anders gern bekunden,
Ist „der bekannte Menschenfreund" erfunden,
　Und zwar so deutlich, ohne ihn zu nennen,
　Daß man schon meilenweit ihn kann erkennen.

Auch Manche finden es für angemessen,
Die Kindersparbüchs ja nicht zu vergessen;
　Kommt's „aus der Sparbüchs unserer Ottilie",
　So fällt doch auch ein Strahl auf die Familie.

Wer sich von seinem Gelde trennt mit Schmerzen,
Gibt's mit dem Motto: „Wenig, doch von Herzen!"
　Ein Anderer läßt fünfzig Pfennig blinken
　Mit der Devise: „Hoffnung läßt nicht sinken!"

Und die Moral für künftig und für heute:
Es macht sich mausig über andre Leute,
　Wer gar nichts gibt, selbst nicht um Gottes willen,
　Nichts offenkundig und auch nichts im Stillen.

Einladung zum Abonnement.

　　O weh, man macht uns Konkurrenz
　　　Der große Humorist, der Lenz,
　　Der besser weiß, wie man es macht,
　　　Daß Alles, Erd und Himmel, lacht.

Der gibt jetzt bald heraus ein Blatt,
　Das wohl die stärkste Auflag hat,
Denn da geht's tief in die Billion, —
　Hätt' die „Latern" die Hälft davon!

Und Blätter sind's, wir seh'n's mit Neid,
　So voller Mannigfaltigkeit!
Und jedes Blatt, sind's noch so viel,
　Hat seinen ganz besondern S t i e l!

Und eine schöne, b l ü h ' n d e Sprach'!
　Und streben all der Freiheit nach,
Und wenden alle sich zum Licht
　Und Preußen confiscirt sie nicht!

Und Lieder, Lieder sind darein,
　Die könnten gar nicht lust'ger sein;
Und jedes Blatt — 's ist wunderbar —
　Verträgt sehr gut das Wasser gar!

Ja, Blätter sind's, es ist ein Staat!
　Nur unegal sehr im Format,
Doch drum nicht weniger beliebt,
　Zumalen man sie gratis gibt.

Ja ja, mit diesem Musje Lenz
　Unmöglich ist die Konkurrenz:
Wir schlagen ab, doch nicht zu stark,
　Auf 80 Pfennig und 1 Mark.

Darum, ihr Leute, abonnirt,
   Von unsrer Großmuth hoch gerührt,
Und eilet euch, und kommt bei Zeit,
   Daß uns die Sach nicht wieder reut!

Aus der alten und neuen Mythologie.

Das war noch eine schöne Zeit
Als mit verschämter Zärtlichkeit
Selene durch die Büsche zog,
Sich niederbog und Küsse sog
Vom schlafenden Endymion,
Des Donn'rers wunderschönem Sohn.

Da flog auf Lüftchen weich und mild
Der Zephyr noch durch das Gefild,
Durch Fluren, Au'n und Haine rings
Mit Flügeln eines Schmetterlings,
Und wo's die schönsten Rosen gab,
Da brach er sie den Horen ab.

Demeter las im Felde draus
Die allerschönsten Früchte aus;
In ihrem goldnen Segenshorn
Da war kein falsches Gerstenkorn;
Auch hat die Mythe nie erzählt,
Daß je sie Weiden hätt' geschält.

Auch Dionysos Bacchus war
Ein Ehrenmann noch offenbar:
Er preßte allen seinen Wein
Direkt aus Trauben nur allein
Und füllte seine Schläuch' und Häut'
Nicht als verkappter Pharmazeut.

Die Götter aber heutzutag
Sind eine arge Landesplag',
Und der als Bacchus sich gerirt,
Das ist der größte Lump: er schmiert!
Man merkt es gleich der „Blume" an:
Da geht so leicht kein Zephyr dran!

Nun gar der König von Brabant,
Gambrinus, dick und wohlbekannt,
Ein braver Mann, so brav als schwer,
Doch ist's schon etwas lange her;
Wer heut ihn sieht, der kennt ihn kaum:
Sein Hopfen wächst am Weidenbaum!

Wie ein Verliebter sucht er draus
Die schönsten Wiesenblümchen aus;
Wie rührig sich der Dicksack bückt,
Wenn er die — Herbstzeitlosen pflückt!
„Gambrinus-Röschen" nennt er die
Und „Hopfenblüth' der Phantasie".

Wer aber liegt im Graben dort
Und schläft, als wär' ein grauser Mord
Und Todtschlag an dem Mann verübt

Und Sonstiges, was Gott betrübt?
Trank er vom Bier? Trank er vom Wein?
Endymion wird' doch nicht sein?

Selene naht im keusch'sten Licht;
Sie sieht dem Schläfer in's Gesicht,
Sie fährt zurück, ihr wird nicht wohl:
„Der riecht nach Sprit und Alkohol,
Nach Weiden, Brech- und Bitter-Nuß!
Dem geb' ich aber keinen Kuß!"

Neidlos.

Neidlos hör ich eure Titel,
Gott mit euch und Ibrahim!
Hält ein Orden ein Kapitel,
Seine Ritter gönn' ich ihm!

Tragt ihr noch so hoch die Nasen,
Mir hat's einen Beigeschmack:
Kronen, Szepter, Macht und Phrasen
Wirft der Tod in einen Sack.

Kniet in Sammet und in Seide
Vor dem Herrscher und dem Thron,
Fort doch müßt ihr alle Beide, —
Das ist der Humor davon!

Sterben wird euch doppelt sauer;
Legt man euch in keinen Brei,
Riecht ein König und ein Bauer
Ganz verzweifelt einerlei.

Schmiegen und zu Füßen liegen
Fiele mir im Traum nicht ein;
Ich verstehe mich auf's Fliegen,
Und so ist der Himmel mein!

Fastnacht.

He! Evoë! He! Evoë!
Hoch Bacchus und die Reben!
Der Sohn von Zeus und Semele,
Der Reblausbub soll leben!
O Dionysos, ha, ha, ha!
Was juckt dich so, mein Mäuschen?
Hast du vielleicht Phylloxera
In deiner Nebris? — Läuschen?

O Bacchuszug! O Bacchuschor!
Die beiden Panther kratzen
Laut heulend, ach, sich hinter'm Ohr
Mit ihren Hintertatzen.
Hoch springet der Mänaden Schaar,
Als würden sie gebissen!
Wie wimmelt es in ihrem Haar
Von Perlen, von gewissen!

Der Satyr sucht im Zottelrock
Nach niedlichen Figürchen;
Das fehlte noch dem alten Bock!
Der Satyr hat Sathierchen!
Silen auf seinem Langohr starrt
Verzweifelt-reblausselig,
Und nur die Geistesgegenwart
Hält seinen Esel fröhlich.

He! Evoë! — Nein, Schmach und Hohn
Dem Bacchus sammt dem Zeuse!
Des Kadmos Enkel, Jovis Sohn,
Pfui Teufel, — er hat Läuse!
Es hilft ihm, ach, kein Vitriol,
Kein Phosphor und kein Sulpher; —
Blitzpulver hat Papa, jawohl,
Doch kein Insektenpulver!

Was seid ihr zwei so göttlich dumm
Und so erhaben schweigsam!
Es liegt ja das Remedium
Euch vor der Nase gleichsam!
Gott Bacchus, gib uns zwanzig Jahr
Ein auserles'nes Tröpfchen,
Und ich befrei' auf immerdar
Dein Köpfchen von Geschöpfchen!

Topp! Evoë! — Von Grüneberg
Und Jena's süßen Gaben
Pflanz' einen Weinstock überzwerg
In's Rheinland, Pfalz und Schwaben;

Und wann heran die Reblaus kriecht,
Sie braucht's nicht erst zu schmecken:
Wenn sie allein die Wurzel riecht,
Ist sie schon todt vor Schrecken!

Frühlingsahnen.

Die Faschingszeit ist nun vorbei,
  Der Krapfen wird zur ·Phrase,
Und auf ein buntes Osterei
  Besinnt sich schon der Hase.

Der Storch, der Frühlingsbote, ist
  Bereits schon da ein Weilchen,
Und über eine kurze Frist
  Da kommen auch die Veilchen.

Sind in dem Garten auch beschneit
  Noch winterlich die Föhren,
Läßt sich in früher Morgenzeit
  Doch schon die Amsel hören.

Bald meint's die Sonne wieder gut
  Und Augen treibt der Flieder,
Und neue Hoffnung, neuer Muth
  Kehrt in die Herzen wieder.

Die liebe Osterglocke tönt,
   Die Gräber tragen Rosen;
Wohl dem, der sich mit Gott versöhnt,
   Und weh' dem Hoffnungslosen!

Was singst du, Fink, so hell, so hell?
   Ach, du hast keine Schmerzen;
Man merkt's, der frohe Liederquell
   Der springt dir aus dem Herzen!

Die Frühlingslust schwellt dir die Brust, —
   O daß sie nie ermüde!
Doch, Finklein, gibt's auch eine Lust,
   Vor der dich Gott behüte!

Ach, eine Lust voll schwerer Pein,
   Vom Schicksal zugemuthet:
Zur Fröhlichkeit verdammt zu sein,
   Indeß die Seele blutet!

Ein Herz, in den Humor gedrängt,
   Verwünscht, den Schmerz zu bänd'gen,
Ein Herz, das an den Todten hängt
   Und lacht für die Lebend'gen!

Der Storch im Schneewetter.

Du hast's getroffen, Frühlingsbote!
Die Zephyrlüftchen sind schon wach
Und säuseln dich von deinem Schlote
Unsanft kopfüber auf das Dach.
Hier, wo sich Massen Schnee's schon häufen,
Ausgleitend fällst du auf den Steiß
Und wie auf rothen Schlittenläufen
Fährst du zu Thal; Glück auf die Reis'!

Nun, wie befinden sich die Wiesen?
Sie laden zum Spaziergang ein;
Die weißen Blümlein, die da sprießen,
Das müssen Gänseblümchen sein.
Vielleicht auch nicht.   Sieh dort die Weiden
In Hüten all von weißem Bast:
Ihr grauer Teint sonst könnte leiden,
Zu heiß schon scheint die Sonne fast.

Vielleicht auch nicht.   Hast du Verlangen
Nach keinem Frosch? Nicht Lüsternheit
Nach einem Fisch? Nach keinen Schlangen?
Wir sind jetzt in der — Fastenzeit!
Doch lassen wir die spött'sche Rede!
Schon Mancher kam, wie dir's passirt,
Zu Anfang März als Lenzprophete
Und hat sich schwer damit blamirt.

Bleibst doch der deutsche Frühlingsbote,
Symbolisch echt sammt deinem Weib;
Trägt doch der Storch, der schwarz-weiß-rothe,
Des Reiches Farben auf dem Leib!
Auch stehst du gern auf einem Beine,
Das ist doch auch ein deutsch Symbol:
Die Einheit thut es schon alleine,
Auch ohne Freiheit ist's uns wohl.

Dein Wandertrieb nach fremden Landen
Ist auch ein deutscher Zug und Brauch.
Das Klappern gar! Mit Seelenbanden
Gehört's zum deutschen Handwerk auch.
Sich philosophisch zu versenken
Ist Storch und deutschem Mann gemein;
Wie viel dabei sich beide denken,
Wird noch zu untersuchen sein.

In einem Punkt besonders wandelt
Die Beiden Gleiches an fatal:
Wenn sich's um deutsche Lenze handelt,
Kommt man zu früh, ach, allzumal!
He, sind das Frühlingsahnungs-Auen?
Nun steht man da, nicht wahr, und friert!
Wer kann dem deutschen Wetter trauen,
Für das uns Niemand garantirt?

Bis Deutschland in den Flor gerathen
Und blühend rings ist anzuseh'n,
Im Schnee kannst du mit schlechten Waden
Noch lang in rothen Strümpfen geh'n!

2*

Am klügsten wär's, du schlügst Chamade
Und harrtest fern auf besser Glück, —
Und, tanzend vor der Bundeslade
Der Freiheit, kämst du dann zurück!

Frühlingslied.

Schon sieht man allenthalben
Die Störche und die Schwalben;
Es warten Wald und Flur
Noch auf den Kukuk nur.

Was kann der Lenz uns frommen,
So lang nicht Er gekommen?
Doch kommt Er in Person,
So blüht auch Alles schon:

So kommen in die Blüthe
Viel tausend Eisenhüte;
Die Königskerzen glüh'n,
Die Rittersporen blüh'n.

Schwertlilien erstrahlen,
Und schön in manchen Thalen
Da duftet, blüht und thaut
Das lange Fingerkraut.

Es flattern durch die Länder
Die bunten Ordensbänder,
Und um den Lorbeerstrauch
Fliegt manches Ochsenaug'.

Der Rohrspatz sitzt im Bambus,
Singt einen Dithyrambus:
In Blüthe steht der Kohl, —
Kurz, Jedem ist es wohl!

— — —

April.

So wie's die Kindlein machen,
April hat dran Geschmack:
Das Weinen und das Lachen
Hat er in Einem Sack.

Bald süßes Frühlingswehen
Wie aus dem Zuckerfaß,
Und dann, im Handumdrehen,
Ein grober Boreas.

Der Himmel allerwegen
Bald azurblau, bald grau;
Bald Sonnenschein, bald Regen,
Bald Schnee, bald wieder Thau.

Bald mit den Veilchen kosend
Wie ein verliebter Fant,
Und bald sie von sich stoßend
Durchaus höchst ungalant.

April hat seine Launen
Nach großer Herren Art:
Bald gnädig zum Erstaunen,
Bald wieder minder zart.

Bei solcherlei Geberden
Was ist des Pudels Kern?
Mußt kein Aprilsnarr werden
Und bleib' von großen Herrn!

Das Osterei.

Der Has, ein Bild der Furchtsamkeit,
So ganz von Muth ein Freier,
Warum legt er zur Osterzeit
Den deutschen Kindern Eier?

Sie schau'n zwar all' recht buntig aus,
Sind prächtig anzusehen,
Doch niemals schlüpft ein Hahn heraus,
Den Morgen anzukrähen.

Warum sie hart gesotten sind,
Das möcht' ich auch noch fragen,
Denn es verdirbt ein deutsches Kind
Damit sich nur den Magen.

Warum so schlau versteckt er sie?
Will er die Freude trüben?
Ein deutsches Kind muß sich wohl früh
Im langen Suchen üben!

Und wenn es sie gefunden hat
Im Grase oder Sträuchlein,
Dann freut es sich und ißt sich satt
Und streichelt sich das Bäuchlein.

O Freiheitslenz, wie Einerlei
Bist du doch an Gemüthe
So einem deutschen Hasenei
Als erste Frühlingsblüthe!

Auch du bist hartgesotten sehr
In deinem Frühlingsdrange,
Und liegst dem deutschen Volke schwer
Im Magen schon wie lange!

Doch du bist bunt, und das besticht
Das Volk noch allerwegen;
Doch Hasen sind es grade nicht,
Die ihm die Eier legen.

Dein Osterei verstehen sie
Jedoch so zu verstecken,
Daß du's in diesem Leben nie
Und nimmer wirst entdecken.

Bis du den Freiheitsfund gethan,
Und magst du noch so fluchen, —
Du stellst dich eben danach an, —
Da kannst du lange suchen!

Das Hasenei.

Schneit es dem Christkind auf die Nas,
So sitzt im Klee der Osterhas;
Doch geht das Christkind durch den Klee,
So sitzt der Osterhas im Schnee.

Und hat er weder Schnee noch Gras,
So setzt er sich in sonst etwas
Und legt sein Ei, als guter Christ,
Das schon bereits gesotten ist.

Wer dieses Ei vorher schon sott,
Das weiß allein der liebe Gott!
Er weiß es auch, warum so gut
Ein Hase Eier legen thut.

Gott weiß, warum der Has sich irrt
Und über Nacht zur Henne wird,
Gesott'ne Eier legt in Ruh,
Doch nicht auch den Salat dazu.

Warum das Hasenei so bunt,
Das hat wohl seinen guten Grund;
Doch diesen weiß in Ewigkeit
Auch Gott allein mit Sicherheit.

Die Professoren streiten sich
Und keiner weiß was eigentlich,
Warum so bunt das Osterei,
Und der es legt, ein Hase sei

Mit Ostern kommt die Frühlingszeit,
Da trägt die Welt ein buntes Kleid;
Doch Glück und Lenz, wie baldig schon,
Ach, springt das wie ein Has davon!

Schnell wie der Has enteilt das Glück,
Und ist es fort, was bleibt zurück?
Gewalt und Schmach am Menschenkind,
Die hartgesott'ne Sünder sind.

Gewalt und Schmach und Hohn und Pein,
Das schmeckt der Welt noch obendrein!
Sie sucht's, und wär's noch so versteckt,
Und freut sich, wenn sie es entdeckt.

Des Hasenei's Bedeutsamkeit
Bezieht sich auf die Heidenzeit.
Gottlob! Wir Christen jung und alt
Wir wissen nichts mehr von Gewalt!

Im wunderschönen Monat Mai.

Für 1874 variirt

Im wunderschönen Monat Mai,
Da alle Knospen sprangen,
Da hab' ich meinen Ofen neu
Zu heizen angefangen.

Im wunderschönen Monat Mai,
Da hell die Vögel sangen,
Da bin ich in der Röcke zwei
Und einem Pelz gegangen.

Wieder Winter.

Wieder decken Schnee und Eis
Berg und Thal und Flüe;
Veilchen, kleiner Naseweis,
Ach, du kamst zu frühe!

Phöbus hat uns vorgemacht
  Einen Hocuspocus,
Hat in tiefes Leid gebracht
  Primula und Crocus.

Frühlingsahnung wonniglich
  Hielt mich schon umsponnen;
Meines Strohhuts hatt' ich mich
  Schon bereits besonnen;

Eilte nach dem Kleiderschrank
  Fröhlich schon und pfiffig: —
Statt des Strohhuts, Gott sei Dank,
  Eine Pelzkapp' griff ich.

Ach, ein Mißgriff war es nicht,
  War ich auch erschrocken; —
Draus vom Himmel fielen dicht
  Weiße Winterflocken.

Aehnlich ging es mir wie oft
  Mit der Freiheit leider:
Wenn ich fest auf sie gehofft,
  Zog sie wieder weiter.

Kommt sie einst im Morgenroth,
  Und man wird sie haben,
Bin ich wohl wie lang schon todt
  Und wie lang begraben!

Wieder milde Weihnachten.

Bist du das liebe Christkind noch
Aus meiner sel'gen Kinderzeit?
Du kommst mir vor ganz anders doch
Und trugst ein schöner, lichter Kleid!

In jener hehren, heil'gen Nacht
An Sternenstrahlen schwebtest du,
Als wie an güld'nen Faden, sacht
Vom Himmel nach der Erde zu.

Auf weißen Flocken, daunenweich,
Ruhte dein Fuß; sie trugen ihn
Und sanken so mit ihm zugleich
Herab auf einen Hermelin.

Der lag bis an das Meergestad
Weithin im Thal und berghinan,
Und wo dein Fuß den Schnee betrat,
Da fing der Schnee zu blühen an.

Und balltest du ihn mit der Hand
Und warfst damit nach einem Haus,
Allwo ein Tannenbäumchen stand,
So ward der pure Zucker draus.

Wie hob dein prächtig gold'nes Kleid
So schön sich ab vom weißen Schnee!
Drum ist mir's heut ein Herzeleid,
Wenn ich im Koth dich waten seh.

Ach heute kommst du, wenn du's bist,
Mit aufgespanntem Paraplü,
Der auch zugleich ein Fallschirm ist,
Vom Himmel her mit großer Müh.

Und deine zarten Füße ruh'n
Auf Flocken weich wie Daunen nicht;
Sie ruh'n in ein paar Ueberschuh'n,
Dem Himmel gleich, nicht wasserdicht.

Wohin du trittst in diesem Speck,
Ich zweifle, daß er rosenglüht;
Es ist und bleibt der alte Dr —
Der uns vor Weihnacht schon geblüht.

O ball' ihn ohne Handschuh nicht!
Und wirf damit nach keinem Haus,
Allwo ein Bäumchen „Guts“ verspricht, —
Ich fürcht', es wird kein Zucker draus!

Und ist es Zucker, — wenn er schmilzt,
Nicht möcht ich in den Kaffee ihn!
Wenn du uns was bescheren willst,
Bescher' uns eine Kehrmaschin!

Bescher sie uns, und zwar sogleich!
Wo nicht, — im nächsten Jahre doch;
Es steckt das neue deutsche Reich
Bis dahin wohl im — — Glücke noch!

Winterliedchen.

Hoch lebe der Herr Boreas,
Auf den wir lange paßten;
Er half uns aus dem Regenfaß
Und aus dem Kehrichtkasten.
    Schöner kalter,
    Schöner kalter Boreas!
    Veilchenblaue Nasen,
    Aber saub're Straßen.

Und als kein Dreck mehr war zu seh'n,
Da gab's nun viele Holper,
Und Abends beim Nachhausegeh'n
Ein mannigfach Gestolper.
    Schöne dunkle,
    Schöne dunkle Stolperei!
    Große harte Brocken,
    Aber man fiel trocken.

Der Gasbeleuchtung Dunkelheit
Und Sündenfall-Verführung
Erregte noch zur rechten Zeit
Des guten Mondes Rührung.

O du guter,
O du lieber guter Mond!
Stolpert ein Geselle,
Sieht er doch die Stelle.

So war man selbst bei Mondenschein
Des Stolperns nicht enthoben;
Drum leerte aus das Christkindlein
Sein weißes Bettchen droben.
O du gutes,
Liebes gutes Christkindlein!
Schneeweiß zarte Federn,
Heil uns Pflastertretern!

O wie das noch von Federn fliegt
Und fällt uns auf die Näschen!
Ein blendend weißer Teppich liegt
Bis in die kleinsten Sträßchen.
O du schöner,
Schöner weißer Teppich du!
Alles geht auf Seide,
Morgen ist es Kreide.

Wer morgen nicht sein Trottoir kehrt,
Der kriegt was auf die Kreide.
Das Reinste bleibt nicht unversehrt,
So sauber es auch schneite.
O du reiner,
Blendendweißer reiner Schnee!
Morgen bist du scheckig,
Uebermorgen dreckig!

Milder Winter.

Ob's auch die Kohlenhändler prophezeit,
Der harte Winter naht sich nicht so frühe;
Zwar im Gebirg hat's schon einmal geschneit,
Doch wir im Thal, wir sitzen in der Brühe.
Auf Stelzen oder gar im Nachen senkt
Das Christkind sich hernieder nach der Erden,
Und was sich Mancher auf die Weihnacht denkt
Und Mancher wünscht, wird auch zu Wasser werden.

Verzweifelt flau geh'n die Geschäfte noch,
Und alle Kürschner fluchen: Es ist schändlich!
Verklebte die infame Biene doch
Ihr schnöde offnes Flugloch endlich, endlich!
Der Hamster promenirt vor seiner Thür,
Die Amsel singt im schönsten Liederschmelze;
Es stößt der Maulwurf bis zur Ungebühr,
Der Finke lockt, — da kauf' der Teufel Pelze!

Der Schneidermeister hebet seinen Blick
Zum Thermometer und zum Himmelsbogen,
Da kommt herein ihm grad auf die Butik
Sum, sum, ein Maienkäfer, ach, geflogen,
Und hinterdrein da schwirret frühlingsfroh
Die dickste Schmeißflieg'! Ach, ist das zum Lachen!
Wer läßt sich da noch einen Paletot,
Wer läßt sich da noch Winterhosen machen?

Still ist's im Wollenwaaren-Magazin,
Der Prinzipal geräth schier aus dem Häuschen;
Da tritt ein ländlich Mägdlein vor ihn hin
Und beut ihm zum Verkauf ein Veilchensträußchen.
Er weicht zurück mit gellem Schreckenston,
Als hätte ihn gestochen eine Bremse:
Wie? Was? O Himmel! Veilchen, Veilchen schon?
Wer kauft noch woll'ne Unterröck' und Wämse?

Die Zeiten, ja die Zeiten sind jetzt schlecht
Und ganz erbärmlich ist das Weihnachtswetter;
Nur Einem stets sind Zeit und Wetter recht,
Nur Einer wird zu allen Zeiten fetter;
Nur Einem ist das Alles höchst egal,
Er ist ein allezeit vergnügter Lacher;
„Hier ist der Zettel, Freundchen, und nun zahl'!" —
Es ist der liebe — Steuerschraubenmacher!

Schlaflosigkeit.

Schlaflosigkeit, Schlaflosigkeit,
Du bist ja auch mein altes Leid!
So manche lange Winternacht
Hab' ich im Bette durchgewacht!
Wie hab' ich mich um den Schlummer gequält!
Ich habe von Eins bis Hundert gezählt
Und wieder zurück und wieder bis Hundert;
Es hat nichts geholfen, ich hab' mich gewundert.

Ich habe mir zweitens auch vorgestellt
Ein großes wogendes Aehrenfeld;
Ich sah es schwanken, wie Wellen sich kräuseln;
Ich hörte es flüstern, ich hörte es säuseln;
Es hat mich gewiegt auf seinen Aehren
Hin, her, her, hin, so leise, so lind,
Als ob es Mutterarme wären
Und ich ein Kind.
Ich habe im Geist, was viel will heißen,
Dem Magistrate, unserm weisen,
In einer Sitzung beigewohnt,
Und doch hat mich kein Schlaf belohnt!
Ich hab' meine eig'nen Gedichte gelesen,
Auch das ist sogar vergeblich gewesen!
Auch Morphium und Chloral-Hydraten
Hab' ich probirt zu meinem Schaden;
Das hat mir ein Stündchen Schlaf erworben
Und dann für Jahre die Nerven verdorben.
Doch endlich hab' ich ein Mittel ersonnen,
Das hat meinen Schlaf mir wieder gewonnen.
Und steig' ich in's Bette und schlafe nicht gleich,
So denk ich an's heilige deutsche Reich
Und seine freie Constitution, -
Das ist genügend, da schlafe ich schon,
Den natürlichsten Schlaf, den tiefen und ächten,
Den festen Schlaf, den Schlaf der Gerechten.

Trinklied.

Nicht an Krug und Glas gebunden
   Ist der menschliche Verstand;
Als der Adam Durst empfunden,
   Soff er aus der hohlen Hand!
Musikanten wohlberathen,
Handwerksbursche und Soldaten
     Und der Bruder Studio
     Machen's heut noch ebenso.

Doch, da Wasser es gewesen,
   Was sich Adam schmecken ließ,
Kam der Cherub mit dem Besen,
   Trieb ihn aus dem Paradies.
Sich im Eden zu befinden
Und mit Wasser das verbinden,
     War dem Herrn ein Aergerniß,
     Größer als der Apfelbiß.

Adam, unser Stammesvater,
   Hatte unter seinem Vieh
Katzen wohl, doch keinen Kater,
   Denn er war kein Kneipgenie.
Darum unter seiner Nahrung
War wohl schwerlich auch ein Harung;
     Mit dem Fluch der Nüchternheit
     Ging er in die Ewigkeit.

Lirum, larum, larum, lirum,
  Mach dich nichts mit Wasser weiß!
Vinum, Vinum, Bierum, Bierum
  Schafft die Welt zum Paradeis!
Trinkt! Das Herz hat Durst im Leibe!
Macht das Paradies zur Kneipe,
  Und die Kneip zum Paradies!
    Umgekehrt ist's auch ein Spieß.

Wo uns Bacchus will kredenzen,
  Wo Gambrinus' Seidel schäumt,
Lieber drei Semester schwänzen
  Als nur einen Trunk versäumt!
Deutschland hoch! Hoch soll es leben!
Gott beschütze seine Reben,
  Und den Durst nach Wissenschaft,
    Wo ein guter Gerstensaft!

Der Schiersteiner.

Bei Schierstein in der Hölle
Da wächst ein Götterwein;
Bei Schierstein in der Hölle
Wem fällt der Teufel ein?
Die Trauben, die da wachsen,
Sind nicht vom Antichrist;
Der Teufel wohnt in Sachsen,
Weil er dort Winzer ist.

Bei Schierstein in der Hölle
Und rings noch drum herum,
Schuf Gott aus Steingerölle
Ein Wein-Elysium.
Als Gott allda gewandelt,
Gefiel ihm sehr der Ort:
Er hat in Wein verwandelt
Den Nibelungen-Hort.

Dem Alberich, dem Zwerge,
Dem nahm er ab den Schatz;
Gott trug ihn auf die Berge
Und an den rechten Platz.
„Bist nicht von schlechten Eltern,
Lagst lang genug im Rhein;
Nun soll man von dir keltern
Gar einen edlen Wein!

Der Zecher soll ihn preisen
Und sagen: Gott war hier!
Schiersteiner soll er heißen,
Denn Stein erweicht er schier.
Und noch nach tausend Jahren
Soll, was da Hölle hieß,
Ihm Gnade widerfahren
Wie einem Paradies!"

Ihr, Schiersteins edle Reben,
Vom Gottesgeist beseelt,
Hoch soll die Hölle leben,
Allwo der Satan fehlt!

Die Hölle sei gesegnet,
Wo es bei Sonnenschein
Nur lautren Nektar regnet, —
So Wunder schafft der Wein!

Hattenheim.

Ich schmelz dahin wie Butterseim,
Die Glut wird immer greller;
Ich wollt', ich säß zu Hattenheim
In einem kühlen Keller.
Was da in hundert Fässern steckt,
Wie mag's im Glase blitzen!
Die Sonne hat es ausgeheckt,
Vernünft'ger als das Schwitzen.

Da liegen Fürsten reihenweis,
Der deutschen Weine Fürsten,
Darunter mancher Jubelgreis,
Nach dessen Blut wir dürsten.
Hier bin ich für den Königsmord!
Schon rollen meine Augen!
Das Volk ist arm; hier ist der Ort,
Um Fürsten auszusaugen!

O welche Blume, welch' ein Duft!
Erquickung haucht's, Genesung!
Es riecht in dieser Fürstengruft
Durchaus nicht nach Verwesung.

O Schubart! Götzen dieser Welt,
Vom fürchterlichen Schimmer
Der Kellermitternacht erhellt,
Mit solchen halt' ich's immer!

Ihr geiles Blut ist heut noch Wein:
O daß es sich entschlösse
Und mir durch Adern, Mark und Bein
Wie flüssig Feuer flösse!
Gesegnet sei das Vaterland,
Das solche Fürsten zeugte!
Die ersten sind es, die ich fand,
Vor denen ich mich beugte.

Hier liegt, im kühlen Kellergrund,
Der Musikant begraben;
Den Andern halt nun Gott gesund,
Auch er hat große Gaben.*)
Musik und Wein vom ersten Rang
Beim Jungen und beim Alten,
Und nur so hundert Jahre lang,
Da wär's schon auszuhalten!

Der Pfarrthurm.

Den Pfarrthurm halten wir für schön,
Und können stolz uns das vergönnen,
Weil wir hinauf in alle Höh'n
Hoch, hoch ihn überfliegen können.

*) Der Geigenkünstler Wilhelmi, der zur Familie der Eigenthümer des
Hattenheimer Kellers gehört. Anm. d. H.

Doch nicht hinauf zum Mann im Mond,
Damit ihm nicht Gesellschaft fehle,
Doch dahin, wo auf Sternen thront
Die Göttin meiner freien Seele.

Nach andern Höhen hab ich nicht,
Vorab nach jenen, mich verstiegen,
Wo platt auf Bauch und Angesicht
Vor Erdengöttern Männer liegen.

Der Pfarrthurm, ich veracht' ihn nit,
Und ließ er selbst sich anders taufen;
Und läuft er fort, so lauf' ich mit;
Es war schon oft, um fortzulaufen.

Ich hab's auch einmal schon gethan,
Und zwar zu meinem eig'nen Frommen;
Er war zu schwer der Eisenbahn,
Sonst hätte ich ihn mitgenommen.

Zum Bodensee, in's Schweizerland,
Fernab von deutschen Bruderküssen;
Da wär' er auch nicht abgebrannt
Und hätt' nicht preußisch werden müssen.

Ich lieb' ihn bis zum letzten Hauch,
Ich fühle mich dazu getrieben:
Man kann ihn lieben, und doch auch
Sein Vaterland noch höher lieben.

Eine altfrankfurtiſche Neuigkeit,

unter alten Papieren wieder aufgefunden, die ſeiner Zeit dem ſechzehnjährigen Verfaſſer von Seiten des Gaſthalters zum Rebſtock wie auch Hauptmann im Löſchbataillon als Honorar eine Ohrfeige eintrugen. Man ſieht an dieſem Gedicht im Vergleich mit Jetzt, daß ſich der Verfaſſer mit den Jahren ſehr gebeſſert hat.*)

Beglückter Mann, der ſich im Thale,
   Das ihn gebar, ſtets wohl befand,
Der alle höchſten Ideale
   An ſeine Kirchthurmſpitze band;
Der jenſeits ſeiner Zäune Latten
   So weit nur Lebenslüfte ſchlürft,
Als wie der Pfarrthurm einen Schatten,
   Der Römer aber Strahlen wirft.

Er ſieht in unſerem Senate
   Den Ausfluß aller Weisheit nur,
In unſrer ſtädt'ſchen Promenade
   Die höchſte Leiſtung der Natur;
Er ſchmückt den Main ſich aus mit Flotten,
   Die Straßengoſſen mit Latwerg,
Mit Gletſchern und mit Felſengrotten
   Den Mühlberg und den Röderberg.

Er lauſcht den Rednern im „Vereine"
   Und im „Haus Limpurg" ganz expreß,
Und ſtößt ſich nicht an Kieſelſteine
   Im Munde des Demoſthenes.

*) Anmerkung des Verfaſſers.

Der Obrist Cognac, der bekannte,
   Ist ein Gestirn des Ruhms für ihn,
Und alle Pompier-Leutenante
   Sind Sonnen, welche — Wasser zieh'n.

Der Rothschild geht ihm über Goethe:
   Er ehrt das weibliche Geschlecht,
Denn jede alte Zauberflöte
   Hat in der Tasch' das Bürgerrecht.
Er liebt an Israel den Mazzen,
   Wird nie des Aepfelweines satt,
Und zahlt am Thore gern den Batzen
   Als Entrée in die Vaterstadt.

Er ist ein deutscher Mann, ein freier,
   Und fürchtet sich vor'm Stadtamt blos,
Und in der Furcht des Katzenmaier
   Erzieht er seine Kinder groß.
Vom Herrn von Münich-Bellinghausen,
   Des Bundestages Präsident,
Spricht er mit Ehrfurcht nur und Grausen, —
   Und nimmt ein sanft und selig End'.

— - -

Der Kronprinz.

(1862.)

Und macht's der König noch so toll
Und schindet Land und Leute,
Der Kronprinz stets ist liebevoll
Und aller Menschen Freude.

Und Alles lebt im Hoffnungswahn,
Vom Narr'n bis zum Professer:
Ja, kommt einmal der Kronprinz dran,
Dann geht's uns wieder besser!

Und treibt's der König zu feudal
Und täglich immer schroffer,
Dem Kronprinz ist das sehr egal,
Drum packt er seinen Koffer.
In Nizza ist's jetzt wunderschön -
Und alles Volk spricht leise:
Es war nicht mehr mit anzuseh'n,
Drum ging er auf die Reise!

Und steigt er endlich auf den Thron,
Des Reiches Neugestalter,
So macht der Kronprinz und der Sohn
Es grad' — als wie sein Alter!
Es hat jedoch die Kronprinzeß,
Die er sich einst erkoren,
Sehr wohlbedacht und unterdeß
Ein Kronprinzlein geboren.

Und war das Volk in Dorf und Stadt
Auch Anfangs sehr betroffen,
Da man jedoch 'nen Kronprinz hat,
Ist wieder Grund zum Hoffen.
O Kronprinz, du für Volk und Land
Die Quelle steter Freude,
Wer dich erdachte und erfand,
Der kannte seine Leute!

Ob Freiheit oder Einheit.

(1872).

Ob Freiheit oder Einheit
Dem Volke nöth'ger sei?
Ein Volk von Witz und Feinheit
Das nimmt sich — alle zwei.

Ob's linke Aug ob's rechte
Man sich am ersten wähl'?
Dünkt eins dir nur das ächte,
Dann Freundchen, bist du scheel!

Ob Geist, ob Herz das Erste?
Was streit' ich mich herum!
Gilt dir dein Herz das Mehrste,
Dann bist du eben — dumm!

Gilt dir der Geist das Meiste,
So biet' dem Herzen Trotz!
Jedoch bei allem Geiste
Du bist doch nur ein Klotz!

Ob Vater oder Mutter?
Gott segne alle zwei!
Ihm schulden wir das Futter
Und ihr den ersten Brei.

Ob Republik, ob Kaiser?
Hm, hm! — Was sag' ich gleich? —
Ein Volk ist um so weiser,
Macht's keinen dummen Streich.

Ob Himmel oder Erden?
Das wär' unnöth'ger Streit!
Bis Deutsche Engel werden,
Dazu hat es noch Zeit!

Die Kirchenbuße.

(Aus alten Zeiten.)

Waren die Eltern gewisser Bräute
Christliche ehrbare Bauersleute,
Welche einiger Wohlstand erfreute,

Drum auch nicht die Frau Pastor vergaßen;
Weil sie ein frommes Herze besaßen,
Machten sie es folgendermaßen:

Schickten vor der Trauungsfeier
Der Frau Pastor Butter und Eier,
Und das wär' für der Braut ihren Schleier;

Schickten auch nicht blos ein Schwänzlein
Von einem Ferklein; auch ein Gänslein,
Und das wär' für der Braut ihr Kränzlein;

Fügeten bei dem Magenpflaster
Auch ein Röllchen Varinas-Knaster
Für Seine Ehrwürden, den Herrn Paster.

Die Frau Pastor besah es minnig,
Der Herr Pastor lächelte sinnig
Und er sprach dann verständnißsinnig

Und mit Salbung: „Von kleinen Schwächen
Muß man mit christlicher Duldung sprechen,
Und die Kirche soll sich nicht rächen.

Diese Eier sind Reuezähren,
Die sich in dieser Butter verklären,
Darum will ich den Schleier gewähren,

Und auch das Kränzlein in reiner Vollendniß,
Denn dieses Gänslein ist ein Erkenntniß
Und dieses Ferklein ist ein Geständniß.

Wahrlich, ich sag' euch: Wie dieser Knaster
Rauch wird werden durch den Herr Paster,
Werde zu Rauch auch der Braut ihr Laster!

Denn sie stammt nicht von Lumpengesindel,
Drum zum Schleier werde die Windel,
Und der Kranz verliere den Schwindel.

Und sie trete zur Trauungsfeier
Mit dem züchtigen Kranz und Schleier,
Wie noch nie von der Sünde freier!"

Aus einer kleinen Pfingstreise.

(1872.)

Wir fuhren durch das Neckarthal
Mit Heidelberger Schnelle,
Ein Freund und ich, im Morgenstrahl
Von unbestimmter Helle.
Der Sonne zweifelhafter Glanz,
Die Wildheit unsres Zwiegespanns
Und dieses Neckars Klarheit
War Eine deutsche Wahrheit.

Vor Steinach kurz, in einer Hohl',
Da stand ein Hund und bellte;
War's ihm in diesem Mai so wohl?
War's Hunger oder Kälte?
Wir fuhren ihm vorüber dicht,
Doch aus der Hohle brach er nicht
In unsre Wagenräder;
Es war kein Attentäter.

Da sprach der Freund: „Von einem Hund
Erzählte mir ein Pole;
Ich habe freilich keinen Grund,
Daß ich es wiederhole.
Des Polen Vater kaufte ihn,
Ich glaub', vom Schinder; immerhin:
Er hat sich treu erwiesen;
Sein Name sei gepriesen!

Ja treu, das war er bis zum Tod
Bei noch so schlechtem Futter,
Und rettete aus Flammennoth
Den Herrn sammt Schwiegermutter.
Aus Dankbarkeit und Christenpflicht,
Damit ihn keiner stehle nicht,
Der seinen Herrn gerettet,
Ward er nun angekettet.

Betrat ein Fremder Hof und Haus,
Ja wenn er sich nur zeigte,
Gleich fuhr der Hund zur Hütt' heraus,
So weit die Kette reichte,
Und bellte, heulte, schäumt' vor Wuth,
Doch pfiff sein Herr, gleich war er gut
Und kroch in seine Hütte;
Es war ein Hund von Sitte.

So trieb er's viele Jahre lang
Ein Hund gar wohlerzogen;
So weit die Kette reichte, sprang
Er seinen halben Bogen.
Vor seiner Hütte solcherweis
Hat er sich einen halben Kreis
Getreten in den Boden
Tief mit den treuen Pfoten.

So ward er an der Kette alt,
Was auch sein Herr bedachte,
Und darum ihn aus Mitleid bald
Der Kette ledig machte.

Doch ob er gleich noch bissig war,
Hat eine wirkliche Gefahr
Nicht eigentlich bestanden;
Sie war nicht mehr vorhanden.

Denn hat ein Fremder sich genaht,
Sprang wohl nach alter Sitte
So grimmig wie er vormals that,
Der Hund aus seiner Hütte.
Doch übersprang er nie den Strich,
Den Kreis, den er getreten sich,
Als er noch trug die Kette;
Geheiligt war die Stätte.

Weß Stamm's gewesen dieser Hund
Und ob er lebt noch immer,
Gibt die Geschichte uns nicht kund,
Doch Pole war er nimmer.
Ob er ein Russ', ein Türke war,
Ob China, Japan ihn gebar,
Das muß man eben rathen;
Es gibt auch andre Staaten!"

Zur Märzfeier 1873.
Gesungen beim Bankett im Saalbau.

Wie geht so schnell die Zeit herum!
Was ist ein Viertel Säkulum!
Ein Gestern! War's ein Träumen?
Wir sehen uns verwundert um
Nach Deutschlands Freiheitsbäumen.

Wo sind sie, die das Volk gepflanzt
Und jubelnd drum herum getanzt?
Nach Freiheit schrie sich's heißer; —
Wo ist sie denn? Ich sehe nichts
Als einen deutschen Kaiser.

Wo ist sie denn? Ich seh' sie nicht!
Ich sehe nur ein Angesicht,
Drei Härlein auf der Glatze: —
Wenn das die Göttin Freiheit ist,
Die möcht ich nicht zum Schatze!

Wo ist die wackre Männerschaar,
So unser Hort und Hoffen war?
Das Grab deckt ihrer Viele!
Was nicht der Schergen Blei erlag,
Das darbte im Exile.

Der Ueberläufer saubre Zunft
Fand eine beßre Unterkunft, —
Das sind die Männerstolzen!
Die einst die Throne abgeholzt,
Die lassen sich jetzt holzen!

Ein Häufchen Treuer ist der Rest,
In Ehren grau, in Ehren fest,
Die nie vor Fürsten kreuchten
Und denen bei der Freiheit Klang
Die alten Augen leuchten.

Es ist kein Lorbeergrün genung,
Ist keine Ros' so roth und jung,
Zu schmücken diese Alten.
O Jugend, komm', sieh her und lern'
Der Freiheit Treue halten!

Es perlt der Wein! O Gold, o Licht!
Die Freiheit, bis das Herz uns bricht!
Was soll uns Andres taugen?
Nicht Thron, nicht Kron' — und Gnade nur
Von schönen Frauenaugen!

Glück auf! Glück auf voll Zuversicht!
Noch aller Tage Abend nicht
Deckt uns mit schwarzen Schwingen;
Es kommt noch eine Morgenzeit,
Die wird uns Rosen bringen!

Vorfrühling fällt auf Märzentag, —
Ein Reif, ein Frost folgt auch noch nach;
Soll man am Lenz verzweifeln?
Die Sonne siegt! Die Freiheit auch!
Dann — geht zu allen Teufeln!

Zum Buchdruckertag in Frankfurt a. M.

(14. Setp. 1874.)

Gott grüß' die Kunst! Nicht Krupp von Essen,
Der große Stahlkanonenheld,
Nein, Guttenberg mit seinen Pressen
Befreit vom Druck durch Druck die Welt!

Was hat uns Berthold Schwarz ersonnen?
Ein Mittel, wie man Völker hunzt!
Ein besser Schwarz hat uns gewonnen
Die Druckerschwärz! Gott grüß' die Kunst!

Gott grüß' die Kunst! Im Rheinesstrome
Da spiegelt sich der Deutschen Stolz,
Da ragen seine höchsten Dome,
Da wächst sein bestes Rebenholz.
Nach diesem deutschen Edelsteine
Dem Franken kühlten wir die Brunst;
In Mainz die beste Wacht am Rheine
Hält Guttenberg! Gott grüß' die Kunst!

Gott grüß' die Kunst! Seitdem in Lettern
Von Schriftblei panzert sich der Geist,
Kann ihn kein Feind mehr niederschmettern
Und wenn er Tod und Teufel heißt.
Was sind Haubitzen und Granaten
Und Tausendpfünder? — Spatzendunst!
Man schießt mit sämmtlichen Soldaten
Den Geist nicht todt! Gott grüß' die Kunst!

Gott grüß' die Kunst! Wir sind geborgen,
Seit Guttenberg sein Werk ersann!
Der Menschheit hob ein gold'ner Morgen,
Hob eine neue Aera an.
Gab's auch der Widersacher viele,
Es war der Liebe Müh' umsunst!
Die Menschheit dringt zum höchsten Ziele
Stets weiter vor. Gott grüß' die Kunst!

Gott grüß' die Kunst! Zwar viel gesündigt
Wird auch, wenn man's genau beguckt,
Und schon ein alter Spruch verkündigt:
Na, der kann lügen wie gedruckt!
Ja, seit der Buchdruck ist erfunden,
Wird schwer gelogen. Mit Vergunst!
Jedoch der sauberste der Kunden
Ist das Reptil. Gott grüß' die Kunst!

Gott grüß' die Kunst! Die Schriftblei-Schwingen
Sie helfen nach dem Federkiel;
Sich durch die ganze Welt zu schwingen,
Wär' für ein Dintenfaß zu viel.
Kienruß mit Oel, die Hexensalbe,
Trägt Alles, was da singt und grunzt,
Genie und Pfuscher, wie 'ne Schwalbe
Weithin in's Land. Gott grüß' die Kunst!

Gott grüß' die Kunst und ihre Jünger!
Ihr seid im Staat die beste Kraft;
Es laufen ja durch eure Finger
Gesammte Kunst und Wissenschaft.
Willkommen seid von Alt und Jungen
In unsrer Republik — von sunst!
Von der Plakatschrift ward verschlungen
Das Perl-Petit. Gott grüß' die Kunst!

Gott grüß' die Kunst! Laßt's Euch behagen
In unserm Frankfurt! Schaut Euch um!
Auf unserm Roßmarkt seht Ihr tagen
Ein wohlbekannt Trifolium!

Da steh'n drei Mann in Kranz und Sträußen!
Ihr seht, es ist kein blauer Dunst
Mit dem Versammlungsrecht in Preußen
Auf off'ner Straß'! — Gott grüß' die Kunst!

Einem Leidensgefährten.

(1875.)

Wir leiden auch an diesem Nervenspuk,
Wir kennen auch die Schatten, die uns werfen!
Wir hatten auch einmal den Doctor Struck, —
O Bismarck, ach, auch die „Latern" hat Nerven!

Wir kennen auch die holden Ischias,
Die postica und antica-abnormen!
Wir tranken Phosphor-Säure manches Faß
Und alle Formen von Choloroformen!

Der gold'ne Schlaf, er hat auch uns gefloh'n;
Wir kennen sie, die schlummerlosen Nächte.
O Morpheus, nur ein Korn von deinem Mohn!
Doch nicht zu Opium zerquetscht, — das ächte!

Doch kennst du auch die Teufel im Gehirn?
Die Pipisax', die Purzelbäume schlagen?
Man fährt sich an die fieberheiße Stirn:
O arme Seel', nun geht's dir an den Kragen!

Kennst du die Stimmen, die bald nah, bald fern
Uns rufen, jene Geister-Unglücksraben?
Hast du's noch nicht gemerkt an der „Latern",
Daß wir Hallucinationen haben?

Wir leiden mehr als du an Seel und Leib!
Nicht? Willst du tauschen? Weltruhm gegen Schellen!
He? Lasse uns regieren! Und du — schreib!
Wir wollen keine Strafanträge stellen!

Du dankst. Ich glaub's, und leider wird nichts draus.
So bleib uns nur mit Strafanträgen ferne!
Denn eine Haft mit Nerven, wer hält's aus?
So wenig als wie du auch die „Laterne"!

Wird dennoch, ach, ein Strafantrag gestellt,
Obgleich wir keine böse Absicht hatten,
So strafe wenigstens uns nur um Geld,
Und streck's uns vor, — bis wir's zurückerstatten.

An die Geliebte.

(1875.)

Zu spät bereut! Unselige Verblendung!
Wo hatte ich nur Sinne und Verstand?
O Heißgeliebte, die ich schnöd' verkannt,
Ach, Liebe nur und Huld war deine Sendung!

Du stiegst hinab in's schwarze Schattenland,
Du höchste Anmuth irdischer Vollendung!
Verzweifelnd stehe ich an deinem Grabe;
Nun fühl' ich erst, was ich verloren habe!

Du warst die Güte selber und die Milde!
Thor, der ich war! Du meintest es so gut!
Du schütztest mich als wie mit einem Schilde
Durch Weisheit vor der Jugend Uebermuth!
Mit sanfter Hand hast du die Wahngebilde
Verscheucht, gedämpft mein allzu heißes Blut,
Und meine Lieder, meine jugendlichen,
Wenn sie nichts taugten, hast du sie gestrichen!

Ich warf mich einer Andern in die Arme,
Ich Narr, und haßte dich wie Pest und Tod!
Es brach dein Herz, das treue, liebewarme;
Nun wein' ich mir die alten Augen roth.
Zu spät! Zu spät! Allein mit meinem Harme
Steh ich an deinem Grab im Abendroth.
O armes Herz, von wannen nun auf Erden,
Ach, soll dir eine Friedensbürgschaft werden?

O könnt' ich dich in's Leben wieder wecken!
Mit meinen Nägeln wollt' ich aus der Gruft
Dich scharren, aus den scharfen Dornenhecken
Herauf in's ros'ge Licht, in Gottes Luft!
Nichts kann ich, als dein Grab mit Rosen decken,
Dem Tod entsteige frischer Blumenduft!
Die Erde decke Niemand sammetweicher
Als dich, — o Frau Censur, gebor'ne Streicher!

Wir können auch ohne Ihn leben.

Unter großen Schmerzen geschrieben.
(1876.)

Wir können auch ohne Ihn leben,
Wir können auch ohne Ihn sein;
Es brauchte Ihn gar nicht zu geben,
Der Himmel drum fiele nicht ein.

Ein Feind jeder freien Bewegung,
Das ist Er und war Er von je;
Wir sagen's nicht ohne Erregung,
Wir wissen's vom eigenen Weh.

Es sollen die Leute Ihm kriechen,
Und wer sich da wehret verschmitzt,
Und wer nicht will werden zum Viehchen,
Den macht er sich dingfest, — der sitzt!

Grob ist er, das geht ihm von Statten,
Grob bis in das Mark und Gebein;
Er selber will aber in Watten
Und Baumwoll' gewickelt nur sein.

Ein Narr nur vermag Ihn zu preisen,
Vernünftigen aber hält's schwer;
Ja, wären wir Alle von Eisen,
Dann ginge die Sache schon eh'r!

O daß Ihn der Kukuk doch hole!
Die Freude von Vielen wär' groß!
Wir wären, der Menschheit zum Wohle,
Den - - Rheumatismus dann los!

Zum Brauertag in Frankfurt.
(1876.)

Die alten Heiden die waren nicht dumm,
Sie waren gescheiter als wir;
Die braueten in Pelusium
Vor Anno Tuwak schon Bier.
Diodor ist dessen schon eingedenk
Und rühmt das „pelusische Getränk";
Nach was es geschmeckt, nach Hopfen und Malz,
Er sagt's zwar nicht. Aber jedenfalls!

Sie nahmen das Wasser dazu aus dem Nil;
Dies Wasser ist schäumig und weich.
Am Ufer wuchsen der Weiden viel,
Da hatten den Hopfen sie gleich.
An Gerste da war in Egypten nicht Noth;
Sie machten daraus das vortrefflichste — Brod,
Und buken auch Kuchen im Ueberfluß,
Und malzten mit — Hippopotamus.

Gambrinus, der König von Nordbrabant,
Ein Mann von Gefühl und von Geist,
Der ist einmal durch's Egypterland
In seiner Jugend gereist:

Dort trank er gar manchen Humpen aus
Und nahm das Rezept sich mit nach Haus,
Und sprach: „Die egyptische Wässerung
Ist groß, aber fähig der Besserung!"

Gambrinus aber, er braute nun so:
Er stellte sich Wasser bereit,
Und nahm einen Haufen Gerstenstroh
Und legte ihn — wieder bei Seit',
Behielt nur die Aehren, der redliche Mann,
Und nahm eine Hopfenstange sodann
Und rührte — sich wacker und wurde nicht müd,
Und pflückt' von der Stange die edelste Blüth.

Gambrinus braute aus Hopfen und Malz
Ein Labsal dem durstigen Schmerz;
Es glitt das wie Oel hinunter in Hals
Und stärkete Magen und Herz.
Da wurde Gambrinus berühmt in der Welt;
Er wurde dem Bacchus, dem Weingott, gesellt.
Drum Heil ihm, dem wackeren Fürst von Brabant,
Und all seinen Jüngern zu Wasser und Land!

Ihr Herren, willkommen zu Frankfurt am Main,
Und laßt's euch gefallen allhier!
Zwar pressen aus Aepfeln wir immer noch — Wein,
Doch trinken wir gerne auch Bier.
Und wer von euch Allen das kräftigste braut,
Sei doppelt willkommen! Ein Vivat ihm laut!
Drum Vivat euch Allem mit doppeltem Schall, —
So dick ihr auch seid, wir umarmen euch all!

Adolf Glaßbrenner.

(1876.)

Es gibt so viel des Kummers,
Der Qual in Zeit und Raum;
Den Frieden selbst des Schlummers
Verscheucht ein böser Traum.

Der Starke ist im Rechte,
Die Freiheit längst ist todt;
Paläste baut der Schlechte,
Die Arbeit schreit nach Brot.

Was liebend wir umfassen,
Verschlingt der Erde Schooß,
Und was wir bitter hassen,
Das werden wir nicht los.

Philister, Pfaffen, Lumpen
Verbittern uns das Sein,
Und sucht man Trost beim Humpen,
So ist gefälscht der Wein.

Ach, Gram und Rost und Schimmel
Zerfräße Leut' und Land,
Hätt' uns der güt'ge Himmel
Nicht den Humor gesandt!

Er kommt in Thränen lächelnd,
Quält dich's in Herz und Hirn;
Mit seiner Pritsche fächelnd
Küßt er dich auf die Stirn.

Er kommt als Götterbote,
Wenn du vor Unmuth schnaufst,
Und klopft dir auf die Pfote,
Falls du das Haar dir raufst.

Er scherzt uns fort die Plagen,
Erheitert das Gesicht
Und klopft, uns zum Behagen,
Den Dummkopf und den Wicht.

Ruhm dir, des Witzes Meister,
Dir, Meister im Humor!
Du schiedst in's Land der Geister,
Schon längst ein Geist zuvor!

Der Welt dein Lied vermachend
Flogst du in's Morgenroth! —
Sind auch die Erben lachend,
Betrübt doch tief dein Tod.

Bis auf die höchste Treppe
Des Himmels steig' dein Flug,
Du, welcher nie die Schleppe
Von großen Herren trug!

Du, der des Volkes Elend
Auf Fürstenrücken schrieb,
Mit keinem Schlage fehlend, —
Es saß da jeder Hieb.

Leb wohl! Die Erde werde
Dir leicht in Grabesnacht;
Hast du doch auf der Erde
Auch Herzen leicht gemacht!

Dein Montagsblatt, ein Sonntag
War es an frohem Schwank;
Ein ewig blauer Montag
Er sei dafür der Dank!

Ermahnung zur Tugend.
(1878.)

Zur Arbeit und Zufriedenheit,
Zur Gottesfurcht und Sparsamkeit
Muß man das Volk bereiten!
Wir hätten uns vor aller Welt
Schon längst als Muster hingestellt,
Doch sind wir zu bescheiden.

Seid fleißig! Arbeit segnet Gott.
Macht euch der Steuerbote plott,
So ist das nur pikanter;

Zur Zeit der Ernte feiert nur, —
Mars geht vor Ceres und Merkur,
Manöver sind pressanter.

Zufrieden seid! Seht ohne Neid,
Wie Andere in kurzer Zeit
Sich mühlos reich geschwindelt,
Und glorioses Gründerpack
Um schweres Geld, aus fremdem Sack,
Die Welt be-Chajim-Rintelt.

Seid fromm und betet allezeit!
Denkt nur an Grab und Ewigkeit
Am Abend wie am Morgen;
Sorgt nur für euer Seelenheil
Und lasset euer irdisch Theil
Die Obrigkeit besorgen.

Seid sparsam! Seht den Pfennig an!
An Milliarden kann's euch dann
Mit Sparsamkeit nicht fehlen.
Man kann auch sparen umgekehrt
Und, wenn die Kassen sind geleert,
Die Sparsamkeit empfehlen.

Und wenn ihr dies befolget all',
So bleibt nur noch der eine Fall,
Euch die Moral zu stärken:
Beherzigt, was geschrieben steht,
Es heißt: Nach meinen Worten geht,
Und nicht nach meinen Werken!

An Ihn.
(1878.)

Verlaß dich nicht auf deine Machterscheinung,
    Die noch die Welt besticht!
Es gibt ein Ding, heißt Oeffentliche Meinung,
    Dem widerstehst du nicht!
Heut bist du noch gepriesen und bewundert,
    Engherziger Despot, —
Zwei Jahre noch im neunzehnten Jahrhundert,
    Und du bist hin und todt!

Bei Gott, du hemmst nicht lang die freien Schritte
    Im deutschen Vaterland,
Und steckst ein Volk, zum Hohne deutscher Sitte,
    In's schnöde Zwangsgewand!
Hemmst lange nicht jedwede freie Regung
    Auf Deutschlands schöner Flur,
Jedwede schöne edele Bewegung
    Der menschlichen Natur!

Du bist nicht mehr als wie ein Mann der Mode,
    Den einst die Zukunft schmäht;
Nach welchem, o wie bald nach seinem Tode,
    Kein einz'ger Hahn mehr kräht!
Von denen, die zumeist auf dich versessen
    Durchaus verrückter Weis',
Wirst du zuerst verleugnet und vergessen!
    So kommt's: ich prophezei's.

Daß du haſt nachgeahmet dem Franzoſen
　　Den Zwang ſo freventlich,
Bei Gott, das bringt dir wahrlich keine Roſen
　　Und ſtürzt zuletzt auch dich!
Die Welt will Raum, und Freiheit will die Menge, —
　　Du legſt ſie in den Block!
Fort mußt du, ſammt dem Schweif, trotz ſeiner Länge,
　　Du — enger Weiberrock!

— ·· — ——

Aus Neuſeeland.

(1878.)

In Neuſeeland, wo die Fauna
　　Nur beſteht aus Fledermäuſen,
　　Ratten nur und Baumfarrnläuſen
Und der ſchönen Zentner-Wanz',
　　Wo die Kiwi, rieſ'ge Raben
　　Sämmtlich keine Flügel haben,
Aber einen Affenſchwanz;.

Dort, auf jener Inſelgruppe,
　　Sind die Völker heut noch Heiden!
　　In ſo aufgeklärten Zeiten
Beten ſie noch Götzen an:
　　Sonn' und Mond und Sagopflanzen,
　　Und blamiren ſo den ganzen
Großen Stillen Ozean.

Um so arme Eingeborne
　　Zu erlösen von den Sünden
　　Und den Heiland zu verkünden
Und das Evangelium,
　　Schickte man fünf Missionäre,
　　Kruzifixe und Altäre
Nach Te-Wahi-kunamum.

Hatten alle fünf zu Oxford
　　Polynesisch stark getrieben,
　　Die Syntax sich abgeschrieben
Und das sonst'ge ABC;
　　Viele Worte und Begriffe
　　Lernten sie noch auf dem Schiffe,
Auf der langen Fahrt zur See.

Auf Punamum's schöner Insel
　　Wohlbereitet angekommen,
　　Wurden sie gut aufgenommen
Und verkündigten sogleich
　　Aus dem Neuen Testamente
　　Ein gottselig christlich Ende
Und das nahe Himmelreich.

Ob sie sich in der Grammatik
　　Von Neuseeland nun verwirrten
　　Oder sonst sich sprachlich irrten
Im Bezuge auf den Geist, —
　　Kurz, sie wurden mißverstanden
　　Und als große Obskuranten
Von den Wilden — aufgespeist.

Alle Fünf. Die Wilden schmückten
 Sich mit ihren Sammetkäppchen
 Und Ornat mit weißen Läppchen; —
Schön stand's ihnen zu Gesicht.
 Hatten all' sich satt gegessen
 An den Predigern, — indessen
Wurden sie doch christlich nicht!

Wäre nicht, Versuches halber
 Auf des deutschen Reiches Kosten
 So ein Reisepred'ger-Posten
Auf Neuseeland schön gedacht?
 Wenn man Pastor Stöcker wählte,
 Der den Wilden dann erzählte,
Was er all' schon zahm gemacht!

Wie im nordischen Neuseeland
 Er ganz einzig als Bekehrer
 Dasteh' und als Heidenlehrer
Und Apostel-Sozialist!
 Fräßen dennoch unvernünftig
 Ihn die Wilden, — wüßt' man künftig
Doch, wo er geblieben ist!

———

Wucherpflanzen.
(1878.)

Mit Sonnen- und mit Thaues-Spenden
Verschwendrisch wechselt Majus ab;
Der Himmel wirft mit vollen Händen
Bald Perlen und bald Gold herab.

5*

Die Erde geht in Sammt und Seide,
Ein Stoff, dem schönes Wetter frommt,
Und doch verdirbt sie nichts am Kleide,
Wenn sie in einen Schüttel kommt.

Nur hie und da ein kleines Spritzchen
Von Hagel, der sie übereilt,
Nur hie und da von einem Blitzchen
Ein Rißchen, welches wieder heilt.
Das hat nur wenig zu bedeuten
Und schmälert nicht die Herrlichkeit,
Doch so ein Fleckchen auszubeuten,
Sind schöne Seelen stets bereit.

So üppig standen selten Saaten,
Hat selten Ackerland florirt;
Doch wird mit Vorlieb Hagelschaden
Und nicht, was stehen bleibt, notirt.
Der Wiesen Pracht auf allen Triften,
Warum man die so gern verschweigt?
Ach, könnte man sie doch vergiften,
Damit das Heu im Preise steigt!

Auch weit voran sind schon die Reben,
Man schwört schon auf Gott Bacchus Bauch,
Denn auch die Winzer wollen leben, —
Die Kunstweinhändler aber auch!
Im Voraus schon wird abgesprochen
Dem Weinstock ein gesunder Flor,
Aus allen Ecken kommt gekrochen
Die Reblaus schon bereits hervor.

Die Obstbaumwälder stehen prächtig,
Wie hat von Blüthen es geschneit!
Kein Mehlthau, — es ist niederträchtig! —
Fiel, ach, in ihre Blüthenzeit!
Doch hört man hie und da schon klagen
Von Würmerstichen, Loch an Loch;
Vom Apfelbaum bis in den Magen
Sei eine weite Strecke noch!

O, diese holden Wucherseelen
Sind besser, als ihr glauben könnt:
Die Rosen und die Philomelen
Sind uns von ihnen gern gegönnt;
Auf Vollmond, West und Turteltauben
Verzichten gern sie brüderlich, —
Maikäfer wollen sie und Raupen
Und Frost und Hagel nur für sich!

Allerlei Zustände.
(1878.)

Als noch der sel'ge Bundestag
Des treuen Werks für Deutschlands pflag
   Und Lust am X für U fand;
Als noch der Kanzler Metternich
Die Freiheit mit Zensur beglich, —
   Es war ein schöner Zustand!

Als dann „das Jahr der Schande" kam,
Fürst Metternich schnell Reißaus nahm
   Und setzte sich in Ruhstand;
Das deutsche Volk, nach schwerem Traum,
Umtanzte einen Freiheitsbaum, —
   Es war ein kurzer Zustand.

Schon in der Kirche von Sanct Paul
Da hing die Freiheit bald das Maul,
   Mit der man Du und Du stand;
Der Reichsverweser kam daher,
Wir hatten einen Fürsten mehr, —
   Das war der ganze Zustand.

Er hatte seine Truppen vorn:
Zwei Tambour und ein Jägerhorn,
   Wobei noch Frau und Bu stand;
Doch leider hinter sich hinaus
Sah's mit Soldaten scheuer aus, —
   Es war ein kom'scher Zustand!

Man sagt' ihm drum in kurzer Frist:
He, guckst de, Johann, wie du bist?
   Vom Krönlein bis zum Schuhband.
Und wieder kam, als Landesplag'
Nach Frankenfurt der Bundestag, —
   Es war der alte Zustand.

Nach einer schönern längern Zeit
Kam dann die Fürsten-Einigkeit
   Zum Durchbruch und Jaloux'-Stand;

Zum Fürstentag rief Oesterreich,
Und Preußen — fehlte auch sogleich,
   Es war ein halber Zustand.

Nun kam der deutsche Bruderkrieg,
Wo Preußen neben Ruhm und Sieg
   Noch manche volle Truh' fand,
Und seinen Leib, zu lang und schmal
Verdickte durch ein fettes Mahl, —
   Es war ein guter Zustand.

Nun ging's an den Napoleon,
Und Kutschke krauchte, — Hat ihn schon!
   Und wo man eine Kuh fand,
Die Deutschland gold'ne Kälber warf
Und die ihm deckte den Bedarf, —
   Es war ein reicher Zustand.

Mit Lorbeern und mit Gold bepackt
Nebst Kaiserreich als erster Akt
   Wie man da groß im Nu stand!
Der Ruhm und Glanz und Glück und Pracht
Wetteiferten mit Größ' und Macht, —
   Es war ein stolzer Zustand!

Dann plötzlich halb, halb allgemach
Da kam der große, große Krach,
   Was Jedermann zu fruh fand.
Das viele, viele Geld war all', —
Es war ein sehr betrübter Fall,
   Es war ein böser Zustand.

Und gegenwärtig, lieber Gott,
Da geht's uns eben auch nicht flott,
    Und Kreuz ist der Atout-Stand.
Und Deutschland's laute Klage schallt:
O Himmel, o erlös uns bald
    Von diesem Ausnahms-Zustand!

Indirekte Steuern.
(1879.)

Es macht die Noth erfinderisch
Und Hunger ist ein Laster;
Der Apotheker Tintenfisch
Statt Knackwurst fraß er Pflaster.

Auch Steuern schmecken wie Konfekt
Und sollen wohl bekommen,
Nur muß man damit nicht direkt
In's Haus den Leuten fallen.

Der Steuerbote ist ein Mann
Und Allerwelts-Erschrecker,
Ein Mann, den Niemand leiden kann,
Drum schickt dafür den Bäcker!

Den Metzger schicket allezeit,
Der ist viel angenehmer;
Zum Steueramt ist's gar so weit,
Man geht zum nächsten Krämer.

Es sitzen bei dem Mittagsmahl
Der Vater und die Mutter,
Nebst Kindlein, sieben an der Zahl,
Das kostet vieles Futter.

In's Tischgebet der Vater flicht
Den Herrn Minister rührend:
Der will die hohen Steuern nicht,
Das wirke ruinirend.

Gott segne ihn, der nicht mit List
Das Leben uns vertheuert!
Nun eßt, denn jeder Bissen ist
Ein Bischen nur besteuert!

Das Brod, das Fleisch, der Speck, die Wurst,
Der Fisch, die Gans, die Lende,
Der Wein, der Most, das Bier, der Durst,
Das Ei, das Huhn, die Ente;

Die Butter, Griebe, Fett und Schmalz,
Zimmt, Zucker und Muskate,
Und Pfeffer, Essig, Oel und Salz,
Thee, Kaffee, Chokolade;

Grütz, Sago, Reis und Grüne-Kern,
Und Linsen, Erbsen, Bohnen,
Und Gerste, Nudeln, Suppenstern,
Wachholder und Zitronen.

Das Alles, was man ißt und kocht,
Zahlt indirekt nur Steuern,
So auch das Licht mitsammt dem Docht
Und Holz- und Kohlenfeuer.

Und wird der Lederzoll erhöht,
Das merkt allein der Schuster.
Glück auf! Es lebe der Prophet
Vom indirekten Muster!

Michel.
(1879.)

Michel, o Michel, der über die Ohren,
Ueber die Augen die Pelzkapp gezogen,
Kann man dich denken als Denker geboren,
Welchem zugleich auch Apollo gewogen?

Wer kann dir helfen und wer kann dir rathen?
Wer kann dich warnen, wer wahren vor Kummer?
Andere werden doch klüger durch Schaden,
Du wirst durch Schaden nur dummer und dummer.

Offenen Maules und selig im Glauben
Und im Bewußtsein des Christen und Weisen
Harrst du und hoffst auf gebratene Tauben,
Welche dir Pfarrer und Amtmann verheißen.

Zieht über'n Schädel man glatt auch das Fell dir
Gleichwie der Metzger das Vließ eines Bockes,
Lächelst du pfiffig, als wär ein Pedell dir
Dienstreich behülflich beim Auszieh'n des Rockes.

Saget dir Einer: „Je mehr als du zahlest,
Um so viel reicher dann mußt du auch werden,“
Nickst du und freust dich und lächelst und strahlest, —
O du unseligster Esel auf Erden!

Je dich zu bessern, das wäre vergebens; —
Eine Methode, wer kann sie erflügeln?
Wie du ein Denker gewesen zeitlebens,
Wirst du als Engel ein Strohwisch mit Flügeln.

Michel als Seele, als himmlisch verklärte!
Michel mit Schwingen, o, Michel als Flieger!
Michel, der Heros germanischer Erde
Neben Sankt Michel, dem Drachenbesieger!

Laßt uns noch hoffen, er ändert sich plötzlich
Und tritt dann stolz auf und wild auf und frei auf;
Wenn er in Wuth kommt, ist Michel entsetzlich,
Statt einer Pelzkapp setzt er dann zwei auf!

Forst= und Waldfrevel.
Nach dem neuen Forstgesetz.
(1880.)

Auch dieser Winter geht vorbei,
Dann kommt der Lenz, dann kommt der Mai;
   Wie freu ich mich auf Wald und Ried! —
   Wann mich nur nicht der Förster sieht!

Der Wald so grün, so frisch und froh
Gehört dem Gutsherrn So und So;
   Der hat allein hier Recht und Fug
   Auf jeden tiefen Athemzug.

In diesem Wald der Widerhall,
Das Lied von Fink und Nachtigall,
   Das Säuseln nah, das Rauschen fern
   Gehört allein dem gnäd'gen Herrn.

Vom Wipfel bis herab auf's Moos,
Auf's Veilchen in des Waldes Schooß,
   Das gold'ne Spiel vom Sonnenschein
   Gehört dem gnäd'gen Herrn allein.

Drum heb' dich weg vom Waldessaum
Nach einem andern Frühlingsraum!
   Erfreue dich an der Natur
   Auf einer schönen Wiesenflur!

So viele Blümlein stehen da,
Vergißmeinnicht und Primula,
　　Daß sich dein Herz daran erfrischt, —
　　Wenn dich der Flurschütz nicht erwischt!

Von diesen Blümlein aller Duft
Und drüber die durchwürzte Luft
　　Sammt Schmetterlingen drin und dran
　　Gehört allein dem Gutsherrn an.

Drum heb' dich weg zu rechter Zeit!
Die Welt ist groß, die Welt ist weit!
　　Erfreue dich der Frühlingswelt
　　An einem grünen Saatenfeld!

Kornblumen und der rothe Mohn,
Wie schmücken sie die Saaten schon!
　　O, wie das woget und sich wiegt! —
　　Wenn dich nur nicht der Bauer kriegt!

„Sell, des is mei! Un hie der Pfad,
He, merkst de nix? Sell is es grad!
　　Des kann e Pfad sei un e Forch,
　　Un führt direkt zum Schultheß dorch!"

Drum heb' dich weg und zwar sogleich!
Groß ist das preuß'sche Königreich!
　　Und die Natur mit Thal und Höh'n
　　Ist auch noch auf der Chaussee schön!

Dank' Gott, daß wieder Frühling ist
Und daß du nicht erfroren bist!
 Schluck' Chausseestaub und ruf' dabei:
 Juchhei, — der ist noch steuerfrei!

Zur Abrüstung.
(1880.)

Liebe Frau, die Silberquelle
Dieser Zeiten plätschert knapp;
Zahllos sind allein die Bälle, —
Rüste ab, ach, rüste ab!

Schachteln thürmet die Modistin
Und die Nota schaut herab, —
Ich beschwöre dich als Christin:
Rüste ab, ach, rüste ab!

Lieber Mann, von Herzen gerne!
Doch was spülest du hinab
Täglich, ach, in der Taverne?
Rüste ab, ach, rüste ab!

Wie viel Cigarren verrauchst du,
Ofenrohr du ohne Klapp'?
Für Bankette wie viel brauchst Du?
Rüste ab, ach, rüste ab!

Liebe Frau, ach, deine Loge
Bringt mich noch um Rock und Kapp!
Bald der Orpheus, bald der Doge, —
Rüste ab, ach, rüste ab!

Wöchentlich ein Kaffeekränzchen,
Man genießt da keinen Papp
Oder simple Apfelränzchen, —
Rüste ab, ach, rüste ab!

Lieber Mann, die Reitbahn kennst du
Und den Schimmel und den Rapp?
In wie viel Vereine rennst du?
Rüste ab, ach, rüste ab!

Sänger bist du, Turner, Schütze,
Rudrer bis zum Ueberschnapp;
Kurz, du bist zu Allem nütze, —
Rüste ab, ach, rüste ab.

Liebe Frau, selbst Potentaten,
Wie ich jüngst gelesen hab,
Rüsten ab gar wohl berathen; —
Rüste ab, ach, rüste ab!

Lieber Mann, zur selben Stunde,
Wenn ich sie dabei ertapp',
Rüst' ich ab mit dir im Bunde,
Rüsten ab wir, rüsten ab!

Die Bekehrten.

Ein jedes Ding hat, so zu sagen,
  Auch seine Absicht, seinen Grund;
Dem Herzen nahe liegt der Magen,
  Dem Hirne nahe liegt der Mund.

Und hat nun Mancher einmal Schmerzen,
  So ist's verzeihlich, wenn er irrt,
Wenn Mund und Magen mit dem Herzen
  Und dem Gehirn verwechselt wird.

So ist der Jammer unsrer Tage,
  Der überall sich offenbart,
Vielleicht nur eine Magenfrage
  Und nicht von idealer Art.

Was Viele für Begeist'rung halten,
  Die zu der Göttin Freiheit trägt,
Ist Wirkung nur von großen Falten,
  Die oft ein leerer Magen schlägt.

Wie Manchen sah ich knie'n vor Götzen,
  Vor der Gewalt mit mächt'gem Schwert,
Für Freiheit fühllos gleich den Klötzen,
  Jedoch das Bäuchlein wohlgenährt!

Jetzt ist er etwas sehr gemagert
   Im lieben Götzendienst. Ach ja!
Es hat sich in sein Herz gelagert
   Sein Magen drum und schreit nun da.

Er redet Bauch nun mit dem Herzen
   Und meint's auch herzlich mit dem Bauch;
Sein armes Herz hat Magenschmerzen,
   Sein Magen Herzenskummer auch.

Er hält den Magen für die Seele, —
   Zwar ein Gedanken gar nicht schlecht, —
Hält sein Gehirn für Mund und Kehle
   Und predigt nun das ew'ge Recht.

O Freiheit, lächle auf ihn nieder,
   Der dich zur Göttin nun erkor! —
Und rundet sich sein Bäuchlein wieder,
   Kniet er vor Götzen nach wie vor.

Gewissen Leuten.

Nicht um eines Haares Breite
Wich ich von des Volkes Seite,
   Von der Freiheit und dem Rechte;
   Habe kein Talent zum Knechte.

Von der Arbeit rauhe Hände
Achte ich bis an mein Ende
   Als ein Menschen-Ehrenzeichen;
   Sind mir lieber als die weichen.

Hab gekämpft und hab gestritten
Für die Freiheit und gelitten,
   Kenn' das bitt're Brod der Fremde
   Und die Noth, die mich beklemmte.

In das Unglück mich zu stürzen,
Kann ich mir den Weg verkürzen,
   Aber Andre mit mir reißen,
   Kann ich nicht als muthig preisen.

Meine Vaterstadt zu lieben,
Fühlt sich all mein Herz getrieben;
   In's Verderben sie zu locken,
   Würde Herz und Hand mir stocken.

Um am Gegner sich zu rächen,
Eh'r begehen ein Verbrechen
   An der eig'nen heim'schen Stätte, —
   Schmählich, wer ein Herz so hätte!

Um der Bosheit zu genügen,
Christenthum als Vorwand lügen
   Und verdeckt die Heimath meucheln
   Ist noch etwas mehr als Heucheln!

Den Auswanderern.

Gehabt euch wohl! Zieht zu den Andern!
　　Behüt euch Gott! Ich bleibe hier!
Ich bin zu alt, um auszuwandern,
　　Zu jung, so klug zu sein wie ihr!

Mit aller Liebe, allem Grolle,
　　Mit allem Stolz und aller Pein
In meines Vaterlandes Scholle
　　Will ich einmal begraben sein.

Mit meinen Händen, meinen alten,
　　Will ich, so lang mein Herz noch schlägt,
Die Kraft noch reicht, ein Banner halten,
　　Das, Freiheit, deinen Namen trägt.

Wie rings sich auch die Nacken beugen
　　Vor einem schnöden Götzenbild,
Für dich, o Freiheit, will ich zeugen
　　Und für ein Recht, das ewig gilt.

Nicht feig will ich die Heimath lassen,
　　Wenn eine trübe Zeit beginnt,
Wenn ein paar Sterne am Erblassen
　　Und Rosen am Verwelken sind.

Mit Himmels-Einsturz hat's noch Weile,
  Es währt das Volk noch eine Frist;
Zeus lächelt ob der Donnerkeile
  Von Einem, welcher sterblich ist.

Ich will der Heimath nicht entsagen,
  Dem Kampf nicht um den freien Herd;
Ist sie mir nur in frohen Tagen
  Und nicht im Unglück doppelt werth?

Mag euch das Gold zur Ferne locken,
  Die liebe Noth euch heißen geh'n, —
Ich will im Elend unerschrocken
  Zur Heimath und zur Freiheit steh'n!

Schnupftabak.
(1882.)

Noch nicht einen rothen Heller
Soll für seinen bösen Kneller
Der Herr Kanzler von mir han!
Tobak muß der Mensch nicht schmauchen;
Ich gewöhn' mir ab das Rauchen
Und dafür das Schnupfen an!

Meine Nase treu zu pflegen,
Habe ich, des Schmauchkrauts wegen,
Lange schnöde übersehn.

„Wenn sich Herz und Mund erlaben,
Muß die Nase auch was haben!"
Leider ist es nicht gescheh'n!

Schwerlich sind's die schlimmsten Loose,
Wenn uns nach der Tabaksdose
Von der Pfeife drängt die Zeit;
Auch die liebe Schnupfmehlschachtel
Birgt noch reichlich Siebenachtel
Irdischer Glückseligkeit.

Und wie Veritas in vino,
In Marocco und Marino
Liegt gar große Wahrheit auch;
Eine Sache zu beniesen,
Damit ist schon viel bewiesen, —
Blauer Dunst ist Tobaksrauch!

Eine Prise anzubieten
Deutet immer nur auf Frieden
Und ein freundliches Geblüt;
Doch ein angebot'ner Stengel
Ist oft Teufel mehr als Engel,
Selten redlich von Gemüth.

Asche von dem Tobakrauchen
Ist zu gar nichts mehr zu brauchen,
Das ist theuer und fatal;
Schnupfmehl aber kann sich Jeder
Aus dem Taschentuche später
Zweimal reiben noch einmal,

Rauchen sammelt die Gedanken:
Je nachdem die Blätter stanken,
Werden die Gedanken sein;
Schnupfen aber fegt die Höhle
Aufwärts nach dem Sitz der Seele
Und macht uns im Kopfe rein.

Darum keinen rothen Heller
Für dem Kanzler seinen Kneller!
Macht's wie ich und folget mir!
Und bei allen frischen Prisen
Sagen wir, so oft wir niesen:
„Kanzler, wohl bekomm' es dir!"

Die Mischehe.
(An meine Frau.)

Wir armes alte Ehepaar!
　Ach wehe! Wehe! Wehe!
Wir leben schon so manches Jahr
　In einer wilden Ehe!

Den lutherischen Dickkopf, ach,
　Anstatt ihn zu verschmen,
Warst du, o Frau, dereinst so schwach,
　Zu lieben und zu nehmen!

Und weil du Katholikin bist
    Und ich hab' dir gefallen,
So hat dich nun der Antichrist,
    Der Teufel in den Krallen.

Ein Pfarrer hat uns zwar getraut,
    Doch luth'risch-diabolisch,
Und Gott war nicht davon erbaut,
    Denn Gott ist streng katholisch.

Und was mich ganz besonders beugt,
    Denn es verdiente Hiebe:
Die Kinder all, die wir erzeugt,
    Sind Kinder, ach, der Liebe!

Verschlossen ist die Kirche dir,
    Zu meiner ist's noch weiter;
Wenn Andre beten, müssen wir
    Spazieren gehen leider.

Du darfst zu keiner 'Ohrenbeicht
    Und mußt sie ewig missen; —
Du machst dir selbst die Seele leicht:
    Du hast ein gut Gewissen!

Und stieß man dich auch grausam aus
    Wie Sündenrost und Schimmel, —
Wir machen uns den Teufel draus
    Und kommen in den Himmel.

Das Frankfurter Schauspielhaus.

Zu seinem hundertjährigen Jubiläum.
(1882.)

Und als dein Kronenleuchter
   Noch Rüböl hat gebrannt,
Noch fetter war und feuchter,
   Ich hab' dich schon gekannt!

Wie viele Mond' und Sterne
   Vollendeten den Lauf
An deiner Himmelsferne
   Und gingen nicht mehr auf!

Wie viel Theaterschimmel,
   Auf beiden Augen blind,
Sind schon bei Gott im Himmel,
   Die ich gekannt als Kind!

Wie mancher Fels verwittert
   Ist schon seit Tag und Jahr,
Der doch so unerschüttert
   Aus Pappendeckel war!

Wie viele wilde Wogen
   Ach, haben sich gelegt,
Die, hin und her gezogen
   Hoch schäumend sich bewegt!

Der „Rochus Pumpernickel"
  Wie lang schon schläft er kühl,
Sammt Hühnern und dem Gickel
  Ach, von der „Teufelsmühl"!

Und auch die „Prager Schwestern",
  Die mich ergötzt so sehr,
Sie sind nicht erst seit gestern,
  Sie sind schon längst nicht mehr!

Von ew'gen Göttern stürzten
  Wie viele schon vom Thron!
Wie viele Helden kürzten
  Sich hier das Leben schon!

Wie manchen Schlosses Trümmer,
  Ach, trug man schon hinaus!
Du aber stehst noch immer,
  Du altes Schauspielhaus!

Ein Säculum in Treue
  Stehst du schon, kunstgesinnt;
So stehe und erfreue
  Noch Kind und Kindeskind!

Luther.

Zu seinem vierhundertjährigen Geburtstage.

(1883.)

Da hetzen sie und hassen sie
Wie Wüthende und fassen die
 Gelegenheit beim Schopfe;
Ihr Grimmigen, mit Wonne so
Wer stellt sich in die Sonne so
 Mit Butter auf dem Kopfe?

Wir glauben All an Einen Gott
Und zwar an keinen kleinen Gott,
 An keinen Detaillisten;
An einen Allumfassenden,
Sich viel Gefallenlassenden
 Von Heiden und von Christen.

O streitet nicht! Verübelt nicht!
Wer glaubt, der glaubt, und grübelt nicht!
 Die Form ist Schale, Hülle!
Was kämpft ihr mit des Spottes Geist?
Was ist er vor dem Gottesgeist,
 Der Liebe ist in Fülle?

Weß Glaube wird vorangesetzt?
Auf's Herz kommt Alles an zuletzt!
 Das Herz kann Gott nur fassen;
Wenn's rein vor Gott nur treten mag, —
Das Wie und Wo es beten mag,
 Ist ihm zu überlassen.

Die Luther-Feier, ohne Noth,
Hat Staub erregt. Doch ohne Koth
　　Geht's einmal nicht hienieden.
Der Mann war kein Lumpacius,
Und ihm, gleich Bonifacius,
　　War großer Ruhm beschieden.

Der Eine, per Exempelum,
Der warf die Götzentempel um,
　　Das schnöde Heidenwesen;
Der Andre fegte frei herum
Dann in der Klerisei herum
　　Mit einem groben Besen.

Er war „so grob wie Bohnenstroh,"
Doch ging's nicht anders ohne so,
　　Und grob ist keine Schande.
Doch was er that mit Freud und Muth,
Kommt Allen uns noch heut zu gut,
　　Dem ganzen Vaterlande.

Es lag in diesem grellen Herrn,
Ein Kern von einem hellen Stern,
　　An dem der Blick sich weidet.
Was uns verbindet, Nord und Süd,
An Sprache, Sitte und Gemüth,
　　Hat Er uns vorbereitet.

Mach's Einer den Hanswürsten recht!
„Der Luther war ein Fürstenknecht,
　　Den Bauerngrimm verbissen." --

Trug er dem Volke blinden Haß,
So hätt' er nicht das Tintenfaß
　　Dem Teufel nachgeschmissen!

Grunddeutsch an ihm und immer wahr
War jede Faser immerdar,
　　Sein Geist ein kerngesunder.
Was sich in unsre Feier drängt,
An seinen Rockschooß heuer hängt,
　　Auch Mucker sind darunter.

Doch wie sich dies Gesindel auch
Mit seinem Lügenbündel auch
　　Mag bei dem Feste blähen,
Zum Luther paßt's, dem wahren Mann,
Dem Heuchlerfeind und klaren Mann
　　Wie zu den Trauben Schlehen.

Es sollten weithin feiern ihn
Und feiern gleich Befreiern ihn
　　Die Völker aller Lande;
Ihn feiern trotz der Hetzerschaar,
Ihn feiern trotz der Schwätzerschaar,
　　Denn das ist — eine Bande!

Leiden.
(1883.)

In dieser unvollkomm'nen Welt
Ist Niemand ohne Leiden,
Kein Kanzler, noch so hoch gestellt,
Kein Volk, noch so bescheiden.

Was einen großen Kanzler quält,
Zu wissen das, ist Brauch nicht;
Dagegen, was dem Volke fehlt,
Das weiß der Kanzler — auch nicht.

Und von der Größe ihres Leids,
Mag es auch zehnmal mehr sein,
Da denken sie denn beiderseits:
Es wird nicht halb so schwer sein!

Der Kanzler trägt des Reiches Last
Allein und quasi einsam;
Getheilter Brast ist halber Brast,
Das Volk trägt ihn gemeinsam.

Und weil es ihn gemeinsam trägt,
So ist es ihm geläufig;
Nach seinem Wohlbefinden frägt
Man drum auch nicht so häufig.

Wenn auch der Schuh ein Bischen drückt,
Das hindert nicht am Gehen;
Wer ist denn auch so ungeschickt
Und zieht nicht ein die Zehen?

Der Kanzler hat viel größ're Qual,
Wenn ihn die Stiefel plagen,
Denn er ist Reiter-General
Und muß Kanonen tragen.

Drum kurz und gut: In dieser Welt
Ist Niemand ohne Leiden,
Kein Kanzler, noch so hoch gestellt,
Kein Volk, noch so bescheiden!

Der Soldat muß auch religiös erzogen werden.
(1885.)

Der deutsche Soldat muß die Kirche besuchen,
Die Sonntage muß er und Festtage feiern.
Wo hört man in Preußen noch Feldwebel fluchen?
Das gibt's nicht, und auch nicht zumalen in Bayern!

Den deutschen Rekruten seit gar vielen Jahren
Ist weder je zwischen die Schulterblätter
Noch auf die Bauernschädel gefahren
Ein Himmelheiligkreuzdonnerwetter.

Von Schockschwerenoth wie auch Wolkenbrüchen
Von dummen Teufeln ist keinerlei Ahnung.
Das gibt's nicht! Mit christlichen Bibelsprüchen
Erfolgt die Belehrung allein und Ermahnung.

Und will die Geduld dem Feldwebel reißen,
So bändigt er dennoch liebreich die Zunge,
Sagt höchstens: „Dich soll ja das Mäuschen beißen!
Du bist ja doch sonst ein so lieber Junge!"

In früheren Zeiten da fluchten wie Heiden,
Ein Greuel und Scheuel dem christlichen Ohre,
Feldwebel allein nicht, nein, auch die Gefreiten;
Ein Flüchlein riskirten sogar die Majore.

Sogar Generäle, die sonst doch nur flötend,
Nicht schnarrend, sich äußern so spät als wie frühe,
Sie hatten zuweilen und sittsam erröthend
Ein Kreuzsakramentlein verschluckt nur mit Mühe.

Gottlob! Jene Zeiten, längst sind sie entflogen;
Das sechste Gebot wird nicht mehr übertreten;
Das gibt's nicht! Es werden jetzt christlich erzogen
Die deutschen Soldaten und können nur beten.

Der deutsche Soldat muß die Kirche besuchen,
Die Sonntage muß er und Festtage feiern.
Wo hört man in Preußen noch Feldwebel fluchen?
Das gibt's nicht, und auch nicht zumalen in Bayern!

Zur Auswanderung.
(1885.)

Die Sonne scheint keinen Bauer hinaus
    Zum Lande;
Doch wandern so viele Bauern aus,
    O Schande!
Die Sonne ist also nicht schuld daran,
Drum muß es ein anderes Häkchen han.

Die deutsche Erde ist doch so frei
Noch heute,
Und Steuern bezahlen gern nebenbei
Die Leute.
Die Steuern sind also nicht schuld daran,
Drum muß es ein anderes Häkchen han.

Der deutsche Bauer ist gern Soldat
Hienieden,
Hat gerne die Hand an der Hosennaht
Im Frieden.
Rekruten sind also nicht schuld daran,
Drum muß es ein anderes Häkchen han.

Das deutsche Recht ist ein gutes Recht,
Will's meinen!
Und Knechte, außer dem Stiefelknecht,
Gibt's keinen.
Das Recht ist also nicht schuld daran,
Drum muß es ein anderes Häkchen han.

Fürst Bismarck sprach aus ein sehr großes Wort
Gelassen:
Es treibt die Bauern ihr Wohlstand fort
In Massen! —
Denn wer noch besitzt eine Kleinigkeit,
Der bringt es bei Zeiten in Sicherheit.

Kaiser Friedrich.
(1888.)

Zur höchsten Erdenmacht berufen sein,
Dann übermenschlich dulden und nicht klagen,
Ein großes Schicksal auch so groß zu tragen,
Das Herz dazu, der Muth dafür war dein!

Und bis zum Tod, trotz aller Körperpein,
Hat's menschenfreundlich für das Volk geschlagen,
Denn zu bedrücken war nicht sein Behagen;
Er dachte von den Menschen nicht so klein.

Des Volkes Feinde, tückisch und verlogen,
Sie waren ihm darum nicht sehr gewogen;
Und weil er ihre Liebe nicht gewann,

Und weil sie keine Neigung zu ihm faßten,
Weil ihn die Mucker und die Junker haßten,
Drum darf ihn feiern auch ein freier Mann!

— —

Improvisation.
Beim Feste zum 70. Geburtstage Wilhelm Jordan's.

Da der November mich gebar,
Die allertrübste Zeit im Jahr,
Wie kam nur in mein Herz hinein
So voller warmer Sonnenschein?

Daher vielleicht, daß ich mein Loos,
Wie's eben kam und fallen wollte
In meinen Schooß,
Mit Dankbarkeit und anspruchslos
Als mir einmal beschieden nahm.
Von Herzen dankt' ich dem Geschick
Für jeden warmen Sonnenblick,
Für jedes Blümchen, das am Rand
Von meinem Lebenswege stand.
So erntete ich Zufriedenheit
Und blieb von Scheelsucht frei und Neid.
Ich kann mich freuen als Poet,
Wenn's andern Dichtern wohl ergeht,
Und labe mich an fremdem Ruhm,
Als wäre es mein Eigenthum.

Soden.

Im schönen Park zu Soden schritt
Ein Englishman, ein feiner,
Und hinten nach, auf Schritt und Tritt
Beständig folgt ihm Einer.

Es war ein Mann in blauem Rock
Mit einem gelben Kragen,
Und einen dicken Haselstock
That in der Hand er tragen.

Und durch den Park die Kreuz und Quer
Zum Kursaal und zum Sprudel,
Läuft er beständig hinterher
Wie seinem Herrn der Pudel.

Er steigt ihm nach zum Batzenhaus,
Ihm nach zu den drei Linden,
Und selbst bis Altenhain hinaus
Und Cronthals grünen Gründen.

Und endlich ward das doch zu toll
Dem armen Engeländer;
Er fuhr herum und schrie: „Was uoll
Sie Himmelsappermenter?

Goddam' You lauft mir nach und renn,
Wo ich laß seh'n und blicken!
Was uoll? Ich sein ein Englishmän,
Das hör' Sie uol am speaken!"

Doch der in seinem blauen Rock
Mit seinem gelben Kragen
Und seinem dicken Haselstock
That also zu ihm sagen:

„Ihr scheinet sehr verdächtig mir,
Nicht weil Ihr Englisch schmuhtet;
Doch seid Ihr vierzehn Tag' schon hier
Und habt noch nicht gehustet!"

Das frankfurter Wahrzeichen auf dem Eschenheimer Thurm.

Als der Wildschütz war gefangen,
Wollte man den Frevler hangen,
  So der Stadt die Böcke schoß,
  Was die Obrigkeit verdroß.

Ja, es that sie sehr verdrießen,
Allbieweil das Böckeschießen
  In der Stadt und drum herum
  War ihr Privilegium.

Und der Wildschütz bat um Gnade
Bei dem hochwohlweisen Rathe,
  Und als Preis für diese Gunst
  Setzte ein er seine Kunst.

An dem Eschenheimer Thore
Schießen wollt' er mit dem Rohre
  Neunmal nach dem Thurm hinan,
  Neunmal in die Wetterfahn'.

Treffen müßt' der Schüsse jeder,
Zeigen aber würd' sich später,
  Welch ein Bildniß wohlbedacht
  Er der Fahne beigebracht.

Und solch Wunder zu erblicken,
Reizte sehr die Rathsperrücken,
    Und sie sprachen: „Ja, es sei!
    Bringt er's fertig, ist er frei!"

Und am Eschenheimer Thore
Schoß der Wildschütz mit dem Rohre
    Neunmal nach dem Thurm hinan,
Neunmal in die Wetterfahn'.

Und er hielt, was er versprochen,
Und die Hochwohlweisen krochen
    Voller Neubegierd hinan
    Auf den Thurm zur Wetterfahn'.

Und sie riefen im Vereine:
„Eins, zwei, drei, vier, fünf, sechs, sieben,
                acht, neune!
    Und sie bilden obendrein
    Auch noch deutlich eine Neun!"

Und der Wildschütz ging und lachte:
„Was ich in die Fahne machte,
    O du blinde eitle Welt,
    Die's für eine Neune hält!

Meinem Aug' und meinem Blicke
Stellt sich's dar als Schwanzperrücke,
    Als ein Bild der Dankbarkeit
    Einem hohen Rath geweiht!"

Die Weckverschwörung in Darmstadt.

Die Darmstädter Bäcker han gutes Gebäck
Und sonst auch Geistesgaben,
Die wollten für einen Kreuzerweck
Fortan zwei Kreuzer haben.

Und wären die Weck' auch nicht größer zu schau'n,
Das läg' allein am Heizer.
Doch Darmstädter Hausfrau'n sind sparsame Frau'n,
Die sehen auf den Kreuzer.

Zwei Kreuzer für solch ein wunzig Gebäck?
Und laßt ihr's nicht beim Alten,
So mögt ihr eure Zweikreuzerweck
Selbst essen und behalten!

Und eine Verschwörung am großen Woog
Geschah von allen Frauen;
Man wollte die Frau Erbgroßherzog
Selbst ziehen in's Vertrauen.

Die Bäckermägde um halber Sechs
Sie kamen im Morgengolde
Mit Mahnen voll des Kreuzerwecks,
Der zwei jetzt kosten sollte.

Doch waren, ach, alle Thüren zu,
Kein Klopfen half, noch Schellen;
Es lagen noch in süßer Ruh
Die Küchenmammesellen.

Doch droben am Fenster im ersten Stock
Bis in die höchsten Stöcke,
Erschienen die Hausfrau'n im Unterrock
Und fragten: „Was kosten die Wecke?"

„Zwei Kreuzer!" rief es drunten am Haus.
„Zwei Kreuzer? Wie? Ich hör' nix!
Zieh ab, und richt' deinem Meister aus
Ein Kompliment und 's wär nix!"

Die Bäckermeister standen erstarrt,
Es sank ihr Muth, ihr kecker;
Es wurden gar viele Wecke hart,
Doch mürbe wurden die Bäcker.

Die Vergiftung in Offenbach.

Ein Händler in seinen Spezerei'n
Trocknete Feigen im Sonnenschein.

Damit kein Nachbar ihm Schaden stiftet,
Erklärte die Feigen er für vergiftet.

Des Weges ein Mediziner kam
Und von den Feigen sich welche nahm.

Und wieder welche, sie mochten ihm schmecken;
Viel aß er und that auch noch zu sich stecken.

„Um Gotteswillen," schrieen heraus
Die Leute aus dem Nachbarhaus,

„Um Gotteswillen," schrieen die Leut',
„Die Feigen sind mit Arsenik bestreut!"

Der Doctor bekam es sogleich in den Leib;
Fort stürzt' er und packte ein Milchweib,

Entriß das Gefäß ihr und setzt's an den Mund
Und leerte die Kanne bis auf den Grund.

Dann stürzte er weiter in seinem Schreck;
Er stürzt in die nächste Apothek'.

Er stürzt' in die Apotheke und rief:
„Um Gotteswillen ein Vomitiv!

Ipecacuanha, ach, Tartarus
Stibiatus oder emeticus!"

Er trank es hinab mit Zittern und Zagen
Und spürte sofort die Wirkung im Magen.

Und was ihm der Apother gegeben,
Das gab er ihm wieder und mehr noch daneben;

Er gab es ihm wieder mit Zinseszinsen;
Der Apotheker sah es mit Grinsen.

Der Doctor enteilte, und deutliche Spuren
Bezeugten die Kraft von seinen Mixturen.

Und anderen Tages bei guter Zeit,
Da zeigt' er es an der Obrigkeit.

Es müsse in Strafe genommen sein
Der Händler mit seinen Spezerei'n.

Der handle mit Giften und stelle vor'm Haus
Sogar seine giftige Waare aus.

Der Händler erschien und sprach vor Gericht:
„Vergiftet waren die Feigen nicht!

Ich hab's nur gesagt meinen Feigen zu liebe,
Um abzuhalten Näscher · und Diebe.“

Drum stiehl keine Feigen! Der Grund ist triftig;
Denn ein Bestohl'ner ist immer giftig.

***

Der Gänserich von Offenbach.

In Offenbach befindet sich
Ein militärischer Gänserich.
Vielleicht stammt dieser Militär
Vom König der Vandalen her,
Wenn auch vielleicht direkt nicht grad;
Kurzum, er liebet den Soldat.

Man findet Solches eigentlich
Sonst wen'ger bei dem Gänserich,
Doch desto häuf'ger bei der Gans,
Die sich hervorthut da mit Glanz.

Des Morgens schon in aller Fruh
Marschirt etwas der Schiffbrück' zu;
Der Gäns'rich ist's von Offenbach,
Und er beziehet da die Wach'.
Er blickt hinein in's Schilderhaus,
Und tritt der Posten nun heraus
Und schreitet auf und ab im Schritt,
Geht neben her der Gäns'rich mit,
Die Brust heraus und kerzengrad,
Den Flügel an der Hosennaht.
Er kennt genau ganz seine Pflicht,
Verläßt den Posten niemals nicht.
Und kommt ein hoher Herr daher,
Ein Fürst, ein höh'rer Militär,
Und ruft der Posten: „Wach' heraus!"
Und präsentirt am Schilderhaus,
Stellt sich der Gäns'rich neben dran
Und hebt ein lautes Gaagack an
Und schnattert in die Luft empor;
Das stellt bei ihm die Trommel vor.
Kein Hafer lockt ihn und kein Waiz,
Kein Welschkorn übet einen Reiz;
Wie schön auch eine Pfütze lacht,
Es bringt ihn Niemand von der Wacht.

Nur Abends wenn die Sonne sinkt,
Steigt er zum Main hinab und trinkt
Und rupft sich ein paar Gräser aus
Und geht dann kerzengrad nach Haus.

Wenn sich ein paar Rekruten nah'n,
So schließet er sich ihnen an.
Und ziehet mit tief in die Stadt,
Wobei er seine Absicht hat.
Bald vorne und bald hinterdrein,
Die Brust heraus, den Bauch hinein
Marschiret er im Stechschritt froh
Und lehret die Rekruten so,
Damit sie etwas profitir'n
Und leichter lernen exerzir'n
Und auch beim Unteroffizier
Die Stumper sparen und das Bier.

Wär' dieser Gäns'rich Instructeur,
So gäb' es weniger Malheur,
Als wie's mit manchem Esel jetzt,
Der schlägt und beißt und stößt und petzt
Und den Rekruten malträtirt,
Wie das zuweilen wohl passirt.

Ein Gäns'rich ist genügsam auch;
Er trinket Bier nicht wie ein Schlauch,
Und hat für Schnaps auch keinen Durst,
Und frißt nicht dem Rekrut die Wurst.
Kurzum, ein Gäns'rich so wie der
Wär' eine Zierde für das Heer!

Weihnachtsballade.

(Hat sich in Frankfurt zugetragen.)

Ach, Amor ist ein loser Wicht,
Er dringt durch Panzerröcke;
Vor seinen Pfeilen sicher nicht
Sind selbst die alten Böcke.
Als Fips, der Schneider, Wittwer ward,
Das zu ertragen war ihm hart;
Bei seinen siebzig Lenzen
Mag's an ein Wunder grenzen.

Die Grethel war ein holdes Kind,
Das sagten alle Leute;
Ein Küperbursch war auch nicht blind,
Was Grethel herzlich freute.
Doch Fips, der Alte mit der Brill,
So dachte sie, was der nur will?
Da ist mir denn doch lieber
Der junge schmucke Küper!

Er hatte einen Fehler blos,
Man sah's durch Doppeldiele:
Mit Batzen war bei ihm nichts los;
Sie hatte auch nicht viele.

Doch ohne Geld, wo soll's hinaus?
Da geh'n der Katz die Haare aus!
Ach, wer wird edel denken
Und ihnen etwas schenken!

Doch gibt's noch Menschen auf der Welt,
Die denken gut und edel.
Der alte Fips der hatte Geld
Und dachte an die Grethel.
Und kurz vor Weihnacht schrieb er ihr
Auf rosaseidenem Papier
Ein Briefchen, das sie rührte
Und dem auch Dank gebührte.

Er schrieb ihr: „Fräulein Grethchen, ach,
Schön sind Sie, Gott soll's wissen!
Sie haben nur das Ungemach,
Moneten zu vermissen.
Ich hab' davon in Ueberfluß;
Es wäre mir ein Hochgenuß,
Zu widmen, wenn Sie's dulden,
Nur zwanzigtausend Gulden!

Ich schick's in einem Korb sofort;
Ich hoff', er wird nicht brechen;
Nur bitte ich auf Ehrenwort
Mir Eines zu versprechen:
Daß Alles, was im Korbe ist,
Sie als Geschenk zum heil'gen Christ
Auf ewig auch behalten
Und treulich mit ihm schalten!"

Die Grethel schrieb ihm Antwort bald
Ob dieses Freudenfalles:
„Sie Gott in menschlicher Gestalt!
Ja, ich verspreche Alles!"
Der alte Fips war ganz entzückt,
Daß seine List ihm war geglückt;
Er ließ das Maß sich nehmen
Zum Tragkorb zum bequemen.

Und als der Tragkorb fertig war
Sammt Deckel zum Verschließen,
Da ließ der Fips ein Trägerpaar
Sich holen, ein paar Riesen;
Legt' in den Korb sich dann im Frack,
Selbst Zwanzigtausendgulden-Sack
In Golde bei sich habend, —
Es war am heil'gen Abend.

Und fort ging's nun der Grethel zu
Behutsam und mit Schonung,
Denn dunkel wie in einer Kuh
Lag abseits ihre Wohnung.
Doch war der Weg auch etwas jäh,
Der Küperbursch war in der Näh
Mit noch zwei Küperg'sellen,
Ihn möglichst zu erhellen.

Die Grethel war ein ehrlich Blut
Und hatte ohne Weiters
Dem Küperbursch vom Edelmuth
Erzählt des alten Schneiders.

Der Küper aber dachte gleich:
Dahinter steckt ein Schelmenstreich!
Den soll er bitter büßen,
Und ich will mir's versüßen!

Der Küper hat nun aufgepaßt,
Und als der Tragkorb nahte,
Da ward der Schneider abgefaßt;
Die Träger schrie'n um Gnade;
Die feigen Riesen, sie entfloh'n,
Der Schneider aber, — hat ihm schon! —
Ward aus dem Korb gerissen
Und windelweich geschmissen!

Dann heulend machte er im Frack
Schnell auf die Strümpf und Schuh sich,
Und ließ im Stich den schweren Sack;
Der Küper nahm ihn zu sich
Und legt, wie kann es anders sein?
Sich in den Tragkorb dann hinein,
Und dann mit ihm beladen
Sich die zwei Kameraden.

Sie tragen ihn zur Grethel hin,
Den Deckel sorgsam drüber;
Sie sieht den Korb, sie öffnet ihn,
Da springt heraus ihr Küper.
Sie fällt ihm liebend um den Hals,
Ihm und dem Geldsack ebenfalls;
Nun strahlt, ihr Weihnachtskerzen:
Es gibt noch edle Herzen!

Der Adjunkt von Neustadt a. H.

Der Stadtrath Christian ist schlau,
Der thut nichts ohne seine Frau,
Und ständ' sein höchstes Lebensziel,
Selbst ein Adjunktus, auf dem Spiel.

Dem Mann in Neustadt an der Haardt
Erlaubt die Frau wohl einen Bart;
Damit jedoch ist's abgethan,
Denn sie nur hat die Hosen an.

Will er auf's heimliche Gericht
Und seine Gattin leidet's nicht,
So macht er — alles Andre eh'r,
Als daß er ungehorsam wär.

Und sagt die Frau ihm ernstiglich:
„Komm du in's Kindbett doch für mich,"
So folgt der Mann nach altem Brauch
Und kriegt ein Kind und stillt es auch.

Und wenn er in dem Stadtrath sitzt
Und über etwas sich erhitzt,
Gibt's erst die Frau zu Protokoll,
Daß sich ihr Mann erhitzen soll.

Jüngst trug man an ihm den Adjunkt;
Das war ein kitzelicher Punkt.
Es sprach der Stadtrath Christian:
„Nimmt das denn meine Frau auch an?"

Es schickte zur Frau Stadtrath drum
Das städtische Kollegium,
Ob sie sothaner Sache hold
Und ein Adjunktus werden wollt.

Man traf zu Haus sie leider nicht,
Drum hielt man es für heil'ge Pflicht,
Daß man die schuld'ge Rücksicht nähm
Und warte, bis sie wieder käm.

Und als sie endlich kehrte heim,
Da kam sie aber aus dem Leim:
„Was? Mich, mich fragt mein Mann erst jetzt?
Komm ich denn oder er zuletzt?

Ich leid es nicht! Um keinen Preis!
Ich treib ihm aus den Naseweis!
Das richtet ihm nur Alles aus!
Na, warte nur! Du kommst nach Haus!"

Groß war nun die Verlegenheit,
Und ob so viel Verwegenheit
Erschüttert ward und ängstlich drum
Das ganze Stadt-Kollegium.

Und keiner von den Herrn dadrein
Der wollte ein Adjunktus sein;
Drum schickte man in solcher Qual
Zu der Frau Stadtrath noch einmal.

Und weil der ganze Magistrat
So flehend die Frau Stadtrath bat,
Da gab sie nach und sagte leis:
„Na, meinthalb, aber ausnahmsweis!

Doch sag ich Ihnen, meine Herrn:
Wenn mir mein Mann auch nur von fern
Noch etwas wagt, was mich verletzt,
So wird er wieder abgesetzt!"

Thier-Charakter-Studien

für kleine und große Kinder.

Der Esel ist ein Distelirer,
Die Schneck' dagegen ein Hausirer;
  Das Pferd ist ein Trappist,
  Der Ochse ein Hornist.

Die Lerche ein Sanguiniker,
Die Hühner, die sind Mistiker,
  Kamele Höckerinnen
  Und Wanzen Bettuinen.

Der Hund, der ist ein Belletrist,
Die Ente ein Quacksalber ist;
    Ein Stutzer ist der Bock,
    Eichhorn ein Astrolog.

Ein Mecklenburger ist die Geis,
Der Krebs ein Kneiper, wie man weiß;
    Der Biber ist ein Bauer,
    Der Fisch ist ein Nassauer.

Der Truthahn ist ein Kamm'ralist,
Das Schaf ein Wollontär gar ist;
    Die Nachtigall Flötist,
    Der Frosch ein Quäcker ist.

Die Maus, die ist ein Speckulant,
Das Schwein ein Drechsler, wie bekannt;
    Die Kuh die ist ein Mucker,
    Das Krokodil ein Schlucker.

Krähwinkler sind die Hähne,
Und Segler sind die Schwäne,
    Der Hirsch ist ein Geweihter, —
    Und so weiter und so weiter.

Zur ersten Ausgabe der Gedichte in Frankfurter Mundart.

(1864.)

Von alle deutsche Sprache
Duht dei zu owersicht steh,
O Frankfort! Laß der'sch sage:
Ihr „Autsch" selbst klingt noch schee!

Der hechste Wohllaut gippelt
In ihr, in deinem Schooß;
Un wer des überhippelt,
Des is e ääbsch dumm Dos.

Un kää baßt so for's Zarte,
Gelt, Sannche, Oesi, gelt?
Un ääch um auszuarte,
Baßt kää so in der Welt.

Da is net mit zu spasse!
Grob sein mer, — awwer nor:
Mer sollt in Gold se fasse, —
Der Keller hat's ääch vor.

Der will in Goldschnitt binne
Se nowel, schee un fei,
Un vorne un selbst hinne
Soll viel Verzierung sei.

Drum dhun Se unnerschreiwe!
Sie wolle net? Ach ja!
Ach geh'n Se fort un bleiwe
Se noch e bissi da!

Straa=Pulver.
(1856.)

Ach Gott, mit unsrer Borjerwehr,
Do werd's jo immer krasser!
Bald braucht mer aach kaa Bombje mehr
Un lescht der ohne Wasser.

Ze Leipzig is e Mann der straat
E Pilverche in's Feuer;
Des lescht der euch, es is e Fraad,
Un kimmt derzu net deuer.

In jeder Apothek verkääft
Un führt mer'sch dort am Platze,
Un brennt der Aam sei Haus, so lääft
Mer fort und heelt vorn Batze.

Un kimmt der aach nach Frankfort hie
Des Pilverche ze wannern,
No Bombje, dann adje Pardie!
Dann legt euch zu de annern!

Dann is der aus der ganze Spaß,
Soll sich der Gott erborme!
Un komme in die Jubbegaß
Die neie Uneforme!

Un aach der wunnerscheene Helm,
Ganz so wie bei de Preiße;
Den kriehd der Falkestää un Schwelm*)
Un kimmt in's alte Eise.

Dann is der ausgeexerzirt,
Mei liewes Korporälche,
Un werd aach net mehr uffgeführt
E scheenes Bombjebäälche!

Dann kimmt e anner Feuerkohr,
Wo 's Wasser bleibt bei Seite,
Un 's werd e Straapulver-Major
Die Sach der kinftig leite.

Un aach die neie Spritze all,
Die manche Gulde koste,
Die müsse dann der Knall und Fall
Heechst jämmerlich verroste.

Nor du, o edeles Geschitz
Im Worschtquarbier der Scherne,
Du wersch versetzt, o Mexterspritz,
Der unner die Gesterne.

---

*) Zwei Antiquitätenhändler.

Dann is aach futsch die Spritzeprob
Die mer geschwenzt so fleißig,
Un spar'n mer dann der aach, Gottlob,
Der unsern Gulde dreißig.*)

Kaa Theorie, kaa hohe Lehr
Erteent mehr vom Katheder;
Un 's is e Spritz kaa Kaste mehr,
Der ruhet uff vier Räder.

Un aach kaa Bombje Braunschweig kann
Die Berjer mehr erfraae;
Un 's heeßt der unser Sprichwort dann:
Wann's brennt, so dhun ich straae.

Un aus de Aamer und de Schläuch,
Erinn'rung scheener Tage,
Da werd vor all ihr Berjer euch
E Denkmünz der geschlage!

Die Fleckesaaf.
(1856.)

Vorm Mexterdhor der Fleckemann
  Wor mit der Meß zefridde;
Gleich linker Hand do war sei Stann
  Mit Schmerjel, Saaf un Kitte.

---

*) Wos se von dir noch krieht hawe, kenne se aach allaans lege.
Anm. d. Setzerlehrlings.

Des war der euch e Neumal-Dos!
Der word sei Kitt un Schmerjel los
  Un dhat euch was verkaafe
  Von feine Fleckesaafe!

Verdeppel, hot der Kerl geschwätzt
  Un der sei Witz gerisse
Un mit de Leut der sich gehetzt
  Un der sei Woor geprisse!
Un gab mer net geheerig Acht,
Wubb, word mer saafig der gemacht,
  Un mußt sich losse butze,
  Es dhat aam all nix nutze!

So stann emol aach Naner da
  Gefährlich nah dem Tische
Un 's dhat en, eh er sich's versah,
  Der Fleckemann erwische,
Un saaft en ei aus Schawernack
Gott waaß de halwe schwarze Frack;
  Besonnerscht Rück un Krage
  Wor saafig, net ze sage!

Doch butzt er'n ab aach widder schee,
  Bevor er en laßt laafe;
Doch bleibt der uffem Buckel steh
  Noch mancher liewe Straafe.
Doch weil der Mensch, es is derschobb,
Der hinne ja kaa Aage hot,
  So kunnt sei Blick net sinne
  Aach die Bescheerung hinne.

Un z' sprach der Fleckemann fideel:
    „Es werd Se net gereue!
Ihr alter Frack is, meiner Seel,
    Jetz besser als sechs neue.
Da, guckt, es is em, uff Baroll
Gewachse fingerschdick die Woll!
    Bei dere Saaf kaa Wunner!
    Vom Speeth is Haaröl drunner!

Un wann Se der jetz haame geh,
    Werd Se Ihr Fraa erwarte,
Un sehnend an der Hausdhir steh
    Sammt Kinnerche, de zarte.
Un sieht se Ihne, segt se dann:
Wos kimmt da vor e fremder Mann,
    E reicher eleganter?
    Gewiß der e Gesandter!

Un wann Se jetzt der bei 'er sei,
    So sellt mer dann doch glawe,
Sie läßt euch in des Haus erei?
    Doch segt se: Sie erlaawe!
Ich sein der ganz allaa ze Haus,
Mei liewer Mann, der is der aus;
    Drum gehn Se nor zerücke!
    Es dhet der sich net schicke!

Un sage Se: Wos willst de dann?
    Wos sein dann des for Bosse?
Ich selwersch sein der jo dein Mann!
    Da werd se höchst verdrosse,

Un segt: Jetz gehn Se, dann ich schrei
Un schick aach uff die Bollezei!
   Sie wern dann grobb un bitter, —
   Da kennt se Ihne widder!"

Da odder hot der Mann gelacht:
   „Ihr seid mer e Erfinner!
Ihr habt den Witz der schlecht gemacht:
   Ich hab kaa Fraa un Kinner!" —
„E Schätzi doch? Ach, is des todt?" —
Da word der Mann ganz feuerroth
   Un segt: „Ach, des net ewe;
   Es dhut Gottlob noch lewe!"

Un hot der aach en Schatz gehot,
   Doch kaaner von de treue;
Sie wor en sott, schont lang der sott,
   Un hot geliebt des Neue.
En scheene junge Offenzier,
Den hot se der uff dem Visier
   Un stellt em nach der dichtig,
   Un heut, do werd dersch richtig.

Un wie der Mann im Straaserock
   Wollt zu seim Liebche schleiche,
Do stann er plötzlich wie e Stock
   Un blaß wie hunnert Leiche.
Dann bei er stann der, an der Dhir,
E scheener junger Offenzier
   Un dhat die Kur er mache
   Un laut der mit 'er lache.

Un wie se sah ihrn alte Schatz,
　　Da dhat sem gor net nicke
Un sah so fremd der nach dem Platz
　　Un kehrt em dann be Ricke.
Da lief er withend uff se zu
Un krisch: „Du Katz, du falsche, du!"
　　Doch sie, mit Achselzucke,
　　Segt nor: „Der scheint mischucke!

Wos wolle Se dann, Herr, von mir?
　　Ich dhun Se gor net kenne!
Sie laafe here an mei Dhir
　　Un dhun e Katz mich nenne!
Herr Leitenant, sein ich e Katz?" —
„O Jott bewahr, bewahr, mein Schatz;
　　Du bist ein baarer Engel!
　　Zum Teufel mit dem Bengel!"

Un dobei höchst verdächtig hägt
　　Der Leitnant an sein Dege;
Da is der Anner abgesegt
　　Sehr eiligst seiner Wege.
Un wie er noch net weit mocht sei,
Do fällt die Fleckesaaf em ei;
　　Er schnaubt in Zornesqualem:
　　„Der Kerl ist Schuld an Allem!"

Un racheburstig rennt er dann
　　Zem Mexterdhor, Schwerhacke,
Un dhut der unsern Fleckemann
　　Euch an der Brust der packe,

Un kreischt und mecht der en Tumult:
„Du Schuft, du bist an Allem Schuld!
  Mein Frack, du Saaferitter,
  Mein alte, will ich widder!"

Die Amnestie.

(1856.)

Als im Achtunverz'ger Jahr
Achtzehter September war
Un es warn die Barrikade
All gestermt von de Soldate,
Dhat der Jedermann voll Schreck
Schleinigst sei Gewehr eweck.

Un e Berjer dieser Stadt
Hot der e Gewehr gehat,
An dem fehlte nor drei Sticker:
Pfann un Hahne un der Dricker!
Nach vom Laaf sammt dem Vesir
War nix mehr ze gucke hier.

Nor der Kolwe, wie mer sah,
War noch ganz allaans der da;
Un der Berjer dacht mit Schrecke:
Wann se den der hie entdecke,
Ach, dann is der'sch met mer aus!
Wär er glicklich aus em Haus!

Un wie zog die Nacht eruff,
Packt der Mann sein Kolwe uff;
Unnerm Mantel, wie e Kätzi,
Schleppt er'n uff des Ahornplätzi
Un zum Schlosser Saasermann,
Der allaans em helfe kann.

„Ach, Herr Nachbar," segt er nu,
„Dhut mer ein Gefalle dhu!
Hie der Kolwe, der infame,
Macht mer zu viel Angst dehaame;
Hebt mer'n uff! Bei Euerm Fach
Fällt der jo net uff die Sach!"

Doch der Mann, er ward geseh,
Wie er dhat zum Nachbar geh,
Un sei Kolwe, der meschucke,
Dhat em aus dem Mantel gucke;
Un die Sach ward denunzirt
Un der Mann vor Amt zitirt.

Un der Richter sprach: „Ei, ei!
Also Sie warn aach derbei?
Hawe von de Barrikade
Aach geblefft uff die Soldate,
Un des Mordgewehr bei Nacht
Hibsch dann iwer Seit gebracht?"

„Ach, Herr Richter," sprach der Mann,
„Was aam doch bassire kann!

Dhäte Sie mei Bix erblicke,
Nähme Sie Ihr Wort zericke,
Un Sie dhäte eigesteh,
Daß die gar net los kann geh!

Un geschosse? All mei Däg
Haw' ich's net gebracht zuweg!
Un ich dhu hier protestire,
Daß ich wißt e Waff ze fihre!"
Un dann ging der Mann nach Haus
Un er glaabt, die Sach wär aus.

Obber nach e Jahrer acht
Ward der an den Mann gedacht,
Ward zitirt mit aanem Male
Uff des Amt, des kriminale,
Un halb dodt, so regt's en uff,
Kimmt er uff des Amt enuff.

Un mer segt em hie: „Der Staat
Leßt vor Recht ergeh der Gnad,
Schlegt die Sach der gnedigst nibber!
Duhn Se's ja beileib net widder!
Sie sein jetzt geamnestirt!
Kinftig besser uffgefihrt!"

Hann Jerg, dappen!
(1856.)

Un ach, die Kron' un Perl un Blieth
   Der Wissedater alle,
Die hot des Lewe ores kriecht
   Un war dem Tod verfalle.
Un alle Mexter worn betriebt,
Dann 's war e Mann, im Amt geiebt,
   Der jeden fremde Knoche
   Von fern schont hot geroche.

Den dhat euch Kaaner hinnergeh!
   Der dhat sei Leut euch kenne!
Der hot der aam euch aageseh
   Schont an der Nas de Lenne!
Der war gehetzt mit alle Hund
Un hot geschätzt der aam uff's Pund
   Uff's halwe Pund un Trittel
   Dorch Mantel, Rock un Kittel.

Un darum sein aach mit zer Leicht
   So viele Mexter gange;
Die Aage warn'en threnefeucht
   Un kummerblaß die Wange:
Dann Jeder fiehlt in diefster Brust
Den unersetzliche Verlust,
   Un seizt un segt sich bitter:
   So kriehn merr doch kaan widder!

Un Jeder hot der aach en Flor
  Der um de Hut getrage,
Un aach net blos bis an des Dohr
  Wollt folge mer dem Wage;
Sie wollte geh bis ganz enaus,
Un lag aach Schnee, e hocher, draus,
  Uff alle Weg und Pade,
  Sie wollt' en geern dorchwade.

Un als je so worn komme dann
  Ans End vom Friedhofswege,
Kam mit em lange Sack e Mann
  Dem Leichezuck entgege.
Un wie der Mann die Mexter sieht,
Da hot er euch e Schrecke krieht,
  Un lääft karriehr, e Wunner,
  De Kerchhofsweg enunner!

Un wie der mit seim Sack so schnell
  Sich mecht der aus de Lappe,
Da rief im Zuck der Aaner hell:
  „Du, Hann Jerg, dhu en dappe!“
Un wie ersch rieft un wendt sich um,
Do fehrt der ganze Zuck erum
  Un rennt der fort Schwerhacke,
  Den mit dem Sack ze packe!

Un rennt und lääft der ferchterlich,
  Den Sack em abzejage,
Un läßt derbei der ganz im Stich
  De aarme Leichewage!

Un wie Der mit seim Sack der spiert,
Was do im Schild der werd gesiehrt,
   Do is der Schnee gesloge,
   So is der ausgezoge!

Doch ach, die Mexter, in der Raasch,
   Warn aach der uff de Socke,
Un hatte aach kaan Sack mit Flaasch
   Der uffem Buckel hocke!
Gesprunge sein se desperat;
Drum wie der Mann aach laafe dhat
   Un sucht en ze entfliehe,
   Gebt Acht, se weern en kriehe!

Un wie se so en vor sich her
   Den Weg erunner hetze
Do will ze seiner Rettung der
   Der iwern Graawe setze,
Un mecht en Sprung der, doch — o weh,
Er fällt der bis an Hals in Schnee,
   Un war jetzt leicht ze fange
   Mitsammt seim Sack, seim lange.

Un im Triumph do kame dann
   Die Mexter aagesloge,
Un erscht der Sack un dann der Mann
   Word aus dem Schnee gezoge.
Des wor e Fang! Des lohnt der sich,
Daß mer der läßt e Leich im Stich!
   Verdeppel, han euch Brocke
   Der in dem Sack gestocke!

Un 's kam der Vissedater aa
   Am Friedhof aa inzwische,
Un wor im Tod noch schuld daraa
   Daß se der Aan erwische.
Doch weil der Alles wunnerbor
Uff aamol fortgelaase wor,
   So word er ohne Klage
   Ganz still ze Grab getrage.

Un 's is nor hinner seiner Bohr
   Der Leichebitter gange,
Un wie die Erd dann uffem wor,
   Hot Der der aagefange
Un sprach im Nam vom Sterwehaus
De Dank for die Beglaatung aus!
   Un 's war kaa Mensch zegege!
   Un gung dann seiner Wege.

An seiner Seite.
(1858)

E Brauerschsoh hot Aa gefreit
Un war euch guter Dinge;
Sie schwur em ja, an seiner Seit
Ihr Lewe ze verbringe.
Un weil's aach net an Meps gebrach
Un schee se war als wie der Tag
Un jung als wie der Morje,
War ganz er außer Sorje.

Doch Weiwerschwür un Majeschnee
Die sein euch bald zerronne,
Un 's hot des Bräutche sich, o weh,
Bald annerschter besonne;
Un schreibt euch an ihrn Bräutigam,
Sie wär ze jung for e Madam
Un bhet sich noch net aarte,
Se wollt noch ebbes waarte.

„Da mach sich Aaner en Begriff!"
Dhat da der Bräut'gam ruse;
„Ehrscht komme se beim ehrschte Piff,
Dann dhun se plötzlich huse.
Ehrscht wollte se an unsrer Seit
Verbrenge ihre Lewenszeit
Un schweern des hoch un heilig —
Na, so Was is abscheilich!"

Un 's hot aach der gebroche Eid
Die Braut gestimmt net heiter,
Besonnerscht als nach aan'ger Zeit
E Freier kam, e zweiter.
E Verschtebenner war euch deß
Un Schwür, des warn dem bloße Späß.
Sei Bräut', wer konnt se zehle,
Die aagefihrte Seele?

Die Zwaa, die hätte gut gebaßt!
Doch 's Mädche dhat noch schwanke;
Der Schwur, der Schwur, des war ihr Brast,
Ihr sterender Gedanke.

9*

Sie segt dem Berschtebenner drum:
„Ich kann net! Wisse Se, warum?
Ich hab, vor siewe Woche,
E Liewesschwur gebroche!

Dem Brauerschsoh brach ich de Eid;
Deß dhut mich stets umschwewe.
Ich schwor, ich wollt an seiner Seit
Verbrenge ja mei Lewe,
Un hab gebroche doch mei Wort,
Un deß verfolgt mich immerfort
Un mecht mer jetzt Bedenke,
Euch meine Hand ze schenke!“

„Wann's weiter nix als dieses nor!
Deß soll sich schonut gestalte!
Mei Kind, da waaß ich Raths dafor:
Dei Schwur, den sollst de halte!
Dann 's Haus, beim Haus vom Brauer dicht,
Es werd jetzt ewe eigericht';
Des hab ich kaaft ja kerzlich, —
No, des, des fraat mich herzlich!

Da kannst de ja an seiner Seit
Verbrenge der dei Lewe,
Un kannst doch aach ze gleicher Zeit
Mei Weibche sei dernewe!“ —
Er sprach's. Un sie, sie rief: „Ach, ach!
Des ännert freilich sehr die Sach!
Dein bin ich, dein mit Freide,
Un leb an seiner Seite!“

Wahrhaftige Historia,

so sich auf der Constabler Wache zugetragen.*)

(1864.)

Sehr Beletasch, nor uff der Wacht,
Mit Aussicht, mit scharmanter,
Da saß der schon e Wochner acht
E Stromer, e verkannter.
Der hat seit seiner Lewenszeit
Kaam Mensch un kaaner Areweit
Je weh gedha met Wisse;
Was mer'm werd glaawe misse.

Drum saß er vorne, nach der Zeil
Un kunnt in's Jenseits schaue,
Wo grad die Maurer alleweil
Draa warn, e Haus ze baue.
Die Händ im Schooß in Seeleruh,
So sah er dene Maurer zu,
Un wie sie fihrn mit zahmer
Geschwindigkeit ihrn Hamer.

Un was se brauche vor e Zeit
Ihr Klöbche auszekloppe!
Un was e Art von Flinkigkeit
Mer hat, des frisch ze stoppe!
Un was e Maurer all erwägt,
Bevor er sich dann Feuer schlägt,
Un was der beste Zunner
So naß muß sei mitunner!

*) Der Herr Berwalter kann die Sache bestätigen. Anm. d. Berf.

Un bis der so e Klöbche glimmt,
Des dhut als ebbes dauern!
Un bis mer zur Entschließung kimmt,
E bissi fortzemauern!
Un bis der Hammer mit Bedacht
Vorher ehrscht richtig is betracht,
Ob da nix steckt derhinner, —
Des geht net so, ihr Kinner!

Un guckt sich so e Maurer um,
Un des geschieht net selte,
Da geht e bissi Zeit erum,
Da iwersicht mer Welte!
Un setzt er aa sei Schnapsbudell,
In dere Zeit verrost e Kell,
Un sin der Speis un Mertel
Verhärt schon stark dreivertel.

Un all des hat betracht sich schee
Der Stromer seit acht Woche,
Un 's war em, was er hat geseh,
Wie aus der Seel gesproche.
Doch er, der gar nix hat gedha,
Krag doch zuletzt en Eckel draa,
Un segt: Des zuzegucke,
Dabei werd mer mischucke!

Un läßt den Wachtverwalter sich
In sei Gefängniß bitte:
„Ach, setzt doch hin wo annerscht mich,
Ich hab genug gelitte!

Die Maurer driwe an dem Haus -
Guckt selwer hin   ich halt's net aus!
Des bringt mich noch von Sinne,
Ach, setzt mich doch nach hinne!" —

Un die Moral von der Geschicht,
Die is der leicht ze sinne:
Wann's aam an raschem Fleiß gebricht,
Wie kann mer Den gewinne?
Acht Woche lang von Morgens fruh
Da guck du nor 'me Maurer zu,
Un merk der alle Sache, —
Da werd des Ding sich mache!

Die Millich.

(1862.)

Im landwirthschaftliche Verei
Da sein viel Oekonome drei
Un Mancher, der in unsrer Stadt
Gar viele Millichkunne hat.

Un ward da letzt die Frag gestellt:
Woher's nor käm in aller Welt,
Daß jetz so schlecht die Millich wär,
Obgleich se gar net billig wär.

Un 's hub e dicker Pächter aa:
„Die Dickworz, die is schuld dabraa!"
Ob er sich selber hat gemeent,
Des hat derbei er net erwähnt.

Un 's sprach e Zweeter sehr bestimmt:
„Wann's net von der Kadoffel kimmt!"
Un hat der, wie er des erwägt,
Den Finger an die Nas gelegt.

Un 's rief e Dritter: „Ganz gewiß!
Wann's net von Ebbes Annerm is!"
Un sprach zuletzt der President,
Daß mersch genau net wisse kennt.

Un ward gefaßt drum der Beschluß,
Daß e gelehrter Chemikus
Des Alles unnersuche sellt
Un wie der sich die Sach verhält.

Un der hat des aach gleich gedha,
Un fung ze unnersuche aa,
Un fand der uff dem chem'sche Weg,
Daß es net an der Dickworz läg.

Un daß kaan Rahm die Millich hätt,
Läg aach an der Kadoffel net.
Des kam von ebbes Annerm her:
Weil se zu stark gewässert wär!

Juchhe Fassenacht!

un

Vivat Frankfort!

(1861).

Wer sein in Frankfort lauter Narrn,
Warum sich dann verstelle?
E jedes Dach des hat sei Sparrn
Un alle Häuser Schelle;
Un jedes Haus hat aach e Ratt
Un manches aach e Käwwer;
Drum Vivat narrig Vatterstadt
Mit Herz un Lung un Lewwer!

Dann wär der'sch uns net aagedha,
So gäb's kaa Krebbelzeidung,
Un so kaa narrig Rattebah
Un so kaa Wasserleidung;
Un wann net Alles narrig wär,
Hansworschte un Bestußte,
So hätt am fremde Miledär
Mer so kaan große Luste.

Un 's gäb aach so kaa Juddegaß,
Des wunnerscheene Mövche,
Un hätte mer aach so kaan Spaß
Am neie Kühhornshöfche;

Un wer de Malakoff erblickt,
Der muß des Lob uns spenne:
Die Leut die sein doch grundverrickt,
Die so was baue kenne!

Un wer de Hase sich betracht,
Den mäusistille dodte,
Der kratzt sich hinnerm Ohr un lacht:
Was sein die Leut for Schode!
Un dhut mer vor dem Eschmer Thor
Die Bauverwerrung gucke,
So kratzt mer aach sich hinnerm Ohr
Un segt: Ach, wie mischucke!

Un wärn mer just in unserm Kopp
Un net e bissi simpel,
So läg der unser dicker Zopp
Schon längst beim alt Gerimpel;
Un wann der nit der Eiswart wär
Un Holzwart's Wocheschrifte,
Ich glaab, mer dhäte noch Maleer
Mit unsrer Narrheit stifte.

O Vivat unser freier Staat,
Vom grine Maa gewässert,
Verrebublickt im heechste Grad
Un stark vereschmergässert!*)

*) In der Eschenheimer Gasse hat bekanntlich der Bundestag gewohnt.
                                                        Anm. d. H.

Der Pathorn is gepickt im Herrn
Un hat im Kopp en Schlimmer, —
O dreimal hoch sei Reichslatern,
Da geht der gar nix drüwwer!

Wann uff der Brick der Gickel kräht
Hoch owe uff seim Poste,
Der staanern Karl der Große dreht
Sich dann erum nach Oste,
Un Frankfort rennt mit Dach un Fach
Enibb nach Sachsehause,
Un 's lääft der Maa nach Osebach
Zum allgemaane Grause.

Un 's dhut eribb mit Stumb un Stiel
Ganz Sachsehause rausche,
Un Gutleuthof un Gerwermihl
Die dhun ihr Plätz verdausche:
Un in des Wäldche da spaziert
Dorch Owerrad mer kinftig, —
Un wann des Alles is bassirt,
Wern mer vielleicht verninftig!

— ·· —— —

Nadowessische Todtenklage.

Seht, da leiht er uff de Platte,
Langaus leiht er da,
Mit dem Aastand, den er hatte,
Als der Storz geschah.

Doch wo is die Kraft der Fäuste,
Womit uff den Tisch
Er beim Clauer, Sipf und Geiste *)
Uffschlug un so frisch?

Wo der Hauch, womit gesunge
Er beim Eppelwei
Majestätsbeleidigunge
Un die Wacht am Rhei?

Wo die Ääge, die verdrehte,
Die im Sack seim Loch
Nach dem letzte Batze spehte
For en Schoppe noch?

Diese Schenkel, die gewackelt
Doppelt so enorm
Wie e Schiff, e abgedackelt,
Bei 'me große Storm?

Dieser Arm, der fuffzeh Schoppe
In die Kehl em goß? — —
Seht, so voll als wie e Kroppe
Leiht er jetzt im Floß,

Wo erklingt das Regekennel
Un der Katz ihr Lied,
Un wo ääm zuletzt am Bennel
Noch e Schutzmann krieht.

— — — —
*) Drei berühmte Aepfelwein-Wirthschaften.

Doch so Geister dhun net spiele,
Un e Schubkarrn naht,
Dann der Schoppe warn zu viele
Un zu groß die Dhat.

Bringt ihm für die letzte Gawe
E paar Stöß un Keil,
Un dann fahrt ihn iwern Grawe,
Un vermeidt die Zeil!

Legt ihm unter's Haupt sein Kumpe,
Sein verdrückte Hut,
Un sein feuchte Sigaarnstumpe
Gebt em in die Schnud.

Un das Glas, das er verschmisse
Uff 'me Mann vom Land,
Dem er ääch den Rock verrisse,
Gebt em in die Hand.

Awer um sein Leib zu male,
Braucht's kään Farwedopp,
Dann er dhut bereits schon strahle
Mit em Loch im Kopp!

Palmengarten-Concerte.

Im Palmehaus da sitze se
Un Ohrn un Nadel spitze se
Un nach der Musik stricke se
Un nach dem Takt da sticke se.

Was kann bassirn for Mißgeschick
Bei Strimb verwebt mit Danzmusik?
Dann kriebt so Strimb mer an die Fieß,
So danzt e Mann mit jeder Lies'.

Un wann mer e Nodizbuch kriebt,
Gestickt nach „Orpheus“ Bachuslied,
Euridizee im letzte Akt,
So trinkt mer voll sich nach dem Takt.

Un wann e Not' noch drunner wär
Von „Ja, das Gold ist nur Chimär'“,
So spielt mer ääch noch, Gott sei Dank,
Un lääst nach Homburg an die Bank.

Un hätt merr Hoseträger aa
Gehäckelt nach dem „Don Juan“,
So lääst mer schon am Vormittag
De Mädercher un Weiver nach.

Un strickt sich Aä zur eigne Zier
E Strumpband mit 're Ouvertür,
Un falle e paar Masche aus,
Wie leicht wird e Duett da draus!

Un wann sich Aä Manschette näht
Beim Gounod seiner „Margareth,"
Da mecht e Faust ihr sei Visit
Un brengt vielleicht den Deiwel mit.

Un wenn sich Aä eu Krage schlingt,
Wann grad e Solo-Vortrag klingt,
Un des ihrm Krage eiverleibt,
Passirt 's ihr, daß se — sitze bleibt.

Un neht e Frää an eu Corsett
Un 's wird gespielt grad e Terzett,
Un hat se dann e Randez-vous,
Gew Acht, so kimmt ihr Mann derzu!

Un stickt sich Aä e Sackduch hie
Beim Vortrag vom e Potpourri,
So ziehe ihr in bunter Reih
Die Freier au der Nas vorbei.

Wann Aä e Schleier tamburirt,
Wird grad „die Stumme" concertirt,
Un wirkt euci das ganze Spiel,
So — schwätzt se noch emal so viel!

Wann Aä ihrm Mann Pandoffle stickt
Mit falsche Stich un ungeschickt,
Beim Hochzeitsfest des „Figaro",
Da kimmt er drunner so wie so.

Wann Aä das Okkü falle läßt
Beim „Gustav oder 's Maskefest," —
Bassirt ihr des e äänzig Mal,
So schimmelt se beim nächste Baal.

Im Palmehaus da sitze se
Un Ohrn und Nadel spitze se
Un lege net die Händ in Schooß; —
So was dhut mer dahääme blos.

Das Eckhaus vom Rawunzelgässi.

(1889.)

Am Eckhaus vom Rawunzelgässi
Da war e Holzbild ze gewahrn,
An dem der Zah der Zeit sei Späsi
Gespart hat seit fünfhunnert Jahrn.

Die Zeit hat's wie mit Glacéhänsche
Behannelt ganz besonnersch sieß,
Dann 's hat ja die zwää ehrschte Mensche
Näch vorgestellt im Paradies.

Es war der Adam mit seim Evche,
Un abgeseh von ihre Haarn
Warn se so glatt als wie e Schäfche,
Das ewe ehrscht geschorn is warn.

Ganz glatt. Der Aablick, den se bote,
War paradiesisch elegant;
E Hemd war damals noch kää Mode,
Dann 's gab da noch kää Leinewand.

Die Eva, e bescheide Dämche,
Trat aaspruchslos noch in die Eh;
Ihr Boudoir war e Eppelbäämche,
Zugleich ihrm Mann sei Barbelee.

Wer könnt se jeder Frää empfehle
Als Musterbild in goldner Rahm;
Sie war schont mehr e Eppelfrääle
Als wie e stolz un vornehm Dam.

Ihr Mann, der Adam, wann ääch fracklos,
Hat sich vor Niemand drum gescheut;
Gefunne hätt er sehr geschmacklos
Des Sprichwort: Klääder mache Leut.

Korzum: E Päärche war des, prima!
Besah mersch awer sich genau,
So mußt mer sage, unser Klima
Wär for se doch e bissi rauh.

Vorablich in de Winterschzeite,
Da dhet uff's ehrschte Menschepaar
Vom Römerberg e Zugluft schneide,
Die net von schlechte Eltern war.

Die Hockinne, die unne saße
An dem Rawunzelgasse-Eck,
Die hatte all zwar rothe Nase,
Doch awer aach e wolle Deck.

Se dhate sonst aach noch sich sorje
For nethig Hitz un Sonneschei:
Se hatte unnerm Rock verborje
E Stofche un mit Kohle drei.

Der Adam awer un sei Evche
Die warn so waarm net ausgestatt;
Die hatte leider kaa so Stööfche
Un nix als nor ihr Feieblatt.

E Feieblatt, des awer war nix,
Was gege Kält viel schitze dhut;
Doch immer besser als wie gar nix,
Des is nor for die Äage gut.

Da stanne se bei Schnee un Rege
In ihrer ebbes knappe Tracht
Un worde aach noch dessentwege
Von bese Buwe ausgelacht.

Voriwer gunge mit Erröthe
Matron sowohl als holde Maid,
Ob so me Aablick, so me schnöde,
Verletzt in ihrer Sittsamkeit.

Es gung vorbei mit Sternerunzle
Der Parre zwar in seim Talar,
Herngege net ganz ohne Schmunzle
Sogar noch Greis von neunzig Jahr.

Die Jingling ääch, die net ganz fromme,
Die hawe net ihrn Spott verschluckt
Korz, Alles, was vorbei is komme,
Hat an dem Haus enuffgeguckt.

Bald mehr, bald weniger bigotter
Hat mer sich aageguckt die Zwää;
Dem Haus sei Eigethimer odder
Dem ward die Sach net einerlää.

Un ääch sei Frää, sei Eheliebste,
Die sprach sich sehr dergege aus:
„Wie lang noch, liewer Mann, betriebst de
Die Welt mit so em Bild am Haus?"

Un bei der nächste Renovirung
Vom Haus, da kam's zum Racheakt:
Das Holzbild, ach, die schee Verzierung
Dem Haus sei Schmuck, ward abgehackt.

Der aarme Adam, sammt seim Dämche
Im allerdiefste Negltschee;
Es blieb nor steh ihr Eppelbäämche,
Dem sagte se betriebt Adje.

Doch jetzt wohin? Zu eme Schneider?
Sie warn noch mehr als wie verlumpt,
Un Geld des hatte kaans se leider;
Der Adam träg aach nix gebumpt.

Der Mensch kann lewe net von Kleie;
Der Adam, der besann sich schnell,
Er sprach: „Ich will der Kunst mich weihe!"
Er sprach's, gung fort un stand Modell.

Der Eva, ach, ihr Threne troffe,
Doch so was macht die Supp net fett;
Drum is se nach Baris geloffe
Un trat dort ei in des Ballett.

--- --- ---

E guter Eifall.

Die Lene war e alt Rewell,
Hat se ääch des geleigent,
Un for e Venus als Modell
Hätt se sich net geeigent.

Die Lene war e Menscheblieth,
Der Deiwel hätt die Maulsperr krieht
Als Threnemadeleener,
Sei Großmutter war scheener.

Die Lene war so rappelderr,
So antikuchelrund, ach,
Die Gäul un Spatze gunge per,
Es heulte alle Hund, ach!
Sie war so derr, daß nach ihrm Dod
E Werm= un Made-Hungerschnoth
Im Grab wär ausgebroche;
Sie war nor Haut un Knoche.

Un doch hat se e Mann gefreit,
Dann se hat Möps besotze,
Un dadernach von Zärtlichkeit
That nor der Mann so strotze.
Sonst war sei Lieb net gar ze groß;
Er hat se uff de Abbruch bloß
Geheurath, so ze sage,
Un uff de Himmelwage.

Doch nach de Flitterwoche bald
Krag er des kalte Fiewer;
Des heeßt: E längrer Uffenthalt
Im Werthshaus war em liewer;
Näch Kegelbah un Scheiwestand
Un Jagd un sonst noch allerhand
Wie Werfelspiel un Karte
Gehört zum Heuerathe.

Er kam des Nachts net hääm vor Zwää,
Schwer vull, als wär er lebdig:
Es war em Worscht un Nänerlää
Die strengst Gardinepreddigt.
Er hat des Geld nor so verbutzt;
Die Lene die war ganz verdutzt,
Doch er war ganz unzähmbar
Un deß oft laut vernehmbar.

Die Lene kratzt sich hinnerm Ohr,
Dann groß war ihr Eneifall;
Doch wie se dacht: Was mach ich nor?
Krag se en gute Eifall.
Ich päädsch dich doch an's Haus! Ich kann's!
Ich will dich stoppe wie e Gans!
E Schlingel zwar des bist de,
Doch ebbes Gutes frißt de!

De annern Dag, net gar ze frih,
Da dhat ihr Mann erwache;
Er schnuppert, dann nach Hinkelsbrih
Un lauter kräft'ge Sache
Kam e Geruch dorch's Schlisselloch;
Nach Brategäns ääch roch dersch noch
Un sonst'ge gute Vegel
Un ääch nach Wildpretschlegel.

Er schnuppert mit seim ganze Kopp
Als Kenner, als e guter;
Ääch Lewerklees un Haas im Topp,
Nach dem Geruch, vermuth er.

Er schmunzelt net e Bissi nor;
Was hat nor heut die Lene vor?
So denkt er. Schlechtigkeite
Hat's grad net zu bedeite.

Un wie s'en rief zum Middagsdisch,
Starr war er vor Vergniege:
Von Gäns, Pastete un von Fisch
Dhat sich der Disch fast biege.
Es war e wahrer Götterschmaus;
„Was geht dann vor hie in meim Haus?
Is dei Geburtstag, Lene?
Un der wievielst von dene?"

Doch sie sprach mit Bescheidenheit:
„Eß nor, un dhu net frage!
Ich winsch nor, daß der des gedeiht,
Was ich hab uffgetrage.
Un wann dersch recht is un der schmeckt,
Kriehst de so alle Dag gedeckt!" —
„Ich geh uff den Akkord ei!"
So sprach er; „Soll e Wort sei!"

Un sei Entschluß, er war gefaßt
Un bracht em Heil un Sege.
Von dere Zeit aa uff der Mast
Hat däglich er gelege.
Er fraß, es war net mehr ganz schee;
Mer hat's em ääch bald aagesch:
Er dhat en Schmalz aasetze,
En Speck, kää klääne Fetze!

En Umfang krach sei Bauch un wie!
Es is der net zu sage;
Er konnt mit seine bääde Knie
Ganz gut die Bank druff schlage.
Gung dreimal mer um en erum,
For Miedigkeit fast fiel mer um,
Un mußt en Stuhl sich nemme
Von wege Brustbeklemme.

Kää Kutscher wollt en fahrn net mehr
Aus Sorg for Gaul un Axe,
Dann so e Fracht, viel Zentner schwer,
Die mecht kää lange Faxe.
Wohi er hat sein Schritt gelenkt,
Da hat des Plaster sich gesenkt, —
Un Bricke iwerschreite,
Kää Polizei that's leide.

Er kommt zuletzt, so schnegelfett,
Sich gar net mehr erdreiste,
Allää ze wolle aus seim Bett;
Sei Frää mußt Beistand leiste.
Un dadruff war ihr Plan gericht,
Dann wann er war ganz arbig nicht,
Un is da abgewiche,
Ließ se'n acht Tag lang liche!

Des hat gewerkt ganz wunnerbar,
Gung's zu ääch sehr nadirlich.
Ihr Mann, der erst kää Muster war,
Ward häuslich und manierlich.

Bedenkt drum, Weiwer, was ihr dhut,
Un fittert euer Männer gut!
Un dhut en des gedeihe,
So laßt se acht Dag leihe!

Vivat Fassenacht!

Schwarze Fräck un Glacéhänsche,
Un e weiß Crawatt un Binn, —
　Was Hansworschte doch for Mensche,
　Mensche for Hansworschte sin!

Steckesteif in alle Glibder,
Feierlich un still un stumm
　Steihe se wie Leichebitter
　Uff de Maskebääl erum.

Vornehm spiele se die Große, —
Un von eitel Ledder nor
　E paar alte Unnerhose
　Hawe dreimal mehr Humor.

Was se all so geistreich gucke
Un so edel sturn un starrn!
　Glääbt's en net! Se sin meschucke,
　Awer viel zu dumm for Narrn!

Daß se sich so stumm verhalte
Hat sei Ursach wie des Bech:
   Wann se nor die Lippe spalte,
   Redde se schon lauter Blech.

Witz, des is ihr letzter Kummer
Un e unbeliebt Adreß;
   Der Champagner mecht se dummer
   Als se sin schon ohnedeß.

Langweil' war ihr leiblich Mutter,
Wie's net annerscht meglich is,
   Un e Zopp von em Quadutter
   War ihr Vatter ganz gewiß.

So im Frack un weiße Hänsche
Steihe se dorch unser Sääl, —
   Un mit so betriebte Mensche
   Mächt die Welt jetzt Maskebääl!

Aprilwetter.

Endlich weht e Zephyr doch
   Lenzlich katarrhalisch,
Un den Schnuppe schon e Woch
   Haw ich kannibalisch.

Veilercher im grine Gras
   Frääe sich des Lewens, —
Liewer Gott, bei dere Nas
   Dufte se vergewens!

Mit der Amschel um die Wett
   Singt der Fink im Freie;
Wann ich net de Huste hätt,
   Dhet ich ääch net schweihe.

Schnacke danze, neugeborn,
   Lust'ge Teiwelsplanze;
Hätt ich net die Fieß verfrorn,
   Dhet ich ääch so danze.

Gravetätisch mit Genuß
   Geht der Storch spaziern jetz;
Hätt ich net en Hexeschuß,
   Dhet ich's ääch riskir'n jetz.

So en Frihling bin ich müd,
   So en Sonne-Aether;
Kimmt net bald e Hauch aus Süd,
   Kimmt er — ebbes später.

Frihling is es noch net halb,
   Ganz nor is Bronchitis;
Da bedankt sich noch die Schwalb
   For die Diphteritis.

Näch von Nachtigalle draus
  Is noch nix zu sage;
Nor allää im Palmehaus
  Dhete die jetzt schlage.

Vivat der Inspecter Heiß!
  Dahi laßt uns fliehe,
Wo die Rose dausendweis
  Dufte schon un blühe!

Wo mer Azaleje sieht
  Wunnerbar-famose,
Un mer net e Gänshaut krieht
  Vor dem Frihlingskose;

Wo der Mond im volle Licht
  Dorch die Palme schimmert,
Sich um kää Kalenner nicht,
  Um kää Neulicht kimmert;

Wo er net dorch Wolke hippt,
  Schwarze un verfetzte;
Wo's kää erste Vertel gibt,
  Folglich ääch kää letzte!

Vollmondnächte immerdar,
  Niemals steht des still net!
Frihling nor des ganze Jahr!
  Un so kää April net!

Frühfrost.

Schon stand der Frihling vor der Dhir,
Da kam der Herr von Réaumur,
   Der Fahrenheit und Celsius
   Und machte Vorzelbääm und Stuß.

Von Quecksilber und Weingeist vull
Sin se geborzelt unner Null;
   Die Perschingblüth hat sich die Ohrn,
   Die Mannelblüth die Nas verfrorn.

Der Crocus hat der Tulp geklagt:
So geht's, wenn ääm die Neuschier plagt,
   Und wenn mer will gleich vorne sei
   Beim erste bissi Sonneschei!

Des Veilche sprach: Bei dere Luft
Verschließ ich awer noch mei Duft,
   Sonst schneit mersch in's Flaconsche noch, —
   Und so was alterirt ääm doch!

Es jammern die Maßliewercher:
Mir aarme klääne Biewercher
   Un Mädercher von Blimmercher,
   Wer gibt uns waarme Zimmercher?

Und zu der Finkin sprach der Fink:
Ich dacht mersch gleich, es kam zu flink.
   Kää Mick, kää Schnaak' — mir aarme Leut!
   Sie sin verfrorn! — Was kochst de heut?

Der Feldspatz sprach zu seiner Frää:
Es war mer gar net äänerlää,
   Als an dem letzte Donnerstag
   Der Schnee uff äämal widder lag.

Fort is er un der Platz is frei,
Im Feld un in der Gärtnerei,
   Wo Zuckererbse un Salat
   Gelegt, gesät sin, delikat!

Von Maitrank hat schon allerseits
Im März der Mensch geschwärmt bereits;
   Doch hawe mer ääch nor geredbt, —
   No, Grog is ääch kää Unglick net!

Altfrankforter Stadtnarrn.

I.

Der narrisch Wolf.

Wo sin se hi, die alte Narrn,
Mit ganze und mit halwe Sparrn,
   Der alte Stadt ihr Schussel?

Mit ihre Käwwer im Gemieth
Sin se wie Schodekern verblieht,
  Nix weckt se aus ihrm Dussel!

Der narrisch Wolf, wo is er hi?
Er is im Aarm der Mutter Gri,
  Im Kinnbett, ach, gestorwe!
Sei Kind, e Strumb voll Sauerkraut,
Er hat's gestillt, dann 's hat miaut;
  Er hat sich draa verdorwe.

Doch Witz ääch hat sei Narrischkeit,
Deß hat in der Franzosezeit
  Der narrisch Wolf bewiesse.
Zu dere Zeit in Spanje drei
Gung's dem Franzos net immer sei,
  Er ward ääch als geschmisse.

Un zu derselbig Zeit, da hat
Besuch gehat ääch unser Stadt
  Von dene Herrn Franzose.
Der Neuwinger, der General,
Der saß in Frankfurt dazemal
  Mit seine rothe Hose.

Hie lag er uff der saule Haut,
Hat gut gefresse un verdaut, —
  Die Kunst hat er besotze.
Er lag im Engelische Hof
Am Fenster wie e Philosoph
  Un dhat sein Duwack blotze.

Der narrisch Wolf kimmt grad daher
Un secht sich: Gut, à la bonneer,
   Daß de vorbei hie wannersch!
Zieht dann vorm Neuwinger sein Hut
Un rieft dann: „Gelt, hie räächt sich's gut?
   In Spanje, da räächt's annersch!"

II.
Raphael der Minnesänger.

Net Minnesänger war er blos,
Er war ääch noch als Maler groß,
   Mit Bleistift un mit schwarzer Kreide.
Die Mitwelt hat sei groß Talent
Gewerdigt ääch un en genennt
   Ääch deshalb: Raphael der Zweite.

Wann er sei Versch ääm sang un las,
En mächt'ge Klemmer uff der Naß
   Un e Gesicht mit dausend Falte,
E Stimm so zitterig un dinn,
Un doch so viel Gefiehl dadrin,
   Mer konnt da kaum des — Threne halte.

Er trug en große graue Hut,
Bräätrandig, wie's der Kinstler bhut,
   Un lange Haarn, schon was verbliche;
Doch weil er ääch noch Sänger war,
Trug er sei lange weiße Haar
   Sorgfältig hinnersch Ohr gestriche.

Un unnerm Aarm e Mapp, net klää,
So stich er uff mit lange Bää,
   Der große Zeichener un Duscher.
Un Alles blieb verwunnert steh,
Den große Kinstler aazeseh,
   Un rief em nach ääch dann noch: Puscher!

Der Storch.

Der Millichbrunne friert net zu,
Ich waaß des aus Erfahrung.
Der Storch hat Dag un Nacht kaa Ruh,
Die Welt setzt en in Nahrung.

E zwett Geschäft, wie seins so flott,
Wo werd des noch gefunne?
Der Zeus sogar, der Donnergott,
War mit sei bester Kunne.

Sei Kundschaft is e allgemää,
Jed Fraa dhut for en schwärme;
Beißt se e anner Dhier in's Bää,
Was gibt des for en Lärme!

Der Storch scheut Wind un Wetter net,
Waadt dorch bis an die Knie als,
Un darum werd em nachgeredd,
Er käm sogar ze früh als.

Ach, so e harter Winter wie
Der jetzig is vom Zwel;
Wen dauert net des aarme Vieh
Mit Kinner in de Stiwel?

Un zwää im Schnawel owedrei,
Zwää zarte Mammeselle;
Wie kann mer nor so grausam sei,
Jetz Kinner ze bestelle!

No, is ääch so was freventlich,
Wer sorgt for Milichfutter;
Doch um de Storch bekimmert sich
·Kää Vatter un kää Mutter.

Da driwe sitzt er uff em Dach
Un mecht da die Bekanntschaft,
Vom Schornstää aus un hungerschwach,
Mit ere Winterlandschaft.

Ringsdichherum, wohi er guckt,
Des Land in Schnee versunke!
Wie lang hat er kään Fisch verschluckt,
Geschweihe Frösch un Unke!

Sei Hoffnung uff en frihe Lenz
Is stark jetz am Verblasse;
Er hat sich uff dem Müller-Renz *)
Sei Schmetterling verlasse.

_____

*) Ein Frankfurter Lokalberichterstatter. A. d. H.

Der Deiwel, wann er hungrig is,
Da frißt der Deiwel Micke;
Der Storch dhät so was ääch gewiß,
Doch wo läßt sich ää blicke?

Beim Aarme-Amt un dem Verei
Is ääch net viel ze hole;
Da heeßt's: „Du riechst nach Eppelwei,
Un drum kriehst de kää Kohle!"

Ääch die Regierung kimmert sich,
Ach, um dich aarme Storch net,
Un des is Undank! Ohne dich
Da käm se selwer dorch net!

Dann ohne dich, da wär se lengst
Verlasse un verrathe;
Wann de de Leut kää Kinner brengst,
Da hätt se kää Soldate!

Da läg se sterwenskrank im Bett,
Wer mißt de Dokter hole.
Drum helft dem Storch! Verlaßt en net!
Sonst fresse euch die Bole!

Kundschaft.

(1889.)

Mer hat net immer so die Zeit;
Oft sitz ich bei der Arewcit
Von morjens Frih bis Awends Zehe
Un manchmal bis die Gickel krehe.

Dann awer wibber komme Däg,
Und wann ich dausend Gulde kräg
For jed Loth Sitzflääsch, jeden Brocke,
Ich blieb der net dehääme hocke.

Dann wibber jägt sich Fest uff Fest,
Da muß ich, in der weiße West,
Mein Pegasus, mein Greif, mein Drache
Besteige un Gedichte mache.

Un wann ich mich erhole will
In eme Bad ganz mäusistill
Un bin der da kaum eigetroffe,
Kimmt schon die Umgegend geloffe

Aus Aheim, Bebach, Cerod, Debruch
Kimmt der des ganze A-B-C-Buch,
Un wann ich se net will verschnuppe,
So kost des Versch mich ganze Truppe.

Un wann der Sommer is verbliht,
So komm ich hääm ganz rackermied,
Doch komm ich grad noch recht gezoge
For Dischlieder un for Prologe.

Kaum is der Fäne glicklich draus,
So schellt's schon widder an meim Haus;
Kaum haw ich, was er will, vernomme,
So dhun jetz Sechs uff äämal komme.

Kaum sin die viele Versch gemacht,
So kloppt dersch mitte in der Nacht,
Un Fäner kimmt un läßt mich wecke
Um noch en Trinkspruch zu bezwecke.

Natirlich Alles gratis nor;
Un lich ich widder uff em Ohr,
So läßt die Bäckermähd mer sage,
Sie hätt mer Ebbes vorzetrage.

Se will e Verschi for ihrn Schatz,
Des is natirlich ganz am Blatz;
Wo Alles liebt in große Masse,
Da kann der Karl allää net hasse.

Mer is, un wann mersch ääch net wär,
Vergewens net so populär,
Un is es ääch net so gefehrlich, —
Zum Rothschild awer werd mer schwerlich.

Stärkmehl in de Schwartemäge.

Stärkmehl in de Schwartemäge un de Lewerwerscht un
Blunse
Is kää Fälschung, dessentwege, weil's kää Gift is; drum:
bleib vun je!
Darum ääch, net mehr wie billig un sogar sehr physikätlich
Is das Wasser in der Milich Fälschung net, dann 's is
net schädlich.
Aäch kää Fälschung sin noch ferner in dem ungestoß'ne
Peffer
Trockene Wachholterkerner; wer's behääpt, des is e Kläffer.
Aäch von Zimmet die Gewerze aus gemahl'ne Cigarnkiste
Dhun den Mensch in's Grab net sterze un net döbte. —
Guck, so biste!
Uf de Kuche Mehl als Zucker könnte selwer Unbedachte
Dorch den größte Operngucker als gefährlich net betrachte.
Tuwack aus Kardoffelblätter is sogar e heilsam Stiftung,
Dann er is e Lewensretter vor der Nicotin-Vergiftung.
Essig mit Lakriz zu färwe un als Malaga verwerthe,
Davoo dhut kää Mensch nicht sterwe troß de sauere Geberde.
Weide-Hoppe gibt en Troppe fast noch bittrer als der
Hoppe,
Awer dhut net so verstoppe; öffent ehnder. — Noch en
Schoppe!
Schmalz in Butterweck zu packe, kann bestrafe des e Richter?
Fresse doch sogar Kosacke ohne Nachbhäl Inschellichter!

Katze sin im Grund genomme zwar kää Hase so zu sage,
Wann dem Gast se wohlbekomme, soll mer drum den
Wirth verklage?
Gips in's Brod backt zwar kää braver Bäckermääster
nicht hieniede,
Doch vom Mage im Cadaver kann's dem Arzt en Ab-
druck biete.
Darum is es physikätlich richtig un e Hauptkapitel:
Was net der Gesundheit schädlich, is e ehrlich Lewensmittel.
Darum dhut des Stärkmehl liewe in de Werscht un dhut
so keck net, —
Stärkmehl gibt die wahre Griewe in de Werscht, dann
's is kää Speck net!

Der fremde Has.

Es kam e Has aus Hesse
Mit gutem Appetit;
Er wollt' im Stadtwald fresse,
Bracht gleich die Löffel mit.
Gefresse hat er wie die Bärn;
Ich glaab, des Dos wollt Verjer wern!

Ich sah en grad so sitze
Ganz pritschebräät im Moos;
Dich soll ja Gott verblitze
Du hergeloffe Dos!
Wladauz! Da lag er uff der Nas!
Es schmeckt ääch gut e fremder Has.

Was sollt ich annerscht mache?
Ich sein e Jägerschmann.
Mei Alt dahääm werd lache,
Un legt en in die Pann.
Dann mussle mir en frehlich uff
Un gieße noch e Stoffche druff.

Geographie der Liebe.

E gut Bardhie, des war der Jerg,
Er war von scheene Eltern:
Sei Mutter war von Minzeberg,
Sei Vatter war von Geldern.

Un wann mer'm aach hat nachgesacht,
Der Jerg, der wär von Stierstadt,
Wann mer sich hat sein Dorscht betracht,
War er schont mehr von Bierstadt.

Der Nas nach war er noch viel eh'r
Von Hefterich gebertig,
Von Rüsselsheim vielleicht noch mehr
War se aam gegewertig.

Un widder doch, nach seine Ohrn,
War er dorchaus von Lange;
De Bää nach schien er zwar geborn
Von Krumbach unverfange.

Dem Wuchs nach von Klää Krozeborg
Konnt mer en ääch noch halte,
De Haar nach awer dorch un dorch
That Ower-Rothe walte.

Der Jerg hat awer Geld gehat
Un so was is e Sege,
Un war drum nor von Selljestadt
For Mädercher deßwege.

Die Fränz ääch hat des eigeseh;
Se war zwar net von Zahlbach,
Doch wie von Schönberg war se schee,
Se war jedoch von Kahlbach.

Doch war mit Kirrdorf se bekannt,
Mit Heuchelsheim net schwächer;
Der Jerg gerieth aus Rand un Band
Un ward zum Amorbächer.

Jetz hat se'n! Wär se'n widder los!
Dann jetzt merkt se mit Grause:
Er is von Kloppenheim un Dos,
Von Stockstadt un Wixhause!

Liebeserklärung

an Frau Anna Hill.

(1889.)

Im Bann von deine Äge ja
Kann ich net mehr vom Fleck,
Un war doch, als ich in se sah,
Ach, gleich eweck!
Ich glaab, du bist e Klapperschlang
Un ich e Kolibri,
Un iwer korz un iwer lang
Da frißt mich die!
Was segst de dann derzu? — Herrje!
Des Schlängche redd:
„Du bist mer viel zu alt un zäh —
Dich freß ich net!"

Autograph.

(Nov. 1889.)

Hie hast de dann mein Autograph;
Ob zur Belohnung oder Straf
Un wie die Sach ist uffzefasse,
Des muß ich dir jetz iwerlasse.

Schützenspruch.

E Mädche ohne Schatz,
E Pässche ohne Glatz,
E Zippel ohne Worscht
Un Schitze ohne Dorscht,
No, daß mer so was kann,
Fu Deiwel, was e Schann'!

Vivat Zänig!

Hibb der Bach un dribb der Bach*)
Halte mer zesamme;
Ehnder krieht die Welt de Krach
Un geht uff in Flamme!

Unser edel hiesig Sprach
Zwernuppt wie Lottche
Selwersch noch de Jingste Dag
Un mecht kaa Bankrottche!

---

*) Diesseits und jenseits des Mains, d. h. Frankfurt und Sachsenhausen.
Anm. d. H.

Oberräder Ländler.

Un willst de net folge, so spier's!
Jetzt nemm' ich mei Ränzi un schnier's!
   Jetzt nemm' ich mei Ränzi un geh,
   Un sag der net äämal Adje.

Am Sonndag ehrscht widder beim Danz,
Da hast de scharmirt mit dem Hans;
   Gew' Acht, ich bezahl die Fresur,
   Un e Annerer mecht der die Kur!

Gew' Acht, ich bezahl der de Wei,
Un e Annerer schenkt en sich ei!
   Gew' Acht, ich bezahl die Musik
   Un e Annerer mecht sich mit dick!

Un wann an dem End von der Welt
Der Hans in die Kluppe mer fällt,
   Da klingelt's im Ohr der gewiß, —
   Dann Ääner von uns kriecht sei Schmiß!

Lumpeliedche.

Hawe mer an unsre Fieß
   Aach kaan ganze Stiwel,
Ich un du, mei Zuckersieß,
   Nemme's uns net iwel.

Sin mer aach so arm wie Jobb,
    Dorscht muß immer Trump sei!
Alles, nor kää Loch im Kopp,
    Liewer sechs im Strump drei!

Laß uns um die Aarmebichs
    Doppelschottisch danze!
Dann es is die Hälst von Nix
    Grad so viel wie's Ganze!

Dreisilbige Charade.

Mein Erstes wird auf dieser Welt
Von jedem Volk geredet,
Und wenn es sich zur Musik hält,
So wird dabei trompetet.

Und wenn es auf die Erde fällt,
So wird es nicht getödtet;
Es wird nur höchstens eingedellt;
Doch wenn es einen Riß erhält,
Jenun, so wird's gelöthet.

Mein Zweites und mein Drittes hat
Recht harte, hohle, schwere;
Bald sind sie borstig und bald glatt,
Auch gibt es eine Lehre.

Auch gibt es welche, die sind glatt;
Es gibt auch viele quere,
Und wenn es einen Bruch erhält,
Dann heißt's: Ade, du liebe Welt!

Wenn man nicht wanket und nicht weicht
Beim Weine und beim Tanze,
Hat man am andern Morgen leicht,
Gott sei's geklagt, das Ganze.

(Auflösung: Blechschäbel.)

Dreisilbige Charade.

Erste Silbe.

Es schlägt der Tambour den Appell,
Er schlägt ihn auf dem Trommelfell;
Er hat auch noch ein zweites;
Das schlägt er nicht, er hütet sich;
Viel lieber legt er sich auf mich
Und träumt sich was Gescheidtes.

Oft bin ich's ganz, wenn Einer geigt,
Und schenke ich mich dir geneigt,
So ist's kein halbes immer.
Ich lebe oft in Saus und Braus,
Ich bin bereit zu jedem Schmaus,
Nur Feigen lieb ich nimmer.

Krieg mich nicht dran als Polizist!
Weil's hinter mir nur trocken ist,
Nicht faustdick, so zu sagen.
Der gold'ne Ring, den ich da trag',
Ist ein Geschenk zum Namenstag;
Ich kann ihn offen tragen.

Ich bin nicht mager, habe Schmalz,
Dazu den Löffel ebenfalls,
Bin kinderleicht zu rathen.
Jetzt aber heißt es, mich gespitzt!
Denn in der zweiten, dritten sitzt
Schon tiefer doch der Faden!

Die zweite und die dritte Silbe.

Wir waren einst ein seidnes Kleid,
Und Staat gemacht geraume Zeit
Hat damit eine Dame.
Als sie einmal am Ofen stand,
Hat sie ein Loch hineingebrannt.
Der Ofen, der infame!

Die Dame machte ein Gesicht;
Als Kleid es war zu flicken nicht,
Kaum für des Hauses Stille.
Sich tröstend sprach sie: Ist denn doch
So viel an Stoff vorhanden noch
Für eine Pracht-Mantille!

Gesagt, gethan. Zum neuen Hut
Wie stand ihr die Mantill so gut!
Ihr Anblick muß entzücken.
Kaum war sie auf der Straße knapp,
So warf ein Storch etwas herab
Ihr grade auf den Rücken.

Sie lief mit der Mantill nach Haus
Und machte eine Schürze draus,
Die hat sie stolz getragen;
Doch bald ward die verwundet sehr,
Es kam von einem Nagel her;
Nun ward die Schürz' zum Kragen.

War auch der Kragen noch so klein,
Biß doch die Maus ein Loch hinein,
Grad mitten in den netten.
Was aber unversehrt noch war,
So links als rechts, das gab ein Paar
Höchst niedliche Manschetten.

Im Hause war ein junger Hund,
Der machte einmal einen Fund
Auf einem Sophakissen;
Er kaute dran mit Zuversicht;
Er schonte die zwei Schoner nicht,
Sie gingen ganz zerrissen.

Der Dame war das ärgerlich;
Doch bald darauf, da stach sie sich
In Finger mit der Nadel;

Zum Glücke war, als Nothverband,
Ein Stück Manschettchen noch zur Hand,
Ganz ohne Fehl und Tadel.

Das wickelt um den Finger sie; —
Und jetzt, ihr Rather von Genie,
Was sind wir? Welche Sorten?
Was ist aus jenem seid'nen Kleid
Nach aller Pracht und Herrlichkeit
Zu guter Letzt geworden?

Das Ganze.

Kann allerliebst und rosig sein,
Dann aber bin ich immer klein,
Und nie von großen Längen.
Und wer das Ganze nicht erräth,
Der kommt beim Rathen stets zu spät
Und laß die Erste hängen.

(Auflösung: Osterköppchen.)

Zweisilbige Charade.

Die Erste nimmt die Zweite oft
Und kriegt das Ganze unverhofft.

Wenn das geschieht, gleich einem Bär
Fällt's Zweite über's Erste her.

Es brummt und kratzt und beißt sogar;
's ist ein Geschöpf mit langem Haar.

Das Erste ist zwar auch behaart,
Doch gibt's auch eine kahle Art.

Die ist mit Vortheil kahl und glatt,
Doch weh ihr, wenn sie Deckung hat!

Dann kommt das Ganze mit Begier
Und legt den Kopf zu Füßen ihr!

Und tritt darauf und spuckt ihn an,
Doch stirbt die Erste nicht daran.

Es thut ihr selbst nicht weh einmal,
Sie ist nur wieder glatt und kahl.

Die Erste seufzt nur kahl und blos:
„Ach wär' ich meine Zweite los!

Die nahm ich, ach, und dachte mir,
Ich wär' Ein Leib und Seel' mit ihr!

Und wär' es auch mit Zuversicht,
Wär' sie nur, ach, das Ganze nicht!"

(Auflösung: Mannweib.)

Räthsel.

Bald bin ich größer und bald bin ich kleiner;
Ich bin ein Ring und bin auch wieder keiner;
Ich mache Bänke und bin doch kein Schreiner.

Schlecht ist mein Anfang und mein End' noch fader;
Bin keine Maus und frißt mich doch der Kater,
Und meine Seele absolvirt kein Pater.

In Holland hab' ich Mädchen ohne Hände;
Ich mache Bückling ohne Complimente,
Und geh' in's Seebad, doch nicht nach Ostende.

Ich reise, wenn der Winter ist entschwunden,
Reis' von April bis in die Junistunden,
Und hab ein Fäßlein, das hat keinen Spunden.

(Auflösung: Hering.)

Vierſilbiges Räthsel.

An dem Tag gesetzter Speisen
Ist's ein wunderbarer Topf,
Nicht von Blech und nicht von Eisen,
Und dem Deckel fehlt der Knopf.

In dem Topfe Supp' zu kochen
Möchte nicht ganz räthlich sein:
Aber manchen Schädelknochen
Hat man schon gesteckt hinein.

12*

Doch ist er von größerm Maße
Und geräumiger gebor'n,
Geh'n hinein noch eine Nase,
Ein paar Augen und zwei Ohr'n.

's ist ein sonderbarer Klumpen:
Fuchsigschwarz und mäusefalb,
Und des innern Fettes Klumpen
Schlägt hindurch nach außerhalb.

Appetitlich ohne Zweifel
Ist dies Dippchen nicht durchaus,
Denn man findet drin, pfui Teufel,
Haare drin und Haare draus.

Und die vielen, vielen Dellen,
Welche dieses Dippen hat,
Auch kein Spengler sammt Gesellen
Klopft sie jemals wieder glatt.

Und man braucht ihn doch zum Staate,
Diesen sonderbaren Topf!
Davidsburg trägt zur Parade
Ihn sogar auf seinem Kopf!

(Auflösung: Schabbesdeckel.)

Vierſilbige Charade.

Die beiden Erſten haben zwar
    Nichts Aehnliches mit Hennen,
Man könnte ſie mit Recht ſogar
    Nicht einmal Vögel nennen;
Und dennoch übertreffen ſie
    Sogar die Höchſtgeſchätzten
Bei dem hiſpan'ſchen Federvieh
    In puncto der zwei Letzten.

Sie machen's jährlich einmal nur,
    Doch dann das Ganze immer,
Im Gärtchen oder auf der Flur,
    Und regnet's, ſelbſt im Zimmer.
Es geht da zu oft gar zu bunt;
    Wer Glück hat, kriegt die mehrſten, —
Doch allzuviel iſt ungeſund,
    Vom Ganzen wie vom Erſten.

Die Erſten ſind ſehr leicht erſchreckt,
    Die Letzten leicht zerbrochen;
Das Eine wie das Andre ſchmeckt,
    Doch hat nur Eines Knochen.
Sie kommen beide in die Töpf', —
    Nur Eins läßt ſich bemalen;
Bei Einem taugen nichts die Köpf',
    Beim Andern nichts die Schalen.

(Auflöſung: Haſeneier.)

Viersilbige Charade.

Die zwei Ersten.

Unsre Fäden webt kein Weber,
Unsre Milch löscht keinen Durst,
Und von unsrer schönsten Leber
Macht kein Metzger eine Wurst.
Unsre Blüth' schmückt keine Aue, —
Sie ist zwar kein Duftgenie,
Aber keine Ros' im Thaue
Und kein Mohn brennt so wie sie.
Wer sich labt an unserm Aether,
Dessen Lunge ist famos;
Doch besitzen wir auch Bäder,
Und wen's juckt, der wird's da los.
Wenn wir regnen, heb' die Beine
Und verweile dich nicht frech,
Denn wir kommen nicht alleine,
Und dann hast du auch noch Pech.

Die zwei Letzten.

Von uns gibts verschiedne Arten
Das ist Sache des Geschmacks;
Oft von Rosen sind die zarten
Und die gröbern oft von Flachs.
Nicht die Freundschaft nur und Liebe,
Wo das Herz zum Herzen kam, —
Räuber selber, Blut und Diebe,
All das paßt in unsern Kram!

Das Ganze.

Wem der große Wurf gelungen,
Mitglied des Vereins zu sein,
Wer dem Zuchthaus ist entsprungen,
Stimm' in unsern Jubel ein!
Ja wer auch nur eine Seele
Näher kennt von unsrer Zunft, —
Und wer's nie gekonnt, der stehle,
Und er findet Unterkunft.

(Auflösung: Schwefelbande.)

Räthsel.

Es ist ein Dach, schön ausgespannt,
Ist eine Wölbung allbekannt,
　　Und ist oft blau, oft schwarz, oft roth,
　　Und eine Zuflucht in der Noth.

Ich habe auf des Montblanc Höh'n
Ihn selbst noch über mir geseh'n;
　　Da war er schwarz, und ungestüm
　　Schoß Hagel da herab von ihm.

Und wild zerrissen war er rings,
Es blitzte um mich rechts und links,
　　Und Sturm und Donner hat gerollt, —
　　Mir war, als ob er brechen wollt.

Doch ob er schwarz ist oder blaut,
Wohl dem, der sich ihm anvertraut!
Vergiß ihn nie in Glück und Leid!
Er ist ein Trost in trüber Zeit!

(Auflösung: Regenschirm.)

--

Drei Charaden.

I.

Un des Ehrschte des ißt mer un ißt aach des Zwett,
Un des Ganze, des dhut mer ääm schenke,
Un is in dem Ganze des Ehrschte net,
So dhut mer des Jemand verdenke.

Un 's Zwette is oft ohne 's Ehrschte zu seh
Un 's Ehrschte oft ohne des Zwette;
Doch 's Ganze kann net ohne 's Ehrschte besteh,
Da wollt ich mein Kopp druff verwette.

(Auflösung: Wortschnupp.)

II.

Un des Ehrschte is e Parrer un e Parrer war des Zwett,
Un im Ganze sein drei Passe, awwer Parrer sein des net!
Un des Ganze kann mer blicke alle Tag un alle Stund;
Die Gesunde dhut's erquicke, un die Kranke mecht's gesund.

Un die Luft, die is die reinste, doch kää Trauwel werd gepreßt,
Awwer Schlehe gibt's die feinste, un des Wasser is des Best.
Un ihr Festung hat de Krach, un ihr Thorn hat kää Dach,
Un kää Flügel hat ihr Dhor un kää Riegel hengt derfor,
Un kää Stubb hat e Deck un der Boddem is eweck,
Un die Wand ist dorchhehlt un des Fenster des fehlt.
Awwer guckt mer eraus, ach, wie schee is es draus!
Un es lächelt eruff un des Herz geht ääm uff.

(Auflösung: Königstein.)

III.

Ich sein e Stadt in Preißeland
Un dorch en heil'ge Rock bekannt.
Gell, des ze rathe, is der schwer?
No, plag dich nor net gar ze sehr!

Un wann des hast, reiß hinnerm T
Des R erweck, es dhut net weh,
Un setz dem T e S voraus,
So werd e Dhier mit Herner draus

Und schlegst de dem dann hinnedrei
Noch en geher'ge Nagel ei,
So gibt des was, des is mer dann,
Wann mer die Sach net rathe kann.

(Auflösung: Stiernagel.)

Schwere Räthsel für leichte Gedankenübungen.

I.

Ich glääb, ich bin von Stää
Un hab mehr Bauch als Bää, —
    Un doch bin ich e aarmer Tropp,
    Dann ach, ich hab e Loch im Kopp!

Ich hab wie der Hanswoorscht
Kään Hunger, awer Dorscht,
    Trink Schnaps sogar, un muß es sei
    En ganze Krug voll Eppelwei.

Ich trink als braver Mann
Net mehr als wie ich kann,
    Un dhu ich's doch gelegentlich
    Fu Deiwel, — iwergew ich mich.

Wie viel als ich vertrag,
Des meß mer Kääner nach,
    Dann manchmal, ach, es is zu doll,
    Da wern ich schon von Wasser voll.

Doch voll zu sei is schee!
Da dhu ich fester steh,
    Dann nix im Leib, da fall ich um
    Viel leichter, ach, — drum ewe drum!

Un bin ich voll, un ob,
Un hab der was im Kopp,
    Da bleibt e braver Mann zu Haus
    Un legt sich hi un lääst net aus.

Was Warmes in meim Leib,
Da wääß ich, was ich treib;
    Da trägt mer mich in's Bett zur Ruh
    Un deckt mich mit der Bettdeck zu.

Un leih ich warm da drei,
Wer steiht zu mir erei?
    E Mädche dief im Neglischee
    Un bläst des Licht aus! Ach Herrje!

Sie wärmt sich dann an mir,
Zu Fieße lieg ich ihr,
    Un glih for sie. Un wann ich blatz, —
    O weh, was mecht se da en Satz!

                        (Nürnberg: Krug.)

II.

Wer ich bin, des wääß ich;
Sag' verkehrt, wie hääß ich?

(Auflösung: Gas.)

***

III.

So hat noch kää Gewehr geklerrt,
    Wie ich's gedha!
Un wer von mir geschosse werd,
    Der sterbt net draa.

Mer merkt bei mir kää Pulverblitz,
    Kää Knall un Ton;
Bin eigentlich mehr Worfgeschütz
    Als wie Kanon.

For den Soldat in Friedeszeit
    Da wär' ich schee;
Da kennt er schieße noch so weit
    Beim Postesteh.

Un wer mich trägt des ganze Jahr,
    Der is gerett';
Verfriert sich des Gehern sogar
    Im Sommer net!

Un wer mich, ach, net rathe dhut
   Un zwar noch heut,
Dem steh ich noch emal so gut
   Wie annern Leut!

(Auflösung: Belzkapp.)

—

IV.

Des Ehrschte, des trägt Nägelcher,
   Die ääch im Winter blihe;
Es könne awer Flegelcher
   Ääch Feie von em krihe.

Un wenn des Ehrscht' die Zwett berihrt,
   Dhut's nach dem Ganze rieche;
Doch is des richtig parfimirt,
   So mechts ääm nor Vergniege.

Doch 's Ganze des besteht net glatt
   Aus nix als nor zwää Silwe;
Der frommste Denkart Milich hat,
   Sogar geronne, — Milwe!

(Auflösung: Handkäs.)

Eine sehr lange wenn auch nur zweisilbige Charade.

Das Ganze.

Nun, so rath mich einmal schnell:
Eine Katz und keine!
Wenn ich mich an's Erste stell',
Wie viel hab' ich Beine?
Ach, ich armes Mißgeschöpf
Hab' ein Herz nur und zwei Köpf',
Und zwei Mäuler, vulgo Mund,
Aber, ach, nur einen Schlund!
Steh ich so, ich armer Tropf,
Bin ich groß wie Riesen,
Legt das Erste meinen Kopf
Mir auch gleich zu Füßen;
Und er blickt zu mir empor,
Stell' mich auf den Kopf zuvor,
Freilich, und verwundre mich
Mit den Beinen, doch nicht Ich.
Hab ich auch vier Stiefel an
Ganz nach gleichem Muster,
Hab ich zwei — was geht's mich an? —
Nicht bezahlt dem Schuster.
Beine hab ich vier, ei, ei,
Doch nicht mit Botany=Bai,
Sondern in Europa hier
Bin ich Gegenfüßler mir.

Bin ich auch verwunderlich,
Doch kein Menschenfresser,
Und im Bild und Kupferstich
Mach' ich mich noch besser.
Stell' ich mich an's Erste hin,
Bin ich doppelt, was ich bin,
Doch die eine Hälst' davon
Ist ein ganzer Kerl ja schon!

Die Erste.

Ist das Erste auch kein Gist,
Schmeckt's doch etwas bitter,
Drum auf seiner grünen Trist
Weiden keine Widder.
Aber drunten in dem Grün
Sieht man oft die Schäfchen zieh'n,
Freilich zitternd, denn mich deucht,
Diese Trist ist immer feucht.
Und sie ist unendlich groß;
Alles Weltgewimmel
Hätte Raum in ihrem Schooß
Sammt dem ganzen Himmel.
Rosen hat sie wunderbar,
Nymphen tragen sie im Haar,
Hat noch köstlicher Geschmeid,
Eine Zier für Frau und Maid.

Die Zweite.

Diese nun frißt Maus und Spatz,
Säuft die Milch noch lieber;
Kurz und gut, 's ist eine Katz',
Wundre dich nicht drüber.

＊   ＊   ＊

Und das Ganze, daß ich's schwatz',
Könnte sein wohl Meer und Katz, —
Mach uns nur kein bös Gesicht:
Denn die Meerkatz ist es — nicht!

(Auflösung: Seekatz, ein berühmter Maler aus
der Zeit Goethe's.)

Die weißen Rosen.

Er hatte Weib und Kind zu Haus
Und zog in alle Welt hinaus,
Hinaus auf Nimmerwiederseh'n,
Daheim die mögen betteln geh'n.

Die wurden bleich vor Noth und Gram,
Wie er so gar nicht wiederkam;
Vergebens suchten sie ihn drauf
Aus Hunger und aus Liebe auf.

Er strich umher von Land zu Land,
Bis ihm der letzte Thaler schwand:
Da zwang ihn denn die liebe Noth,
Als Knecht zu geh'n in fremdes Brod.

Sein Dienstherr war ein Bauersmann,
Der hatte Aecker und Gespann,
Auf Speichern Korn, im Keller Wein,
Und hatte auch ein Töchterlein.

Das schöne, blonde Hannchen war
Ein liebes Kind, kaum achtzehn Jahr;
Die Schalkheit sah aus ihm heraus
Wie Amor aus dem Rosenstrauß.

Dem Knecht gefiel das junge Blut,
Noch mehr des Bauern Hab' und Gut;
Da raunt' ihm denn der Böse ein,
Trotz Weib und Kind die Maid zu frei'n.

So hat er denn mit Vorbedacht
Sich einen schlauen Plan gemacht:
Er mied die Schenke ganz und gar
Und schaffte brav, so stark er war.

Dem Bauer, dem gefiel ein Knecht,
Der tüchtig schafft und gar nicht zecht;
Dem Töchterlein gefiel's noch mehr,
Bedachte sie, wie hübsch er wär!

Es war denn auch ein schmucker Mann,
Die Dreißig sah man ihm nicht an;
Er war so höflich, trug sich rein,
Des Schulzen Sohn war nicht so fein.

Wenn er nach Haus vom Felde schritt,
So brachte er ein Sträußchen mit,
Und trieb's so pfiffig und so klug,
Bis sie das Aug' auf's Mieder schlug;

Bis daß sie sich im Netze fing,
Ihr Mund an seinen Lippen hing;
Bis sie in seinen Armen lag
Und Treu' gelobte, die er brach.

So ging das heimlich eine Zeit,
Er küßte sie, und ihn die Maid.
Da wurden sie, als sie genascht,
Einmal vom Alten überrascht.

Der brach denn in ein Schelten aus,
Der Bursche sollte aus dem Haus!
Da weinte es, das einz'ge Kind, —
Man weiß ja, wie die Väter sind.

Der alte Bauer wurde weich
Und dachte: „Nun, ich bin ja reich!
Sie läßt nicht ab, das seh' ich ein.
In Gottes Namen! Mag's drum sein!"

Nun war das Hannchen eine Braut,
Die frohste, die man je geschaut,
Und schmeichelte dem Alten sehr,
Damit auch bald die Hochzeit wär'.

Der Polterabend kam herbei
Mit tollem Lärm und Mummerei;
Man geigte auf und tanzte viel,
Dann kam das liebe Pfänderspiel.

13*

Und als man an das Lösen kam,
Da gab's denn viel verliebten Kram!
Für's Beichten ward zumeist gestimmt,
Weil's Küssen da kein Ende nimmt.

So kam man denn auch an ein Pfand,
Die Pfänderin barg's in der Hand,
Und sprach, zur hübschen Braut gekehrt:
„Was soll der thun, dem das gehört?"

Da schlug es Zwölf vom Kirchenthurm,
Und an die Scheiben fuhr ein Sturm;
Die Mädchen sah'n sich furchtsam um,
Die Bursche wurden ernst und stumm.

Doch währte das nur kurze Zeit,
Man schämte sich der Furchtsamkeit.
Auf's Neue frug die Pfändrin nun:
„Wem Das gehört, was soll der thun?"

Da sah die Braut die Gäste an
Und sann auf einen Schelmenplan:
Sie dachte: Einem hier im Kreis,
Dem mach' ich jetzt die Hölle heiß!

Zum dritten Male wurde nun
Die Braut gefragt: „Was soll Der thun?"
Da sprach sie hohl, ernst anzuseh'n:
„Der soll jetzt auf den Kirchhof geh'n!

Dort, gleich am Eingang, rechter Hand,
Sieht man ein Grab, hart an der Wand;
Bei'm ersten Blicke fällt es auf:
Es steht ein doppelt Kreuz darauf.

Vor diesem Kreuze grünt Gereis,
Ein Rosenstock, die Blüthen weiß;
Das Wunderbare ist dabei,
Stets trägt er nur der Rosen zwei.

Die eine groß, die andre klein,
Fast ganz noch in der Knospe drein;
Im Boden drunten aber sind
Ein Weib verscharrt sammt ihrem Kind.

Mein Bräutigam war noch nicht hier,
Da kam die an des Pfarrers Thür,
Und hatte, daß sich Gott erbarm!
Ihr Kind verhungert auf dem Arm.

Und an der Schwelle sank das Weib,
Es deckten Lumpen seinen Leib;
O Gott, wie die so elend lag,
Bis ihr das Herz im Tode brach!

Und wem nun dieses Pfand mag sein,
Der geh' hinaus, doch ganz allein,
Und breche mir von ihrem Grab
Die beiden weißen Rosen ab!"

Und schelmisch sah sie in den Kreis,
Da saßen Viele kreideweiß;
Man sprach von Frevel, Gräberraub,
Sie aber stellte sich wie taub,

Und sprach zur Pfänderin gewandt:
„Was öffnest du denn nicht die Hand?"
Wie nun das Pfand zum Vorschein kam,
Gehörte es dem — Bräutigam!

Ein wenig war er doch erblaßt,
Doch schnell hat er ein Herz gefaßt
Und rief: „Ich hol' die Rosen her
Und wenn der Tod die Schildwach' wär!"

Dem Hannchen aber fiel's auf's Herz,
Sie sprach: „Ich hab's gemeint im Scherz!
Ich hab' hier Manchen feig geglaubt
Und mir den kleinen Spaß erlaubt."

Er aber rief: „Ich laß' nicht ab!
Die Rosen brech' ich dir vom Grab!
Für keinen Feigling gelte ich!" —
Sie hielt ihn, aber er entwich.

Draus jagte, unterm Mond, der Wind
Zerrißne Wolken pfeilgeschwind,
Und ihre Schatten huschten quer,
Wie Geister, über's Feld daher.

Und aus dem schwarzen Gitterthor
Des Kirchhofs schossen sie hervor;
Sie stürzten sich von Felsen jäh,
Wie in Verzweiflung, in die See.

Entblößten Haupts, das Haar zerzaust,
Wer kam da durch die Nacht gebraust?
Wer schritt da festen Schrittes vor,
Gerade auf das Kirchhofsthor?

Und wie er an den Riegel griff,
Da that der einen gellen Pfiff:
Die Angeln schrillten hell darauf,
Und klirrend flog das Gatter auf.

Und festen Trittes trat er ein
Und sah die langen Gräberreih'n:
Die breiteten nach ihm, o Graus!
Der Kreuze weiße Arme aus.

Er aber bog sich rechter Hand
Und schaute nach der Kirchhofswand,
Da leuchtete, hart am Gestein,
Ein Doppelkreuz im Dämmerschein.

Und vor dem Kreuze blühten weiß
Der Rosen zwei an einem Reis,
Die eine groß, die andre klein,
Fast ganz noch in der Knospe drein.

Da schritt er nach der Kirchhofswand,
Weit vorgestreckt die rechte Hand,
Und raschen Griffs riß er vom Grab
Die beiden weißen Rosen ab.

Und wie er eben gehen will,
Da steht er plötzlich wieder still
Und spricht: „Für jeden Zweifelswahn
Schau' ich mir noch die Inschrift an.“

Der Mond durchbricht die Wolken schnell
Und leuchtet ihm zum Lesen hell,
Er liest, liest — und sein Blut gerinnt,
Ha, Schreck! Da liegt sein Weib, sein Kind!

Des Schauders kalte Faust von Erz
Packt ihn und schüttelt ihm das Herz;
Fort stürzt er, schreckenüberragt,
Fort stürzt er, von der Angst gejagt.

Weit schleudert er das Rosenpaar,
Weit von sich mit gesträubtem Haar;
Doch wie er sie auch schleudern mag,
Sie rauschen ihm im Winde nach!

Sie rauschen nach! Er flieht entsetzt,
Von einem Rosenpaar gehetzt!
Wie schnell er immer fliehen mag,
Sie rauschen nach, sie rauschen nach!

Da faßt ihn ein Verzweiflungszorn,
Er tritt sie — und tritt in den Dorn!
Doch wie er sie auch treten mag,
Sie rauschen nach, sie rauschen nach!

Da stürzt er, in der blinden Wuth,
Vom Felsen in des Sees Fluth;
Wie jäh er immer stürzen mag,
Sie rauschen nach, sie rauschen nach!

Und wie im See er ringt so heiß,
Da rauschen sie um ihn im Kreis;
Wohin er greift in Rettungshast,
Hat er die Rosen angefaßt.

Er rang und rang, es schwand die Kraft,
Er sank und sank, er war erschlafft;
Und wie er todt im Grunde lag,
Da sanken ihm die Rosen nach!

Erinnerungen an Arthur Schopenhauer.

Der Druckfehlerteufel ist ein boshafter Teufel. Als im Jahre 1879 die 5. Auflage von Arthur Schopenhauer's „Die Welt als Wille und Vorstellung" erschienen war, kündigte das unsterbliche Werk des „Weisen von Frankfurt" eine Sortimentsbuchhandlung im Inseratentheil eines rheinischen Blattes unter dem Titel an: „Die Welt als Wille und Verstellung." Ein harmloser Setzerlehrling hatte wider Willen eine große Wahrheit gesetzt. Man kann sich von der Welt keine Vorstellung machen, wenn der Wille der Welt nicht Verstellung ist. Am Anfang war die Verstellung, denn vom Anfang kann man sich keine Vorstellung machen. Aus Nichts ist die Welt erschaffen, aber aus Nichts wird Nichts, mithin war die Verstellung nöthig, Etwas zu sein.

Auch bei Arthur Schopenhauer war alles nur Verstellung. Er stellte sich nur so, als ob er lebte, denn man kann das doch eigentlich nicht gelebt heißen, wie er gelebt hat. Er hatte einen Widerwillen an der Welt und machte sich von ihr ganz falsche Vorstellungen, und das Resultat davon war Menschenhaß und Reue. Als ich in den Fünfziger Jahren auf dem Röderberg wohnte, ging er an schönen Frühlings- und Sommertagen fast täglich an meinem Tusculum vorüber, zumeist nur in Gesellschaft seines braunen Pudels „Atma" mit dem Beinamen „Mensch": ob der oder das, haben leider die Biographen Schopenhauer's von dem Tyras des Kanzlers der deutschen Philosophie noch nicht festgestellt. So oft die Gartenthüre meines Tusculums offen stand, stattete jedesmal Atma meinem Hund Porculus, von mir so genannt wegen seiner großen Aehnlichkeit mit einer Spansau, einen Besuch ab, der dann gewöhnlich in eine freundschaftliche Balgerei auf meinen Blumen- beeten ausartete.

Professor Schopenhauer war auf dem ganzen Röder- berg eine bekannte Persönlichkeit, weniger seiner äußeren Erscheinung wegen in Bezug auf seine Toilette, obgleich diese etwas auffallender Art war, als wie seines tragi- komischen Mienenspiels und der heftigen Gesticulationen halber, womit er seine lauten Selbstgespräche begleitete, die immer von den Worten durchflochten waren: „Hätt' ich doch vor fünfundzwanzig Jahren die Jungfer Steiß geheirathet!" Ich habe diese Worte wie häufig von ihm gehört, wenn er an meinem Garten vorüberging, und sie waren auf dem Röderberg so bekannt, daß die Kinder dort dem Herrn Professor nachriefen: „Hätt ich doch vor finfunzwanzig Jahr die Jungfer Steiß ge- heirath!"

Wer war die Jungfer Steiß vor fünfundzwanzig Jahren, anno 1831? Da ich es nicht wußte, legte ich mir die Sache so zurecht: Im Jahre 1831 war Schopen- hauer, aus Furcht vor der Cholera, von Berlin nach Frankfurt gekommen, das war mir bekannt; in Berlin wüthete sie, in anderen deutschen Städten war sie aus- gebrochen, aber Frankfurt war frei von ihr geblieben. Denn in Frankfurt wohnte auf dem Krautmarkt ein

Materialist namens Steiß und hatte seinen Laden da.
Herr Steiß aber hatte ein unfehlbares Präservativ gegen
die Cholera morbus, nämlich weißen Senffamen. So
war es nicht allein im „Frankfurter Intelligenz-Blatt",
sondern auch im Inseratentheil des weitverbreiteten
„Frankfurter Journals" und der „Oberpostamts-Zeitung"
täglich zu lesen. Eine handvoll weißer Senfkörner vor'm
Frühstück genossen, und dann zum Frühstück 2—4 Tassen
Kamillenthee, da Herr Steiß als Materialist natürlich
auch Kamillen führte, schützten vierundzwanzig Stunden
lang absolut vor der Cholera. Ganz Frankfurt, das
bisher in großen Aengsten vor der Cholera geschwebt,
wozu eine Senatsverordnung vom 21. September 1831
und ein Publikandum vom 9. Oktober 1831 wesentlich
beigetragen hatten, verschluckte jeden Morgen das vor-
schriftsmäßige Quantum weißer Senfkörner und goß
dann gewissenhaft 2—4 Tassen Kamillenthee nach. Ich
auch, aber nicht ohne Zucker. Lieber wollte ich sterben,
erklärte ich mit Entschiedenheit meinen Eltern. Die
Frankfurter waren auch noch in der glücklichen Lage,
gegen die Cholera dick zu thun; dünne Leute sah man
gar nicht mehr in Frankfurt. Alles trug Leibbinden,
die 10—12 mal um den Leib herumgingen. Offenbar
hatte Schopenhauer in Berlin aus dem „Frankfurter
Journal" oder der „Oberpostamts-Zeitung" Kenntniß
erhalten von der Wunderwirkung des Steiß'schen weißen
Senffamen und war, um sicher zu gehen, an deren
Quelle geeilt, nach Frankfurt. Aber wer konnte ihm,
bei dem ganz außerordentlichen Absatz, die die Steiß'schen
weißen Senfkörner und die Steiß'schen Kamillen in

Frankfurt fanden, verbürgen, daß diese Präſervative auch immer unverfälſcht und rein waren? Niemand beſſer als Hand und Herz der Jungfer Steiß. Er beſchloß, ſie zu heirathen. Sie war ſchön wie eine Theeroſe und ihr Name war Camilla. Arthur und Camilla! Von Stund' an raſpelte er Süßholz bei der holden Droguiſtentochter. Die vierfache Veilchenwurzel vom zureichenden Grunde wurde ihm immer klarer. Er träumte ſchon von den reinen Honigmonaten der Ehe, frei von jedem Zuſatz von Mehl und Syrup, wie es von den Grundproblemen der droguiſtiſchen Ethik zu erwarten war. Er begeiſterte ſich zu folgendem

Sonett:

Milchzuckerſüßes holdes Götterbild,
Das ich nun bald mein eigen nennen werde!
Wie frühlingsſchön iſt nun die Pfeifen-Erde,
Wie tief waſchblau der Himmel nun ſo mild!

Rings duftet nach Pomade das Gefild,
Nach Kampher, den ſchon längſt mein Herz begehrte,
Und jeder Schmerz der Seele und Geberde,
Er wird durch ihn auf ewig nun geſtillt.

Camilla, hochverheißungsvoller Name!
Mich der Gefahr der Cholera enthebend,
Wie Salmiak mich wieder neu belebend!

Befreit von jeder Angſt und jedem Grame,
Kann ich fortan, als Glücklicher zu preiſen,
Aus deiner Hand „Sinapis alba" ſpeiſen!

Daß er die Jungfer Steiß doch nicht geheirathet hat, mag vielleicht vom Philosophen des Unbewußten unbewußt geschehen sein. Aber er hat es später bereut, wie die Worte aller seiner Selbstgespräche bewiesen: „Hätt' ich doch vor fünfundzwanzig Jahren die Jungfer Steiß geheirathet!" Ob der Herr Materialist Steiß auf dem alten Krautmarkt zu Frankfurt überhaupt eine Tochter hatte, weiß ich mich nicht mehr zu erinnern, obgleich mein elterliches Haus sich ganz in der Nähe des Krautmarktes befand.

Ich muß zu meiner Schande gestehen, daß ich zur Zeit, als ich auf dem Röderberg wohnte und Schopenhauer so häufig an meinem Garten vorüberkam, noch verzweifelt wenig von seinen Werken gelesen hatte. Verzweifelt wenig ist die Umschreibung von: Gar nichts. Ich kannte seine philosophischen Werke nur aus den Zeitungen und da nur leider aus Kritiken abfälliger Art. Ueberdies war er als wunderlicher Heiliger, als Menschenfeind, Weiberhasser und Reaktionär verschrieen, wobei man freilich das Kind etwas mit dem Bade verschüttet haben mochte.

Ich hielt mich lieber zu den lachenden Philosophen als zu den pessimistischen, lieber zu einer fröhlichen Lebensansicht und Weltweisheit und nahm die Dornen, um der schönen Rosen willen, mit in den Kauf. Sollte ich „das Leben hassen, in Wüsten fliehen, weil nicht alle Blüthenträume reiften?" Ich schwebte nicht in beständiger Furcht, wie der Weise von Frankfurt, um meine Renten zu kommen, denn ich hatte keine. Und doch hielt ich mir ein Reitpferd, ein Flügelroß, und auf

ihm flog ich hinauf in alle Himmel und von einer seligen
Insel zur anderen im großen Sternenozean, in Gebiete,
wohin sich kein Philosoph getraut.

Der alte brummige Schopenhauer, der immer ein
Gesicht machte, als ob er die Pfalz vergiften wollte,
war mir unsympathisch. Abergläubisch war er auch;
wenn ein Rabe über den Röderberg flog und krächzte,
so kehrte der Weise von Frankfurt sofort wieder um,
ebenso wenn ihm ein Hase über den Weg lief. Fatal
war mir auch sein brauner Pudel, der an jedem Garten
seine Visitenkarte abgab, was ihm einmal am Schweizer-
haus des Herrn J. übel bekam. Dort hatte eines
schönen Tags der seinem Herrn vorausgesprungene
„Mensch“ an der Gartenthüre seine Visitenkarte abge-
geben und war dann auf die am Garten befindliche
Ruhebank gesprungen.

„Ah, mein lieber Mensch, da liegst du ja wie eine
auf ihrem Sockel ausgestreckte Sphinx!“ rief der Herr
Professor seinem Pudel zu. Aber kaum hatte er diesen
Zuruf vollbracht, so sprang auch schon Atma mit einem
lauten Aufschrei von der Bank herunter und flüchtete
sich heulend zu seinem Herrn.

Der Gärtner des Herrn J. hatte mit einer langen
Bohnenstange und zwischen den Latten des Zauns hindurch dem vierbeinigen Visitenkartenabgeber einen nicht
ganz gelinden Stoß versetzt.

Der Herr Professor war sehr indignirt ob dieser
Mißhandlung seines treuen Pudels und konnte über
deren Urheber nicht lang im Zweifel sein, da das
corpus delicti, die Bohnenstange, von seiten des Gärtners

nicht wieder zurückgezogen worden war, sondern noch
weit hinausragte in den Weg, der Gärtner selbst aber
grinste vergnügt und sichtbar hinter der Lattenwand.

„Sie Bauernbengel!" rief ihm der Herr Professor
zu. Dieser aber, der auch wegen seiner Höflichkeit noch
nicht bestraft worden war, überschüttete nun den Weisen
von Frankfurt mit dem ganzen Komplimentirbuch von
Hibb un Dribb der Bach und warf dann, zum Beschluß,
dem Herrn Professor auch noch einen Siebensortenflegel
an den Kopf. Siebensortenflegel. Dieses vielversprechende
Wort imponirte Schopenhauer, aber nicht in unfreund-
licher Weise. Er hatte es noch nie gehört und er lächelte.
Mich hatte das Geschrei des Gärtners herbeigelockt und
der Herr Professor frug mich:

„Sagen Sie, was versteht man unter Siebensortenflegel? Es muß, dem Worte nach, also sieben Sorten
von Flegeln geben?"

„Allerdings, Herr Professor. So gut es Sieben
Weisen von Griechenland, Sieben gegen Theben, Sieben
Meister, Sieben Wunder der Welt und Sieben Tod-
sünden giebt, giebt es auch Sieben Flegel".

„Und die sind?"

„Erstens: der Urflegel; zweitens: der geborene
Flegel; drittens: der Hauptflegel; viertens: der Erz-
flegel mit der Unterabtheilung: Grob wie Packtuch;
Fünftens: der Universalflegel mit der Unterabtheilung:
Grob wie Saubohnenstroh; sechstens: der Mordsflegel
und siebentens: der göttliche Flegel. Derjenige nun,
welcher alle diese sieben Sorten von Flegeln in seiner
Person vereinigt, ist ein Siebensortenflegel". —

Schopenhauer lachte laut auf und sagte: „Nun, so weit habe ich's noch nicht gebracht." Der Gärtner aber, den der „Bauernbengel" immer noch wurmte, rief über den Gartenzaun dem Herrn Professor zu:

„Wann Se Hund führn wolle, so führn Se se nach Enkebach; hie iwern Röderbeerg geht der Weg nach Bernem!"

Nach diesem kleinen Auftritt ließ sich Schopenhauer acht Tage lang nicht mehr auf dem Röderberg sehen. Dann kam er wieder, und gleich beim ersten Male passirte ihm wieder mit seinem „Mensch" etwas, aber etwas ganz Unmenschliches und zwar in meinem Garten. Die Gartenthüre stand offen, und der braune Pudel benützte diese Gelegenheit, wie immer, und stattete meinem Porculus einen Besuch ab. Porculus aber war zum freundschaftlichen Balgen nicht aufgelegt. Er war Patient. Vor einigen Tagen hatten Dr. Schiff und Dr. Alexander Friedleben eine kleine Vivisektion mit ihm vorgenommen; sie hatten ihm im Interesse der Wissenschaft eine Drüse am Hals entnommen, eine nicht sehr schmerzliche Operation. Aber Porculus war doch verstimmt darüber. Alles freundliche Schwänzeln des Pudels verfing nicht bei ihm, und so amüsirte sich denn Atma auf eigene Faust im Garten. Er sprang von Terasse zu Terasse in den unteren Garten, und er mußte dort einen ihm besonders erfreulichen Gegenstand gefunden haben, denn er kam nicht wieder.

Hundert Schritte oberhalb meines Gartens wartete der Herr Professor auf seinen Pudel. Ich hatte mir, um den „Mensch" aus dem unteren Garten zu verjagen, wo er unter meinen Hühnern und Enten Unheil an-

richten konnte, eine Peitsche geholt und knallte damit
schon im oberen Garten. Als der Herr Professor diese
Töne vernahm, kam ihm der Wille zu einer Vorstellung
möglicher seinem Pudel zugedachten Prügel. Er eilte
herbei, kam in den Garten und frug mich, ob sein Hund
noch immer im Garten sei.

„Freilich, Herr Professor," sagte ich und dachte
dabei: Na warte, er soll sobald nicht wiederkommen!
„Freilich, Herr Professor, und leider, denn im unteren
Garten, wo er sich befindet, ist Gift gelegt für die
Marder, denn neulich erst war einer im Hühnerhaus,
im Entenhaus und im Taubenschlag."

„Gift? Um Gotteswillen! Atma! Atma! Atma!
Atma komm hier! Willst du gleich kommen!" rief der
Professor in den unteren Garten hinab.

Atma kam, und man sah es seiner Schnauze an,
daß er Etwas gefressen hatte.

„Da haben wir's!" sagte ich, „da haben wir's!
Er hat richtig von dem Gift gefressen. Ich seh es an
dem Stückchen Papier, das ihm noch an dem Maule
klebt. In solches Papier war das mit Arsenik vergiftete
rohe Fleisch gewickelt!"

„Arsenik? Arme Atma! Haben Sie für Geld und
gute Worte keine Milch, so viel als Sie im Hause haben!"

„Gewiß, Herr Professor. Es geschieht aus Menschen-
pflicht."

Er lächelte schmal. Ich aber rief meiner Frau:
„Mary, bringe doch gleich einen Kumpen voll Milch!"

Meine Frau brachte einen Kumpen voll Milch.

„Der Hund des Herrn Professor hat Gift gefressen,"
sagte ich.

„Gift? Danach sieht der Hund aber gar nicht aus; er ist ja ganz vergnügt und munter. Wo soll er denn das Gift gefressen haben?"

„Da unten im Garten," sagte der Herr Professor ganz tonlos."

Meine Frau sah mich an und schüttelte den Kopf. Mittlerweile hatte der Pudel mit großer Begierde und mit fortwährendem Schwänzeln den Kumpen schon halb leer gesoffen. Da zog ich erschrocken den Kumpen weg, schüttete ihn aus und sagte zu meiner Frau: „Mary, du hast dich vergriffen! Du hast Kalkmilch gebracht, Kalkbrühe, mit welcher ich die Obstbaumstämme anstreichen wollte, die so von den Raupen heimgesucht werden!"

„Kalkbrühe!" rief der Professor. „Auch das noch! Haus des Unglücks! Garten der Hölle! Fort, Atma! Fort!"

Und fort eilte er zum Garten hinaus und sein Pudel sprang munter neben ihm her.

„Aber Fritz," sagte meine Frau, „das ist doch ein ganz maßloser Muthwille."

„Es ist Nothwehr, liebe Frau, Nothwehr gegen einen braunen Pudel, der mir noch meinen ganzen Garten verwüstet hätte."

„Es ist ganz abscheulich von Dir! Hätte ich doch vor fünfundzwanzig Jahren die Jungfer Steitz geheirathet."

„Da warst du ja noch gar nicht auf der Welt."

* * *

Ob diese kleinen Anekdoten aus dem Leben eines großen Philosophen geeignet sind, gerade jetzt erzählt zu werden, will ich nicht behaupten, aber ich gehöre nicht

14*

mehr zu den Feinden des großen Philosophen und kann
an seinem hundertsten Geburtstag von ihm sagen: „Befreit von Griesgram von Gelehrtenputzen, von Schwächen
und von Menschenhaß befreit, wirst du, den ew'gen
Lorbeer um die Schläfe, ein Held des Geistes und den
Purpur tragend, den reinen Hermelin der deutschen
Sprache, hinschreiten von Jahrhundert zu Jahrhundert."

Wie ich um meinen ersten Schatz gekommen bin.

Ich liebe es zuweilen in alten Papieren herum
zu kramen und so fand ich neulich unter andern alten
Sächelchen auch die acht ersten Verszeilen zu einer
Liebesgeschichte, die in meine ersten Jünglingsjahre
zurückdatirt. Warum ich es bei den acht Zeilen be-
wenden ließ, weiß ich nicht mehr. Die Geschichte ist
aber doch zu rührend, um sie der Mit- und Nachwelt
zu unterschlagen; sie endet aber zu prosaisch, um sie in
Verse zu bringen. Ich will sie also in Prosa erzählen
und nur die aufgefundenen acht Verszeilen vorausschicken.
Diese acht Verse sind 1874 geschrieben, während sich
die Geschichte 1831 zutrug. Die graue Philomele,
welche in der ersten Verszeile vorkommt, ist ein scherz-
weiser Spitzname, den mir meine Frau beigelegt. Also:

Euch klag' ich meinen Schmerz, die graue Philomele,
Dem alten, blassen Freund und dir verschwieg'ne Nacht!
Ach, Mary hieß auch sie, die meine junge Seele,
Mein ahnungsloses Herz zu erster Glut entfacht;

Ach, Mary hieß auch sie, die einem Traum vergleichbar,
Nach kurzem Liebesglück auf ewig mir entschwebt,
Nur der Erinnerung noch wehmuthsvoll erreichbar,
Dem Angedenken nur, das mir im Herzen lebt.

Ich war fünfzehn Jahre alt, hatte eine Uhr, sechs
Batzen Wochengeld und ein Konfirmantenschätzchen. So
frühe schon war die Liebe in mein Herz eingezogen.
Aber zu meiner Veredelung. Denn seit ich die Liebliche
zum Erstenmal bei dem gemeinschaftlichen Religions-
unterricht der Konfirmanten und Konfirmantinen in der
Katharinenkirche gesehen, verwendete ich eine größere
Sorgfalt auf meine Toilette. Ich trug von nun an
Handschuhe, meine Schwester Annette mußte mir die
Haare kräuseln, ihr rothseidenes Foulard leihen und es
mit Eau de Cologne befeuchten, und Jakob, der Haus-
knecht mußte mir die Stiefel so blank wie möglich putzen.
Auch befleißigte ich mich feinerer Sitten im häuslichen
Umgang, nahm einen verbindlichen Ton gegen die alte
Gritche, die Haushälterin, an, unterhielt mich mit dem
Oberkellner Lacroix in dessen Landessprache zum großen
Wohlgefallen meines sehr erstaunten Papa's und war
die Liebenswürdigkeit selber gegen die Freundinnen
meiner Schwester. Die bisherigen Hahlgänse waren zu
verehrten jungen Damen avancirt und diese Bezeichnung
war wohl auch die richtigere: Lisette, Jeanette, Sophie
und Julia waren reizende Geschöpfe und stadtberühmte
Schönheiten, aber es hatte mich bisher verdrossen, daß
sie mich, gleich meiner Schwester Annette, immer zu be-
muttern suchten und sie waren doch höchstens fünf bis
sechs Jahre älter als ich. Vorab Julie war so bild-
schön, daß über sie folgendes Räthsel in der Stadt coursirte:

Mein Erstes ist ein See,
Mein Zweites eine Fee,
Mein Drittes ist ein Ruß,
Und dem Ganzen gäb ich gerne einen Kuß.

Der Familienname Julia's war nämlich Severus. Fräulein Severus war eine Nichte des Stadtraths Molitor und ein hochgebildetes Mädchen. Ich war der Glückliche, ihr zuerst das auf sie bezügliche Räthsel zu hinterbringen.

„Nun", sagte sie lächelnd, „auf einen Kuß soll mir's für Dich nicht ankommen und auch nicht auf ein paar gelbe Glacéhandschuhe, denn mit Deinen schon etwas an den Fingern verkauten, möchtest Du schwerlich in der Konfirmantenstunde eine Eroberung machen."

Mir schoß das Blut in die Wangen vor Verlegenheit und Beschämung. Hatte Julia einen Blick in mein Herz gethan, oder hatte ihr meine Schwester eine indiskrete Mittheilung gemacht? Doch nicht gut möglich, denn ich hatte mich wohl gehütet, in einer zarten Herzensangelegenheit meine Schwester zur Vertrauten zu machen und wohl etwas mich auslachen zu lassen. Meine Schwester mochte ahnen und diese Ahnung vielleicht nicht vor ihren Freundinen verschlossen gehalten haben, aber Bestimmtes wußte sie nicht. Die Hauptsache war, daß Julia Wort hielt und mir ein Paar superfeine blaßgelbe Glacéhandschuhe schickte.

Als ich in diesen gelben Glacéhandschuhen in der Konfirmantenstunde erschien, war das Aufsehen, das ich damit bei den Konfirmantinen erregte, kein kleines. Alle Blicke waren auf meine beglacéten Hände gerichtet, obgleich mein so sorgfältig gekräuseltes Haar viel eher eine solche Aufmerksamkeit verdient hätte. Ich nahm Platz

im Kirchenstuhl neben einem jungen Grafen von L.,
mit welchem ich bei der Konfirmation eingesegnet werden
sollte. „Ah", sagte der junge Graf, „Sie kommen ja
mit Ballhandschuhen in die Kirche. Was geht vor?
Sie ließen sich wohl auch lieber mit Ihrem schönen
Vis-à-vis copuliren als wie confirmiren. Der kleine
allerliebste Backfisch scheint Ihnen zu gefallen. Nur
etwas gar zu blond! Aber schöne braune Augen. Die
junge Dame neben ihr wäre schon mehr nach meinem
Geschmack: ein bezauberndes Oval von einem Gesichtchen,
ein überaus edles Profil, tiefschwarzes, metallschimmerndes
Haar und veilchenblaue, seelenvolle Augen. Sie aber,
mehr zur Sentimentalität geneigt, incliniren begreiflicher-
weise mehr für Blondinen."

Daß ich Neigung zur Sentimentalität besäße, war
mir bisher noch von Niemand gesagt worden. Meine
eigenen Eltern hätten das nicht geglaubt. Aber es
schmeichelte mir. Mit einem Seufzer zog ich das roth-
seidne Foulard meiner Schwester aus der Tasche, führte
es an die Nase, roch daran, legte dann das Taschentuch
vor mich auf den Rand des Kirchstuhls und bettete meine
gelbbeglacéten Hände darauf.

„Macht Effekt!" sagte der junge Graf lächelnd.
„Sehen Sie nur, wie Ihre kleine Blondine über ihr
Buch weg nach Ihnen herüberschielt!"

In der That, ich schien der lieblichen Blondine
nicht ganz gleichgiltig zu sein, und die schöne schwarzlockige junge Dame, die neben ihr saß, schien sich auch
etwas für den jungen Grafen zu interessiren.

„Noch immer wissen wir nicht, wer die jungen

Damen sind: sie sind elegant gekleidet und auch ihr Benehmen läßt auf eine gute bürgerliche Erziehung schließen. Haben Sie vielleicht etwas Näheres über sie erfahren?"

„Nein. Ich weiß nur, daß sie nach der Confirmantenstunde auf den Kettenhof gehen, Milch zu trinken. Ich bin ihnen nachgegangen, natürlich in einiger Entfernung."

„Also auf den Kettenhof? Nun, da fände sich ja wohl heute Gelegenheit mit den jungen Damen zufällig zusammenzutreffen."

Unsere weitere Unterhaltung wurde durch die Ankunft des Herrn Pfarrers unterbrochen.

Nach dem Schluß der Confirmantenstunde beeilten wir uns so schnell als möglich, aber nicht ohne einen vorherigen Blick auf unsere Schönen, hinaus vor die Kirchenthüre zu kommen, um da die Confirmantinen Revue passiren zu lassen. Das Beste kommt zuletzt, und so war es denn auch mit unseren zwei jungen Damen. Als sie an uns vorübergingen, zogen wir sehr ehrerbietig unsere Strohhütchen. Die jungen Damen dankten halb verlegen, halb erstaunt, aber mit dem holdesten Erröthen. Sie gingen nach dem Steinweg zu. Wir sahen ihnen nach bis an die Stadtallee, dem heutigen Goetheplatz, und gingen dann raschen Schrittes quer hinüber nach der Bibergasse, durcheilten diese und die Kalbächergasse, und als wir auf die große Bockenheimerstraße kamen, sahen wir die zwei jungen Damen zweihundert Schritte vor uns nach dem Bockenheimer Thor zu gehen. Die jungen Damen schienen keine

Ahnung davon zu haben, daß wir ihnen folgten. Die kleine Blondine hatte zwar mehrmals das Köpfchen herumgedreht und ihre Freundin auch, aber das war doch gewiß nur zufällig oder wenigstens galt es nicht uns. Wir blieben nun etwas mehr zurück, aber als wir am Bockenheimer Thor anlangten, sahen wir gerade noch, wie die jungen Dämchen in den Kettenhofweg einbogen. Nun wußten wir, wo sie hingingen und nahmen uns Zeit.

Eine Viertelstunde später traten wir in den Gras- und Milchgarten des Kettenhofs ein. Fast alle Tische waren bereits mit Milchgästen besetzt; zumeist Frauen mit ihren Kindern. Unsere jungen Damen hatten an einem der hintersten Tische Platz genommen. Da saßen sie, jede ein Glas Milch vor sich an dem Tisch. Wir hatten sie gleich bemerkt und sie auch uns, denn sie wandten die Köpfe weg. Wir nahmen selbstverständlich nicht in ihrer Nähe Platz, sondern weit von ihnen weg und bestellten uns zwei Glas Milch. „Bezahlen Sie's," sagte der Graf, „ich habe kein Geld bei mir."

In dem Milchgarten befand sich eine Schaukel, sowohl für die Kinder als auch für die Erwachsenen. Als wir unsere Milch getrunken hatten, gingen wir nach dem Hof zu. Der junge Graf, dessen Vater große Ländereien besaß, wollte sich einmal die Kuhställe betrachten. Die jungen Dämchen mußten doch bemerkt haben, daß wir weggegangen waren, und in dieser Zuversicht eilten sie zur Schaukel, die gerade frei geworden war, um sich mit Schaukeln ländlich sittlich zu vergnügen. Die Schwarzlockige setzte sich auf die Schaukel

und die Blondine schaukelte sie. Die Schaukel war so
angebracht, daß die auf ihr Schaukelnden dem Hofe den
Rücken kehrten. Die jungen Dämchen waren im besten
Vergnügen begriffen, als wir wieder in den Milchgarten
eintraten. Wir näherten uns ihnen und hörten, wie
die Blondine lachend ausrief: „Mein Gott, ich kann
nicht mehr! ich bin müde!"

Der junge Graf sprang hin zur Schaukel, ich konnte
es nicht verhüten und sagte zu der Blondine: „Verehrtes Fräulein, erlauben Sie mir gnädigst, Sie abzulösen!"

Welche unerhörte Frechheit, dachte ich; so vornehme
Herren erlauben sich doch Alles. Das Blondinchen aber
muß sehr erschrocken sein, denn sie starrte den jungen
Grafen sprachlos an. Den jungen Herrn aber schien
das nicht viel zu stören: er ergriff die Schaukel und gab
ihr einen so kräftigen Stoß, daß die holde Schwarzlockige
hoch hinauf fuhr.

„Halten Sie ein!" rief die junge Dame auf der
Schaukel, „halten Sie ein! Ich will herunter!"

„Aber warum denn, verehrtes Fräulein? Sie haben
nicht das Mindeste zu besorgen. Vertrauen Sie sich
einem Cavalier an. Halten Sie sich nur recht fest!"

„Nein, nein! Ich will herunter!"

„O, dann bitte ich tausendmal um Verzeihung."

„Und ich auch!" sprach ich zu der lieblichen Blondine. „Ich auch. Ich bin nicht schuld daran, daß der
Herr Graf sich diese Kühnheit erlaubt hat."

Die Schwarzlockige stieg von der Schaukel herunter
und entfernte sich gleich darauf mit ihrer Freundin, ohne
uns eines Blickes zu würdigen.

In der nächsten Konfirmantenstunde saßen die zwei jungen Dämchen nicht mehr in der vordersten Stuhlreihe uns gegenüber, sondern hatten auf den hintersten Stühlen Platz genommen.

„Das haben wir davon," sagte ich vorwurfsvoll zu dem jungen Grafen.

„Wie so?" erwiderte er mir. Bemerken Sie denn nicht, wie die zwei jungen Damen zwischen den Köpfen der anderen nach uns her schielen und welche langen Hälse sie machen?"

„Oder auch nicht."

„Sei'n Sie zufrieden; heute Abend gehen die jungen Dämchen nicht auf den Kettenhof, das Nächstemal auch nicht. Aber sie kommen wieder."

Und so war's denn auch. Wir trafen sie nach drei Wochen wieder auf dem Kettenhof, und es gelang uns, ihre Verzeihung zu erhalten. Da wir uns sehr ehrerbietig gegen sie verhielten, so erlaubten sie uns sogar, sie schaukeln zu dürfen. Acht Tage später suchten wir mit ihnen gemeinsam auf der nahen Zimmerwiese Blümlein. Wir banden den Dämchen Sträußchen und, o Glück, sie steckten sich dieselben in den Gürtel, das war damals Mode. Wir wußten nun auch längst, wie die jungen Damen hießen. Die Schwarzlockige hieß Kathinka, und meine Blondine hieß Mary.

Eines Tags, als wir wieder auf der Zimmerwiese Blümlein suchten, sagte Kathinka zu ihrem Grafen: „Wie schade, daß es hier keine Maiblumen gibt; ich liebe sie so sehr."

„O, verehrtes Fräulein," sagte ich, „dafür ist Rath

zu schaffen. Maiblumen gibt es in Fülle im Frankfurter Wald."

„Aber hier ist doch nicht der Frankfurter Wald!"

„Das nicht, aber wir können doch hingehen, wo
er ist."

„Warum nicht gar!"

Wir verlegten uns auf's Bitten. Nach langem
Sträuben ließen sich die Dämchen überreden, und es
wurde ein Nachmittag bestimmt, wo wir uns an der
Sachsenhäuser-Warte treffen wollten.

Als ich zur bestimmten Stunde mit dem jungen
Grafen an der Sachsenhäuser Warte eintraf, sagte er
zu mir: „Wissen Sie was, ich befürchte, wir haben
einen ominösen Namen für unser Rendez-vous gewählt.
Eine Warte erinnert doch gar zu sehr an warten.
Wir werden wohl etwas warten müssen, bis die
Dämchen kommen." Aber er irrte sich: die Dämchen
ließen uns nicht lange warten, sondern kamen recht bald.

Der Graf wollte Fräulein Kathinka den Arm an-
bieten, und wie ich das sah, bot ich auch meinen Arm
Fräulein Mary an. Aber dazu waren die Mädchen
absolut nicht zu bewegen. So schritten wir denn nebeneinander in anmuthigen Gesprächen dem Walde zu.
Wir brauchten nicht tief in den Wald hineinzugehen,
um Maiblumen zu finden. Auf einer kleinen Waldwiese
standen sie zu Tausenden. Die beiden Dämchen banden
vier prächtige und mächtige Sträuße, zwei für sich, zwei
für uns. Es war ein sehr heißer Maitag und Fräulein
Kathinka sagte: „O, wenn jetzt hier ein frischer Wald-
quell in der Nähe wäre! Ich habe schrecklichen Durst."

„Ich auch!" klagte Mary.

„Meine Damen," sagte ich, „eine Quelle ist hier schwerlich in der Nähe, aber auf der Sachsenhäuser Warte ist ganz vorzügliche frische Milch zu haben."

„Wir erlauben uns, die Damen ganz ergebenst dazu einzuladen," unterbrach mich der Graf.

„Das nehmen wir mit großem Danke an. Nicht wahr, Mary?"

„Gewiß, Kathinka. Das ist ja ganz allerliebst."

„Also, auf nach der Warte!" rief der Graf.

Unterwegs griff ich ungesehen in meine Westentasche, um mich zu überzeugen, ob mein Sechsbätzner Wochengeld noch vorhanden sei. Er war es.

Auf der Warte angekommen, setzten wir uns im Gärtchen in eine Laube, und ich bestellte bei der Dienstmagd vier Glas Milch und vier Handkäse mit Butter und Brod. Dabei rechnete ich gleich im Kopfe aus: Vier Glas Milch à 1½ Kreuzer machen 6 Kreuzer; vier Handkäse à 2 Kreuzer machen 8 Kreuzer, sind vierzehn Kreuzer, Butter und Brod macht 8 Kreuzer, also zusammen 22 Kreuzer.

Ich hatte in der That die Rechnung nicht ohne den Wirth gemacht. Man lebte damals noch in billigen Zeiten. Von meinem Sechsbätzner blieben noch 2 Kreuzer übrig. In diesem stolzen Bewußtsein warf ich der Dienstmagd, als sie das Bestellte brachte, großartig meinen funkelneuen Sechsbätzner auf den Tisch und ließ mir 2 Kreuzer herausgeben.

„Ein echt idyllisches Mahl!" sagte der Graf. „Greifen Sie zu, holde Daphne und liebliche Chloë."

„Ganz wohl! Herr Damon!" lachte Fräulein Kathinka.

Mary setzte das Glas an ihre Rosenlippen und trank es in einem Zuge über halb leer. Ich bekam einen Schrecken.

„Welche vortreffliche, erquickende Milch," rief sie aus und wischte sich mit ihrem blüthenweißen Taschentuch den Mund.

Nun setzte auch Kathinka das Glas an den Mund und trank es in einem Zuge noch bedeutend mehr als halb leer. Es überlief mich eiskalt.

Nun trank auch der Graf, aber er nippte nur an der Milch, und sagte dann: „Nicht übel."

Na, dachte ich, der junge Mann hat doch ein Einsehen.

„Nun, Schäfer Floricel," sprach Fräulein Mary zu mir, „Sie trinken ja gar nichts."

„O doch, Fräulein," sagte ich und that einen Schluck.

„Nein, was die Milch so gut ist!" rief Kathinka und trank ihr Glas völlig aus.

„Unvergleichlich!" flötete Mary und machte es ihrer Freundin nach.

Mir stand das Herz im Busen still.

„Ich tränke gleich noch ein Glas!" sagte Fräulein Kathinka.

„Und auch ich," rief Fräulein Mary.

Ich hielt mich nur noch mühsam auf den Beinen.

„He! Wirthin!" rief der Graf, „noch zwei Glas Milch!"

„Noch zwei Glas Milch!" sagte ich tonlos zur

Dienstmagd; tonlos und im Bewußtsein nur noch Geld für ein Glas zu haben.

Ich winkte den Graf bei Seite. „Herr Graf," flüsterte ich ihm zu, ich habe unglücklicherweise meine Börse vergessen und hatte zum Glück noch einen Sechsbätzner in der Westentasche. Zweiundzwanzig Kreuzer habe ich bezahlt, besitze also nur noch zwei Kreuzer. Bezahlen Sie die zwei Gläser Milch!"

„Aber, junger Herr, Sie wissen doch, daß ich, als meinem hohen Stand entsprechend, nie Geld bei mir führe."

„Aber, um Gotteswillen, dann sind wir blamirt bei den jungen Damen, wenn wir keine zwei Glas Milch mehr bezahlen können."

„Blamirt? Wir? doch wohl nur Sie!"

„Ja, was machen wir denn da?"

„Zwei Kreuzer Schulden bei der Wirthin."

„Nicht für eine Million!"

Die Dienstmagd hatte mittlerweile die zwei Glas Milch gebracht und blieb stehen, auf Bezahlung wartend.

Ich kämpfte einen schrecklichen Kampf in meiner Seele. Es war keine Rettung mehr, denn eben hatten die beiden Damen tiefe Züge aus ihren Milchgläsern gethan.

Ich winkte den Fräuleins. Sie kamen. „Meine Damen" sagte ich mit halb zugeschnürter Kehle, „meine hochverehrten Damen, haben Sie vielleicht zwei kleine Kreuzer bei sich? Ich habe nur noch Gold und die Magd kann mir voraussichtlich darauf nicht herausgeben."

„Ich habe keinen rothen Heller bei mir," sagte
Fräulein Mary bedauernd.

„Und ich keinen Tandes!" lachte Kathinka.

„So sagen Sie doch die Wahrheit, junger Herr,"
sprach der Graf, „Sie haben auch nur noch zwei Kreuzer
bei sich und ich führe selbstverständlich überhaupt kein
Geld bei mir."

„So gibt es nur noch ein Mittel!" rief ich verzweifelnd: „es heißt Flucht! Wir wollen noch ein Glas
Milch bestellen, damit wir die Dienstmagd aus dem
Gärtchen entfernen, dann lege ich meine zwei Kreuzer
auf den Tisch und wir entfliehen."

Dieser Vorschlag wurde mit Jubel aufgenommen.
Ich legte die zwei Kreuzer auf den Tisch und dann
kniffen wir laut lachend aus. Wir sprangen, wie die
Hirsche, dem Sachsenhäuser Berg hinab. Aber, o Schicksal, Fräulein Mary stürzte in der Hast über einen
Haufen von Chausseesteinen, und als wir herbeisprangen
und sie aufhoben, blutete ihr Näschen.

Auch Fräulein Kathinka und der Graf waren
herbeigeeilt. Fräulein Mary weinte und warf sich ihrer
Freundin an die Brust. „Kathinka," schluchzte sie, „so
gehts, wenn man sich mit einem dummen Jungen ein-
läßt."

„Ist das mein Dank?" rief ich. „Ich habe meine
letzten zwei Kreuzer für Sie hingegeben!"

„Und ich mein Blut für Sie! Gehen Sie mir auf
ewig aus den Augen!"

„Das geschieht Ihnen ganz Recht," sagte der Graf

zu mir. Künftig regaliren Sie keine Damen mehr, wenn Sie kein Geld haben. Schämen Sie sich!"

„Ja, schämen Sie sich," rief Fräulein Mary und entfernte sich mit ihrer Freundin.

So kam ich um meinen ersten Schatz!

Die todte Maus.

In einem Städtlein im Frankenland, ein Städtchen, wo sich ein Kloster befand und in dem Kloster die Schule drein, da mag's einmal geschehen sein.

Es war eigentlich schon mehr ein Gymnasium, eine Lateinschule. Der Herr Professor Hauskatz ertheilte in der Secunda den Unterricht. Ganz seinem Namen zuwider hatte er eine große Abneigung gegen Mäuse. Das bloße Wort Maus erregte schon seinen Abscheu. In seiner Familie mußte jede Redensart vermieden werden, die auf eine Maus Bezug hatte. Vorab auf Frankfurt war er nicht gut zu sprechen, wo es von derartigen Redensarten wimmelt. Er hatte aber auch entschiedenes Unglück in Frankfurt, als er diese Stadt, bei Gelegenheit einer Ferienreise, besuchte. Von den zwei ersten Leuten, die ihm da begegneten, sagte der Eine zum Andern: „Da beißt kaa Maus en Faddem ab!" Kaum waren diese an ihm vorüber, so kamen wieder Zwei, von denen der Eine zum Andern sagte: „Deß is doch nor de Mäus gepiffe."

Schon wieder die verhaßte Maus! sprach er kaum
vor sich hin, als es ihm auch schon wieder in den Ohren
klang: „Mach merr kaa Mäus!" — „Wann die Maus
satt is, schmeckt's Mehl bitter." Als er einen Herrn
anredete: „Können Sie mir nicht sagen, wo der Herr
Doktor Baumüller wohnt" — es war das ein Freund
des Professors, dem er einen Besuch abstatten wollte —
erhielt er zur Antwort: „Ei der wohnt in der Mäus-
gaß." In eine Mäusgasse hätte den Herr Professor
Niemand gebracht. Der Gedanke, daß jeder Mensch an
jeder Hand eine Maus habe und also auch er selber,
machte ihn ganz unglücklich.

Seine Schüler wußten um seine Abneigung, und
Jugend hat keine Tugend. Eines Morgens trat der
Herr Professor in seine Secunda und betrachtete sich
mit Wohlgefallen seinen neuen glänzend schwarz lackirten
Katheder. Der Herr Prior und Direktor des Klosters
und Gymnasiums hatte ihm diese Ueberraschung bereitet.
Der Herr Professor bestieg sehr würdevoll den Katheder,
nahm die Brille von der Nase, putzte mit seinem Taschentuch die Gläser rein und betrachtete sich nun seinen
neuen Lehrpult auch von oben. Da Professor Hauskatz
sehr kurzsichtig war, so beugte er sich sehr zum Pult
herab und gewahrte in dessen Ecke links einen Gegenstand, der ihm auffiel. Es war eine todte Maus. Der
Herr Professor schnellte in die Höhe ganz entsetzt und
sagte: „Eine todte Maus!" Dann faßte er sich ein Herz
und beugte sich wieder nach dem Pult nieder, um sich zu überzeugen, ob er sich auch nicht getäuscht habe. Nein, er hatte
sich nicht getäuscht. Es war wirklich eine todte Maus.

„Also wirklich eine todte Maus?" sprach er. „Eine wirkliche todte Maus. Auf meinem Pult! Wer hat mir das gethan?" Sein erster Verdacht richtete sich auf den Schüler Blockmann.

„Blockmann, wer hat mir das gethan?"

„Was? Herr Professor."

„Wer hat mir die todte Maus auf meinen neuen Katheder gelegt? Blockmann, ich habe dich im Verdacht!"

„Pfui Teufel! Herr Professor, eine todte Maus! Die würde ich nicht um alles in der Welt angreifen!"

„Nun denn, Ratzbach, so warst du es, der mir die todte Maus auf den Katheder gelegt hat. Ich traue dir eine solche Schandthat sehr wohl zu."

„Herr Professor, ich soll Ihnen die todte Maus da hingelegt haben? Die würde ich noch nicht mit einer Kluft anrühren, geschweige mit meinen Händen, einen solchen Ekel habe ich vor Mäusen. Und wie könnte ich auch meinen schuldigen Respekt vor dem Herrn Professor so außer Augen lassen und meinen geliebten Lehrer mit einer todten Maus so sehr betrüben!"

„Ratzbach, du bist ein wackerer Junge, ich weiß es. Aber mein gerechterer Verdacht trifft dich jetzt, Bastler. Wohl niemand anders als du hat mir die todte Maus auf den Pult gelegt."

„Ich, Herr Professor? Ei der bloße Gedanke an eine Maus könnte mich rasend machen. Meine liebsten Thiere sind die Katzen, Eulen und Raben, weil sie die Mäuse vertilgen."

„Katzen, Eulen und Raben, lieber Bastler, sind

15*

allerdings sehr nützliche Thiere und man kann sie nicht hoch genug schätzen. Die Katzen waren schon den alten Egyptern heilig und die Eule ist der Vogel der Minerva, der Göttin der Weisheit. Also hast du wirklich diese todte Maus mir nicht auf den Pult gelegt?"

„Nicht für eine Million, Herr Professor."

„Thust du es wirklich nicht billiger, Bastler?"

„Was soll ich davon haben, Ihnen eine todte Maus auf den Pult zu legen? Hätte ich Gefallen an einer todten Maus, so hätte ich sie für mich behalten."

„Das ist einleuchtend. Und du Klotzbold? und du Ruschel? und du Jambert? und du Muschler? und so weiter. Keiner von euch allen hat mir die todte Maus auf den Pult gelegt? Keiner?"

„Nein, Herr Professor, Keiner!" riefen alle Schüler zugleich.

„Und durch wen soll denn die todte Maus auf meinen Pult gekommen sein? Durch ein Wunder? Schafbeck, du bist der Faulste in der ganzen Secunda, aber eine ehrliche Seele, ich verspreche dir eine Censur, cum laude von oben bis hinunter, wenn du mir den Elenden angibst, den Auswurf der Menschheit unter deinen hier anwesenden nichtswürdigen Commilitonen, der mir die todte Maus auf den Pult gelegt hat!"

„Ich weiß es nicht, Herr Professor, und wenn Sie mich rädern und viertheilen lassen."

„Du weißt es nicht? So? Nun, ich lasse die hier an mir verübte Niedertracht nicht auf sich beruhen, darauf verlaßt euch. Sofort werde ich bei dem Herrn

Director die Anzeige machen." Sprachs und rannte zur Thür hinaus und zum Herrn Direktor.

Der Direktor des Gymnasiums und zugleich Prior des Klosters, ein kugelrunder und sehr gutmüthiger Herr, der seine Gemächlichkeit liebte, war nicht wenig erschrocken, als der Herr Professor in größter Erregung zu ihm herein trat.

„Denken Sie, Herr Direktor, was mir geschehen ist! Welche unerhörte Frechheit von meinen Secundanern! Es ist himmelschreiend!"

„Um Gotteswillen, Herr Professor, was ist Ihnen denn geschehen?"

„Auf den neuen, schönen, glänzend schwarz lackirten Katheder, mit dem Sie mich so hoch erfreut haben und für welchen ich Ihnen von Herzen zu danken hiermit die Gelegenheit ergreife, — auf diesen so schönen neuen Katheder haben mir meine Schüler im Complott eine todte Maus gelegt. Im Complott, im Complott. Aber der Anstifter muß heraus, der Anstifter. Ich verlange eine strenge Untersuchung!"

„Aber, lieber Herr Professor, ereifern Sie sich doch nicht über eine solche Kleinigkeit!"

„Kleinigkeit? Eine todte Maus auf meinem Katheder eine Kleinigkeit?"

„Gewissermaßen doch ist eine Maus eine Kleinigkeit".

„Sie wächst zu einem Elefanten an Verruchtheit, wenn man meine Abneigung gegen Mäuse kennt. Meine tiefe Abneigung! Darin liegt ja gerade die Bosheit der Lotterbuben, die infernalische Bosheit. Ich verlange eine strenge Untersuchung und Strafe des Schuldigen!

Ich bitte Sie dringend, Herr Direktor mit mir hinüber in die Secunda zu gehen. Das wird wirken!"

„Nun mein lieber Herr Professor, ich komme nach. Beruhigen Sie sich nur."

Der Herr Professor eilte wieder ab. Mittlerweile hatten die Sekundaner die todte Maus vom Katheder fortgeschafft und an ihre Stelle ein Stückchen Schwamm, das sie mit Dinte schwarz gefärbt hatten, hingelegt.

Der Professor trat wieder in die Sekunda ein, aber mit sehr finsterem Gesicht und bestieg seinen Katheder.

„Also Niemand von euch hat die Maus dahin gelegt? Keiner! Das wird sich finden, wenn der Herr Direktor kommt. Hier liegt sie, die todte Maus. Etwa nicht? Blockmann, komm doch einmal her!"

„Ja wohl, Herr Professor."

„Siehst du da nicht eine todte Maus?"

„Ich sehe keine todte Maus."

„Du siehst keine todte Maus?"

„Nein, Herr Professor, ich sehe keine todte Maus!"

„Er sieht keine todte Maus! Ratzbach, komm du einmal her."

„Jawohl, Herr Professor."

„Siehst du da keine todte Maus?"

„Ich sehe keine todte Maus."

„Du siehst keine todte Maus?"

„Ich sehe keine todte Maus."

„Er sieht auch keine todte Maus! Bastler, komme jetzt du!"

„Ja wohl, Herr Professor."

„Baſtler, auf Pflicht und Gewiſſen, ſiehſt du da keine todte Maus?"

„Ich ſehe keine todte Maus."

„Du ſiehſt keine todte Maus?"

„Ich ſehe keine todte Maus."

„Er ſieht keine todte Maus! Nun, ich weiß es ſchon, ihr alle ſeht hier keine todte Maus. Pfui über euch, und noch einmal pfui, und abermals pfui! Aber der Herr Direktor wird kommen. Oh, der Herr Direktor wird kommen! Da iſt er ſchon!"

Der Herr Direktor trat ein. „Herr Direktor!" rief der Profeſſor mit bebender Stimme, „Herr Direktor, denken Sie ſich dieſe unerhörte Frechheit! Sehen Sie, Herr Direktor, hier, hier auf dem Pult liegt die todte Maus. Hier, hier auf dem Pult, auf demſelben Pult, auf welchen ich eben mit meinem Finger kräftig und vernehmlich klopfe, hier, hier auf dem Pult liegt die todte Maus. Und alle, alle leugnen es mir aus dem Geſicht, aus den Augen, daß hier eine todte Maus liege. Sehen Sie nur hier, Herr Direktor, die todte Maus!"

„Ich ſehe keine todte Maus."

„Sie ſe — hen — kei — ne — tod — te Maus?"

„Ich ſehe keine todte Maus!"

„Auch Er ſieht keine todte Maus! Das iſt mir ſchmerzlich. Sehen Sie wirklich keine todte Maus, Herr Direktor?"

„Ich ſehe keine todte Maus. Was da auf dem Pult liegt, iſt keine todte Maus, ſondern etwas anderes. Es ſieht aus wie ein ſchwarzes Läppchen oder Schwämmchen."

„Sollte ich mich getäuſcht haben?"

Der Herr Professor beugte sich tief zum Pult nieder und brachte seine Augen ganz in die Nähe der vermeintlichen todten Maus.

„Es ist wirklich keine todte Maus! Ich hätte drauf geschworen, daß es eine todte Maus sei."

„Sie haben Ihren Schülern Unrecht gethan!" sagte der Herr Direktor.

„Ja, Herr Direktor, das habe ich. Ich habe meinen lieben Schülern Unrecht gethan und bitte es ihnen hiermit feierlich ab. Verzeiht mir und bleibt ferner so liebe, brave Schüler!"

Das Frankfurter Hoftheater.

Außer dem großherzogliche Hoftheater, zu Zeite vom Ferscht Primas, hat Frankfort, sibbzeh Jahr speter, noch emal e Hoftheater besotze. Es lag awer, der Abwechselung halwer, net am Komedieblatz, sonnern am Garkicheblatz. Des Frankforter Worschtquartier konnt sich rihme, e Hoftheater ze besitze. Es war de drei Muse Thalia, Melpomene un Terpsichore geweiht, wie schont der poetische Name von dem Haus besegt, in dem sich des Hoftheater befunne hat: „In de drei Säuköpp." Der Direkter war zegleich aach Theaterfriseur un seines Zeichens e Schubbkärjer. Am Dag hat er die Puddel un die Spitz frisirt un awends die Hofschauspieler un Hofschauspielerinne. Ehrschter Regisseur war an hehre Feierdäg Conrad Degen un an

gewehnliche Sonndäg Hermann Hendrichs. Des Orchester bestann aus drei Mann: dem Ehrschte Kapell=
meister Lehmann, dem Zwette Kapellmeister Spitzeberjer
un der Ehrschte Vigelin Vombach. Es warn des drei
in der ganze Stadt berihmte musikalische Persönlichkeite
von wege ihre Awendkonzerte im „Rothe Ochse,“ in
der „Dunkel Leucht,“ im „Storch“ beim Mevi, in der
Saalgaß beim Brecht, beim Wilke in der Bennergaß un
am Leonhardsdhor beim Zöller u. s. w.: ihr musikalische
Soireeje außer Abonnemang im Gasthaus zum Rewestock
hatte immer en große Zulaaf, dann bei dene hat die
„Schee Doris“ mitgewerkt, die schee Doris mit falsche
Schmachtlocke, die de Handschuh von Schiller Jedem
higeworfe hat, der besser deklamirn könne wollt als sie.
Chordirekter beim Hoftheater in de drei Säuköpp war e
ehemaliger Dambor beim Frankforter Linjebatalljong un
nachheriger Fettkrämer am Juddebrickelche. Die Bezeichnung Hoftheater is awer dorchaus ernst ze nemme
un hat aach uff kaanerlaa Art von Aamaßung beruht,
dann es is in dene „Drei Säuköpp“ werklich im Hof gespielt
warn, wann des Theater ze iverfillt war. Die Breeter
hawe dann net mehr die Welt bedeut, sonnern die
Blasterstaa im Hof. War des Vardeer ze iverfillt, so
ward des Orchester ausgeräumt: alle drei Stihl. Da
hat's dann, als im Parkett, sechs Kreuzer mehr gekoft.
Die Bihn awer ward zur Gallerie hergericht. Vier
lange Bänk sin druffgange à Blatz drei Kreuzer. Des
Bubblikum awer im Vardeer is vom Herr Hoftheater=
direktor uffgefordert warn, sich erumzusetze un jetz die
Köpp nach der offene Dhir hi zu kehrn. Dorch die offe

Thir dorch hat merr dann in de Hof gucke könne, wo
die Vorstellung stattgefunne hat. All die Sticker, die
bei offener Thir so statt fanne, warn in der Regel
Zugsticker. Aach die Regie wußt sich immer ze helfe,
wann bei große Uffführunge Mangel an Blatz uff der
Bihn war. Der Maler Käsian, der sich for des Hoftheater sehr interessirt hat un de zwaa Dekeratsjons-
maler Reiser un Besem von Sachsehause bei schwierige
Perspektive als zur Hand gange is, hat aach e lokal-
poetisch Ader gehat un hat emal en große Einakter
„Die Rewie am Grinkbrunne" geschriwe. Wilhelm
Sauerwein hatt en daderrzu uffgemundert. „Gucke
Se, Käsian," hat er'm gesacht, „Sie könne so was besser
serdig brenge als wie ich, sonst hätt ich's längst gedhaa.
Awer ich will Ihne en Rath gewe. Sie wisse, daß bei
ere Rewie am Grinkbrunne des Vorjermaasterisch-Zelt
net fehle derf. Weil des awer schont an un for sich
de ganze Raum von dere Bihn beaaspruzht, so kann
merr ja die ganz Rewie, alle die dreidausend Mann
Fußvolk, Gawallerie un Ardellerie mitsammt dem Owerscht
Cognac un seim große Staab un die zehe große Lindebääm mit ihre staanerne Disch un Bänk mit ihre Eppel-
weifässer, in dem Vorjermaasterschzelt unnerbrenge.
Wann da aach der hoch Senat un die Bundesmiledär-
commissjon in großer Uniform ebbes gedrickt wern, des
schaddt nix, dann „im kleinsten Punkte die größte Kraft,"
segt Schiller."

Der Maler Käsian hat den Wilhelm Sauerwein
e bissi mißtrauisch aageguckt un hat dann gesacht: „Merr
braucht ja net die ganz Rewie uff die Bihn ze brenge;

wann von jedem Bataljong nor aa Mann da is, so kann merr sich, wann merr nor ewenst will, e dunkel Vorstellung vom Ganze mache."

„Der Eine Mann von jedem Bataljong leucht merr ei, liewer Käsian," hat der Wilhelm Sauerwein gesacht, „der leucht merr ei; wann merr'm en Schelleboge in die Hand gibt, dhet deß zegleich noch die Badalljongsmusik bedeite."

Der Maler Käsian hat widder e bissi e mißtrauisch Gesicht gemacht un hat dann gesacht: „Des Haaptbedenke bei der Sach mecht merr der hohe Senat, wie ich den in des Borjermaastersch-Zelt breng, ohne daß merrn kennt. Un aach de Major Lukasisch dhet merr gleich an seiner rothe Husarnuniform kenne."

„No, so ziehe s'em e blau aa."

„Ja dann is er'sch awer net mehr!"

„Ei deß wolle Se ja grad hawe!"

Die „Rewie am Grinkbrunne" wär uffgefihrt warn, die Uffihrung is awer leider am Batter von der ehrschte Liebhawerin gescheitert. Die Jungfer Zart, e Mädche aus ere aastännige Familch, hatt sich in dem Stick vom Maler Käsian in en Sappeer bei de Graumänner ze verliewe. Der Herr Major Graumann, wie er zum Major vom Ehrschte Badalljong der freiwillige Stadtwehr-Jnfanterie is ernannt warn, hatt uff Neujahr sei'm Dambormajor un seine zwaa Sapeer Bärnmitze mache lasse von eme Umfang wie e Bienekorb un noch dreimal so hoch. Sapeer mit Belzkappe awer hat außer de Graumänner kaa Frankforter Stadtwehrbadalljong gehat, sogar die Weißbisch net. Der Sapeer Lenz, ehemaliger

Zimmerparlier bei'm Herr Müller am Schaumaadhor un jetz berjerlicher Wagespanner, hat mit seiner mordsjalische Belzkapp sogar bei bedecktem Himmel en Schatte geworfe, als wie e junger Gott in Frankreich. In den Sapeer Lenz awer soll sich die Jungfer Zart in ihrer Roll als Markedentern am Grinkbrunne verliewe, un dann, nach mancherlää Schicksale, unner die aach e gewisser behormelter Sapeer gehört hat, noch am selwige Awend vom Feldkaplan der Frankforter Stadtwehr öffentlich am Grinkbrunne kopelirt wern un zwar im Beisei vom ganze hoche Senat.

Awer der Vatter von der Junfer Zart hat so e Mesalljangs barduh nicht zugewe un hat aa for allemal sein Consenz verweigert. Des Stick konnt also net uffgeführt wern.

Awer es hat sich bald e Erjatz derrfor gefunne un zwar dorch e Stick, das noch im g a n z alte Frankfort gespielt hat; schont 400 Jahr frieher als wie „Die Rewie am Grinkbrunne." Der Maler Käsian war awer net der Verfasser derrvo, sonnern die Charlotte Birchpfeifer; dere hat's der Storch gebracht, des heeßt: Der Ludwig Storch. Die Charlotte Birchpfeifer hat e poetisch Altweiwermihl besotze: hinne hat se alte Romane eneigeworfe un vorne sin neue Schauspiele erausgesprunge. Merr heeßt des in der höchere Kunstsprach „dramatisch bearbeitet." Merr erspart daderrbei die Erfindungskoste. Es gibt awer noch e zwett Art von dramatischer Bearewitung, des is die, wann e Roman odder e Nowell „f r e i bearbeitet" werrd, wie z. B. des „Lorle," bei dem merr der Fraa Charlotte

borchaus nicht beweife kunnt, daß es von Auerbach ge-
berbig war, dann 's kunnt aach von Charlottenborg fei.
Des Stick awer, deß zum Erfaß for „Die Rewie am
Grinkbrunne" im Hoftheater vom Worschtquabier uffgefihrt is warn, des war des „Pfefferröfel," oder:
„Die Frankfurter Meffe im Jahre 14 Hunnert un fo
un fo viel." Dazemal hatt die Frankforter Meff' noch
en Weltruhm. Um fo verbienftvoller war'sch, fo e groß-
arbig Bild in en klaane Rahme ze bringe. Ze Aafang
der Dreißiger Jahr hat die Frankforter Berjerschaft
noch Phandafie befoße un wann fe de Pathorn aagezoge
hat, is err gleich die ganz Stadt nachgeloffe. Un warum
aach net? Ich habb merr emal de Kopp verbroche, wie
merr die ganz Frankforter Promenad vom Owermaadhor
aa bis an's Unnermaadhor uff e Liebhawertheater brenge
könnt. Da hat awer mei Frää zu merr gefacht: „Friß,
was bift de for e dummer Kerl! Stell doch des Guiollet-
Denkmal uff die Bretter, die die ganz Promenad bedeite."

So kunnt merrsch aach mache mit dem Pfefferröfel
uff der Frankforter Meß. Die Intenbanz vom Hof-
theater in de „Drei Säuköpp" hat sich mit de Regiffeur
Degen un Hendrichs net lang berathe un der Erfolg hat's
Werk gekrönt. Des ganze Worschtquabier war eweck
iwer die frappant Ähnlichkeit mit dere Meß aus dem
verrzehte Jahrhunnert mit dere aus dem neunzehte.
Glicklicherweis is aach noch die ehrscht Uffführung vom
Pfefferröfel grad in die ehrscht Meß noch von anno
Dreißig gefalle. Im ganze Worschtquabier stanne iwerall
Meßlade an Meßlade: braus am Maa, uffem Römer-
berg, uffem Weckmark un uffem Garkicheblaß. Un am

Garkicheblatz hat sich aach noch owedrei des Hoftheater
besunne. Un drum hat aach der Herr Hoftheater-Direkter zu
seine zwaa Regisseur gesacht: „Wann dem verehrliche Bubblikum for sei lumbige Sechs Kreuzer unser vier Meßläde
uff der Bühn net genug sin, so kann's in de Zwische-
akte enausgeh un kann sich vom Dhorboge aus die Meß
uffem Garkicheblatz betrachte."

Es hawe sich aach werklich vier Meßläde uff der
Bühn besunne; hiwe zwaa und driwe zwaa. Es hat
deß die Maameß vorgestellt. Im Hinnergrund sah
merr die Brickenau un e Stick von der „Schöne Aussicht." Es war des eigentlich e klaaner geschichtlicher
Verstoß, awer die Hoftheater-Intendanz hat sich mit
Recht gesagt: Solle merr de alte Brickethorn himale un
e Stick von de alte Festungswerke, wer erinnert sich
dere noch? Nor von Dem, was merr alle Dag sieht,
hat merr de beste Begriff.

Von dene vier Meßbude war links die letzt Bud
e borzlanener Peifelade, in dem der Stiwelwichser
Wittlich als Derk saß un aus ere lange Köllische Peif
geraacht hat. Seim große Torban hat's Niemand aageseh, daß er noch vor ere halwe Stunn e Handbuch
war. Dem Peifelade gegeniwer war e Waffelade aus
Damaskus. Da sah merr die kostbarste derkische Waffe;
alles ciselirt und eigelegt Areweit. Es is behääpt warn,
der Waffeschmidb aus Damaskus, der in dere Bud gesotze hat, wär der narrig Schlossermaaster Auerbach, e
stadtbekannt Persönlichkeit, der kinstliche Kohlepanne,
Klufte un Schippe, die er in de Werkstätt von de annern
Frankforter Schlossermaaster un aus dene ihrm Eise for

sich aagefertigt un dann hausirt hat, - awer was Gewisses wußt merr net.

Die ehrscht Bud links vorne war dem Pfefferrösel sei Lade. Es war e echt Nernberjer Mädche, dann des Rösel war Stuwenmädche bei'm Herr Schülein im Nernberjer Hof un hat Bawett gehaaße. Un se hat aach mit werkliche Nernberjer Peffermiß un Leckkuche vom Herr Kahlo aus der Borngaß gehannelt. Ihr zwaa lange blonde Zöpp warn vom Herr Seilermaaster Rentlinger. Se warn vom reinste Werg geflochte. Awer des Pfefferrösel hat e viel ze finster Gesicht gemacht, dann es hat err, wie der Vorhank uffgange is, meim Vatter sei dreizehjähriger Soh zugerufe: „Hu, die Bawett!" Se hat e Gesicht gemacht wie e Würgengel un war doch e Wergengel.

Der ehrschte Lade rechts gegeniwer war e Buchlade. Hie is Heinrich von Eichenfels zur Erkenntniß Gottes komme, daß es nix Scheenersch uff der Welt gewe könnt, als wie die Frankforter Meß mit vier Meßläde uff de Bihn ze brenge.

In der Määmeß awer is der Junker Friedmann von Sonneberg gewimmelt. Er stann an dem Lade von dem Waffeschmidd aus Damaskus un hat e Damascener Kling prowirt. Er bog se iwersch Knie un konnt se dann net mehr grad brenge, dann es war e alt eisern Pleestang un wann so aa emal krumm geboge is, is se eigensinnig.

Des Pfefferrösel hat serchterlich gefalle. Sogar der „Faust" is emal im Hoftheater uffgefihrt warn. Der Herr Hoftheater-Direkter war awer der Aasicht, uff

dem gefchriwene Theaterzettel, der am Dhor von de
„Drei Sänköpp" aageichlage föllt wern, dhet fich der
bloße Titel „Fauft" doch gar ze mager ausnemme,
merr föllt noch ebbes derrzu fetze, un fo is dann uff
de Theaterzettel gefchriwe warn:

Fauft

oder:

Umgang ift des Teufels Ruhbank.

Tragödie in 6 Aufzügen von Johann Wolfgang von Goethe
von Frankfurt a. M.

☞ Das Stück fpielt in hiefiger Stadt. ☜

Dem Herr Hoftheater-Direkter is es in feiner
Eigenfchaft als Schubbkärjer net uff en Schubbkarrn
voll mehr obber weniger aakomme.

Ääch ere Ufführung von „Eginhard und Emma,"
in dere der Hermann Hendrichs den Eginhard, die
Jungfer Zart die Emma und Conrad Degen Karl den
Große gefpielt hat. Wege der Befetzung von Karl dem
Große is es zu enne heftige Ufftritt zwifche dem Hoftheater-Direkter Schubbkärjer un Conrad Degen komme.
Der Herr Direkter war der Määnung, for en Karl
der Große, wie fchon der Name befage dhet, wär der
Herr Degen nicht groß genug; er mißt wenigftens en
gute Kopp größer fei. Da hat fich awer e Sattler-
maafter, der gleichfalls Mitglidd von der Hofbihn war,
eneigemengt un hat gefacht: „Wann der Herr Degen
net de Karl de Große fpielt, fo gew ich mein Schlitte
net vor die Ufführung her!" Un der Conrad Degen,

dem die Bemerkung von dem Sattler gefalle hat, hat gesacht: „Un ich geb des Mehl net for de Schnee!" Dann der Conrad Degen war e Bäcker. Da hat der Hoftheater-Direkter klää beigewe.

Leider hat des Hoftheater bald druff e länger Unnerbrechung erleide misse. Es ward e Ritterstick in einem Akt uffgefihrt. Die ehrscht Scen' is in der gute Ritterstubb uff der Borg Wolfebruch vor sich gange. Der Disch awer in dere Stubb stann dicht an der Wand. Der Herr Inspicient hat awer den Disch aus Versehe so gestellt, daß die Schublad an die Wand komme is. In dere Dischschublad hat sich awer e sehr wichtig Dokument befunne, in dem der Beweis geliwert war, daß das Burgfräulein von Wolfebruch mehr als wie nor ään Vatter gehat hatt, sonnern zwää. So hawe sich im ganze Main- un Rheingau die Ritterfraue erzählt, wann se bei ere große Kaffeegesellschaft beisamme warn. Alles hat die Nase gerimpft, dann das Burgfräulein von Wolfebruch war die Verlobte vom junge Wild- un Rauhgraf Wunibald von Eulehorst. Wie dem seim Vatter, eme sehr ahnestolze un mächtige Ritter, die Sach von dene zwää Vatter zu Ohr komme is, da hat err die Verlowung von seim Soh mit dem zwäädeutige Borgfräulein von Wolfebruch widder rickgängig mache wolle, awer sei Soh, so e wilder un rauher Graf er ääch war, hat doch e menschlich Gefihl vor seiner Braut ihre gar net giftige Mitgift gehat, dann der alte Raubritter von Wolfebruch hatt sich in seim dhatereiche lange Lewe ebbes Ehrliches uff de Landstraße zesamme-gestohle. Der junge Rauhgraf hat sich also uff sei

schnellst Roß gesetzt un is im helle Galopp von Eulehorst nach Wolkebruch geritte. Da hat er sei Braut
Hulda bei Seit genomme un hat zu err gesacht: „Liebe
Hulda, ich bitte dich um Milljonedausendgotteswillen,
sage mir die ungeschminkte Wahrheit: hast de zwei Väter
oder einen? Un da hat die Hulda gesacht: „Liewer
Wunibald, ich habe zwei.“

„Zwei, Hulda? Zwei? So viel kann mein reiner
Stammbaum nicht vertrage, von dieser Last bricht ihm
ein Ast herunter. Lebe wohl auf ewig!“

Da hat awer die Hulda gesacht: „Ach, gehn Se
fort un bleiwe Se noch e bissi da! Ich will derr den
Beweis liefern, welche Bewandtniß es mit dene zwei
Vätern hat.“

„So liefere ihn, wenn du kannst!“

„Das kann ich, hier in dieser Tischschubblade
liegt er.“

„Wo?“

„Hier in dieser Tischschublade.“

Un da is der Wunibald an de Tisch geeilt un
wollt die Schubblad erauszieche. Awer der Tisch hat
gar kää Schubblad gehat.

„Ha! Hulda! ha! ich verstehe dich!“ hat der
Wunibald gekrische un wollt fortsterze. Da hat er sich
awer besonne, daß deß gar net in seiner Roll steh dhet
un hat hinner die Kulisse gerufe: „Wie heißt?“

„Wo is die Schubblad?“ hat jetz ääch die Hulda
in die Kulisse gerufe. „Wo is die Schubblad?“

Der Inspicient is alle Todte gleich uff die Bihn
gesterzt komme un der Herr Hoftheater-Direkter ääch.

„Wo is die Schubblad?" hat der Wunibald den Inspicient aagekrische.

„Wo is die Schubblad?" hat die Hulda gerufe.

„Wo hast de die Schubblad?" hat der Hoftheater-Direkter den Inspicient aagebrillt un hat en vorne an der Brust gepackt.

„Wo is die Schubblad?" hat des ganze Barbeer gejuwelt. „Wo is die Schubblad?" Un e Stimm hat sich vernemme lasse:

„Ich will for mei zwelf Kreuzer mei Schubblad hawe!"

„Die Schubblad odder unser Geld widder eraus!" hat Alles gekrische.

„Mensch, wo haben Sie die Schublade?" hat der Herr Hoftheater-Direkter im reinste Hochdeutsch un sehr ernst zum Inspicient gesacht.

„Hawe Se doch nor en Aageblick Geduld!" hat der Inspicient gejammert. „Nor en aanzige Aageblick." Ich hab ja selbst des Dokement in die Schubblad gelegt. Un wie er des gesacht hat, is er an de Disch gange. Awer der Disch hatt kaa Schubblad.

„Wo is die Schubblad!" hat widder alles im Barbeer gejohlt.

Un da is der Regisseur Degen uff der Bihn erschiene un hat e Aaredd an's Bubblikum gehalte:

„Verehrte Aawesende! Die Schubblad mit dem Dokument is uff e ganz unerklärlich Weis verschwunne. Was awer in dem Dokument gestanne hat, soll Ihne for Ihr gut Geld nicht vorenthalte werden. Ja das Burgfräulein Hulda hat wirklich zwei Vatter gehat, nämlich en rechte Vatter un en Stiefvatter."

16*

„Des glaawe merr net, so lang des Dokement net vorgewisse werrd!" hat e Stimm gerufe.

„Naa, deß glaawe merr net!" hat Alles nachgekrische.

Verehrtes Bubblikum, ich kann Sie uff mei Wort versichern, daß es so ist und nicht anders."

„Merr glaawes doch net!"

Es gab en ferchterliche Tumult. Der Vorhank is gefalle.

„Schubblad eraus!" hat Alles gebrillt. „Schubblad eraus!"

Der Vorhank gung widder in die Heh. Triumphirend stann der Inspicient uff der Bihn. Die Schubblad war gefunne.

Des Stick sollt zu End gespielt wern, wie awer des Burgfräulein Hulda un der Wild- un Rauhgraf Wunibald widder uff der Bihn erschiene sin, hat Alles gerufe:

„Schubblad hoch!"

Die Hulda awwer wollt an ihr Roll widder ankneppe un hat zum Wunibald gesacht: „Das kann ich. Ich will den Beweis liefern. Hier in dieser Schubblad liegt er."

„Schubblad hoch!" hat des Bubblikum gerufe.

Der Wunibald is awer an den Disch geeilt un hat die Schubblad uffgezoge.

„Schubblad hoch! Noch emal hoch! un abermals hoch!" hat Alles widder gejuwelt. Es gab e Gelächter un e Gejux, daß der Vorhank widder falle mußt.

Noch an demselwige Awend hawe der Degen un der Hendrichs ihrn Austritt erklärt.

Un schont im nächste Jahr war der Hendrichs Mitglibb vom Frankforter Stadttheater. Am 21. September 1831 is er zum ehrschte Mal uffgetrete un ward zum Liebling von de Frankforter un war bis zum Jahr 1837 e Zierde vom Frankforter Theater. Un an eme scheene Dag is er nach Berlin verduft un ward am Hoftheater zu eme weitberihmte Darsteller und Heldeschauspieler. Un ääch der Conrad Degen ward speter Mitglidd vom Frankforter Stadttheater un e auserkorner Liebling von der ganze Stadt un war gefeiert als großer Schauspieler.

So sin aus eme Hoftheater im Worschtquardier zwää große Kinstler evorgange.

E Talent des bricht sich Bah.
Mit Drei Säuköpp fängt merr aa
Un gelangt, zur Kunst berufe,
Zu de höchste Ehrenstufe,
Wo aam dhuht der Lorbeer krene
Von dem ewig wahre Scheene.

Die letzt Hochzeit uff dem Pathorn.

Uff dem Pathorn is es in alte Zeite lustiger hergange als wie alleweil. Dazemals hat der Pathorn noch sei alt Kuppel gehat un in dere Kuppel war e rund Säälche mit ringsdicherum Bänk an der Wand, un in dem runde Säälche sin Hochzeite gehalte warn. Deß warn doch noch richdige Hochzeite, wo's unner alle Umstänn un Bewandtnisse immer hoch hergange is. Es

sin deß jetz schon länger als hunnert Jahrn, daß da owe
die letzt Hochzeit stattgefunne hat. Bis dief in die
Nacht enei soll se gedauert hawe, un es muß e sehr
dorschtig Gesellschaft beisamme gewese sei, dann wie des
letzte Fässi Wei all war, hat sich ääner von de Hoch-
zeitsgäst aaheischig gemacht, er wollt drunne in der
Saalgaß aus em „Storch" noch zwaa Vertelkrik Wei
cruffspedirn lasse. Des hat dem Mann um so mehr
Ehr gemacht, weil er grad net der Nichternste von der
ganze Gesellschaft war. So e Gang uff so ere Wenneltrepp von dreihunnert Trappe erunner, als wie die
Wenneltrepp vom Pathorn e Wenneltrepp is, is nicht
Jedermanns Sach, zemal bei ere schont ebbes uffgeregte
Gemiethsstimmung. Die Nacht ist keines Menschen
Freind nicht, geschweihe in alte Thern mit Hexetreppe.
Der Mann hat zwar e Latern mitgenomme, awer grad
so ebbes mecht die Sach nor noch unhäämlicher, dann
so e Latern werft aam sein Schatte widder die Wand
un der huscht dann newer am her so ere Wenneltrepp
erunner, un uff so ere staanern Wenneltrepp da hallt
jeder Tritt den merr dhut. Un immer so spiralförmig
so ere Trepp erunner, wann merr ohne deß schont e
bissi schwinnelig is im Kopp, da werrd merr nor noch
immer schwinneliger. No, alle Regard, der Mann hat
sich zesammegenomme, bis er an's ehrscht Glockehaus
komme is. Nor sei Schatte newe an der Wand, der
immer neweher geschluppt is, hat en e bissi ängsterlich
gemacht, er hat awer gedacht, bere Hack wern ich gleich
en Stiel finne, un hat sei Latern aus der rechte Hand
in die link genomme. Awer da hat er jetz sein Schatte

uff der annern Seit gehat. Waart' hat er gedacht, ich
kriehn dich, un hat die Latern iwer sein Kopp gehalte.
Jetz awer is sei Schatte uff Händ un Fieß vor em der
Trepp enunner gekrawelt, wie e groß mächtig Unk.
Da hat er doch e bissi Ehme krieht. Daderrzu kam
derr aach noch aus dem Glockehaus, wo des Uhrwerk
von der Pathornsuhr war, des laute un gelle Ticktack,
Ticktack, un als nu gar des Schlagwerk hat ausgehowe
un der Flichel hat gesaust un uff aamal hat die Schlag-
glock aangefange: Bumm! bumm! bumm! Da is em for
Schrecke die Latern aus der Hand gefalle un is ver-
losche. Un wie awer ehrscht die groß Glock hat aangefange hat ze dunnern: Bumm! bumm! bumm! Da
hat er im Stichedunkele uff dere Wenneltrepp dagestanne
als wie verstaanert. Awer net lang, dann es hat em
Ebbes in's Gesicht gefühlt, als wie mit kalte klewerige
Finger, un gleich hat em Was hinne in's Gnick en
leichte Stumper gewe. „Alle gute Geister lowe Gott
de Herrn!" hat er gestehnt. Ach was war deß? Was
es war, hat err nadierlich net sehe könne, dann daderrfor
war'sch ze dunkel. Wer denkt aach gleich an Speckmäus?
Dabraa hat aach der Mann net gedacht in seine Aangste,
sonnern an ebbes Annerscht, deß heeßt, er is uff Händ
un Fieß widder der Wenneltrepp enuff gekrawelt, an-
statts erunner in die Saalgaß un in de „Storch." Un
er is aach soweit widder ganz glicklich enuff uff die
Pathornsgallerie komme. Wie er awer drowe war, is
er widder batziger warn, un der Dorscht hat sich widder
in em geregt. Er hat enunner uff de Weckmark geguckt
un nach der Saalgaß un hat im Storch noch Licht

geſeh. Un da is e großer Gedanke in em uffgeſtiche, e Gedanke, den em e beeſer Geiſt muß eigeblaſe hawe, wie ſich's ja manchmal treffe dhut, daß der Menſch in ſeine beſte Vorſätz errgeleit werrd. Jacob, hat err zu ſich ſelwer geſacht, ja Jacob, des dhuſt de! Un der Jacob hat ſich in dem Patherner ſei Wohnſtubb geſchliche, un da hat glicklicherweis noch e Jnſchellicht gebrennt, ſonſt hätt er net gleich des große Sprachrohr geſeh, des hinne in der Eck geſtanne hat. Da ſtann's, un iwer dem Sprachrohr an der Wand hat die Trombeet gehonke, die der Patherner morjens um zehe n'Uhr bleſt, wann's Meentzer Markſchiff abgeht un middags um Vier, wann um e Stunn ſpeter des Meentzer Markſchiff aakummt. Awer die Trombeet hat den Jacob weniger intreſſirt als wie des Sprachrohr. Un deſſentwege hat ääch der Jacob die Trombeet ruhig an der Wand henke laſſe un hat ſich mit dem große Sprachrohr begnigt. Der Patherner hat's alleweil doch net gebraucht, dann der hat im runde Säälche nach dem Klang von zwää Geic eu Reige gepfloge mit ere Kranzeljunfer aus der Bennergaß. Der Jacob hat alſo, bei all ſein Hormel, den er gehat hat, des große Sprachrohr uffgepackt un is mit enaus uff die Pathornsgallerie.

Im runde Säälche is grad die Melodie geſpielt warn:

> „Wenn ich auf der Schildwach ſteh',
> Leb' ich ohne Sorgen."

Da hat der Jakob dorch deß große Sprachrohr enunner uff de Weckmark un nach dem „Storch" zu geruſe: „Noch e Fäſſi Wei! Noch e Fäſſi Wei! Noch e Fäſſi Wei!"

Es is merkwerdig, wie so Ebbes in ere Stadt, wo
alles in de Better leit un schläft, gleich unner die Leut
kimmt! Wann der Jakob noch Feuerr gerufe hätt, no
in Gottes Name, awer daß merr in ere stille ruhige
Nacht net emal dorch e Sprachrohr vom Pathorn erunner
rufe kann: „Noch e Fässi Wei!" ohne gleich hunnert
von neuschierige Leut an die Fenster zu locke, Leut in
de bloße Hember odder heechstens noch e Betzel uff odder
e Nachthaub, deß is in ere Stadt, die aach noch e berihmt
Hannelsstadt un Krönungsstadt sei will, kaa Art net.

Un wie's dann jetz in der ganze Nachberschaft
ringsdich um de Pathorn erum an alle Fenster is
lewendig warn un Alles hat gerufe: „Wo is es dann?
Wo brennt's dann?" da wollt en der Jacob grad
widder erunner rufe: „Halt's Maul!" Da hat en
awer der Patherner schont von hinne gepackt un hat en
von der Galleriebristung eweckgerisse un hat em des
Sprachrohr entwunne.

„Gott verdamm mich! Was mache Se dann do?
Sie gottverblitzt Volleul! Sie brenge ja die ganz Stadt
in Allarm! Was e Unglick! Was e Unglick!"

Drunne awer in der Saalgaß hat merr schont rufe
hörn: „Feuerr! Feuerr!" Un von alle Seite is es ebei-
geloffe komme uff de Weckmark, un in ere ganz un-
glääblich korze Zeit hawe da unne Hunnerte von Mensche
gestanne un hawe nach dem Pathorn enuff gerufe: „Wo
is es dann? Wo brennt's dann?"

„Ach, was e Unglick! Was e Unglick!" hat der
Patherner lamendirt: „Ich komm um mein Dienst! Ich
komm um mei Brod!"

„Wo brennt's dann nor! Wo dann?" hat's in ääm fort vom Weckmark eruff gerufe."

Un die Leut ze beruhige, hat der Patherner dorch's Sprachrohr erunner gerufe: „'s war Spaß! 's war Spaß!" Es is em in der Angst nix annerscht eigefalle.

Awer die drunne uff dem Weckmark hawe verstanne: „Fahrgaß." Un uff äämal hat alles gekrische: „In der Fahrgaß! Feuer in der Fahrgaß!" Un Alles is fortgesterzt nach der Fahrgaß.

„Feuerrr in der Fahrgaß" hat's von alle Seite gerufe. Un jetz hawe sich schont die Dambor hörn lasse: „Eraus, eraus, ihr Lumpehund! Eraus! eraus! eraus!" Un bald druff hat merr aach die Spritze rassele hörn.

E blinder Feuerlärme war in Frankfort schont seit de älteste Zeite aans von de größte Verbreche, sowohl bei der Borjerschaft als aach bei'm gesammte Hohe Rath, un vorab e blinder Feuerlärme bei Nacht. Dann alles hat sich gesacht, wann der Berjer Nachts aus sei'm beste Schlaf un aus sei'm waarme Bett erausgesprengt werrd vor nix un widder nix, un es soll dann net emal werklich brenne, deß brauche merr uns net gefalle ze lasse.

Dem Jakob wär'sch aach e Vertelstunn schlecht gange, wann nicht sei Mutter, uff Aarathe von der Fraa Stadttrombeter Schnettern, dere e Engel im Traam erschiene war, en Fußfall vor der Frää Stadtschultheiß gedhaa hätt. Nääch der Patherner is mit eine strenge Verweis derrvo komme, dann die Frää Schöff von Glauborg, bei dere ihre Eltern schont seiner erschte Frää ihr Stiefmuhm gebichelt hat, hat dem Herr Owerscht-richter de ganz richtige Fingerzeig gewe, der Patherner wär bei dere Sach doch gewiß die unschuldigst Person,

dann dorch Quadderſtää könnt Niemand gucke un alſo
ääch net dorch die dicke Wänd in dem runde Säälche
von dere Pathornskuppel könnt Niemand ſeh, was draus
uff der Pathornsgallerie vorgeh dhet.

Um awer der ewige Gerechtigkeit e Satisfakſjan
ze gewe, dorfte von Stunn aa kaa Hochzeite mehr uffem
Pathorn gehalte wern.

Die Frau im ſchottiſchkarrirten Mantel.

Der Gaſthalter zum Rebſtock un ſei Freund Fleiſchmann, ewefalls e Gaſthalter, hawe bei ihre häufige
Spazierfahrte in die Umgegend von Frankfort zuweile
ääch des Nitzliche mit dem Aagenehme verbunne. So
ääch emal an em ſcheene ſonnige Nachmibbag im März 1830.
Sie wollte des Widdererwache der Nadur genieße, dann
in ihne ſelwer war widder ebbes erwacht, was ääch ſehr
genießbarer Art war, nemlich die Sehnſucht nach e paar
billige Schwartemäge. Bei de Metzker in Berje, odder,
wann Se's liewer hörn: in Bergen, war des Pund um
drei ganze Kreuzer wolfeller als wie in Frankfort, un
bei zwanzig Pund hat deß ſchont en ganze Gulde aus-
gemacht. Deß hat ſich freilich e Fahrt mit ere Einkehr
in Bernem un e Rickfahrt iwer die Määkur, Fechenem
un Ofebach verlohnt. Mit de Rääjeſpeſe hat ſo e Schwartemage heechſtens dreimal ſo viel gekoſt als wie bei em e
Frankforter Metzker. Awer in bere damalige Zeit, wo
die Frankforter Metzkerzunft noch in ihrer volle Blith
ſtand un uff jed Loth Flääſch, deß de Stadtbhorn erreikam,
verſeſſe war, als wie der Deiwel uff e aarm Seel, hat

des Schmuggele for en richbige Frankforter Berjer en ganz absonnerliche Reiz gehat.

An dem besagte scheene Märznachmiddag hat sich der Gasthalter Fleischmann schont bei Zeit im Rewestock eigestellt. Es war noch net Zwää un die Dameldhöte war grad ze End.

„Hör' emal, Friderich", hat der Herr Fleischmann zum Gasthalter zum Rewestock gesagt, „wie wär'sch, wann merr nach Berje fahrn dhete? Der Flister", — so hat nemlich der Gastwerth zur Sonn uff der Zeil gehääße, — „hat sich gestern in Berje drei staatsmäßige Blunze geholt. Ich sag Derr, e Worscht, ich habb se versucht, so kriehst De in ganz Frankfort kää an der Schern: se is merr wie Butter uff der Zung vergange. Merr hawe lang net geschmuggelt, wääß Gott, es is merr seither ordentlich nachgange."

Un da hat der Gasthalter zum Rewestock in sein waldbecker Dialekt gesacht: „O, lieber Franz, dem Kummer ist abzuhelfen!" Un daberrmit hat err der Gaststuwedhir enausgerufe:

„Andrees! Anspannen!"

E Vertelstunn später sin die zwää Gasthalter schont dem Friberjerdhor enaus gerassel. Die zwää Braune warn heut besonnersch muthig un hawe in dere frische sonnige Märzluft gekräht wie die Hahne. In zehe Minute warn se schont in Bernem bis am Pflug seim Gaarte. Der Andrees wollt da aahalte, awer der Herr Fleischmann hat em zugerufe: „Weiterr!" Dann die zwää Gasthalter hawe sich nicht viel aus Eppelwei gemacht. Also: weiter! Am Goldene Löwe, bei'm Matern, vorbeizefahrn, ist de zwää Gafthalter zwar schwer aakomme, awer se hawe's doch bis zum Schitzehof gebracht. Awer hie, bei'm alte Rühl, mußte se doch ere Bodell Forschter 27er Gunn Dach sage. No, die war bald drunne, un dann gungs widder weiter im scharfe Trabb nach Berje. Dort sin se dann in der Scheene Ausficht eigekehrt.

„Erst das Geschäft und dann das Vergnügen!" hat der Gafthalter zum Rewestock gefacht, un war der Määnung, merr söllt ehrscht die Schwartemäge kääfe un dann ehrscht Ebbes genieße. Dere Aaficht war jedoch der Herr Fleischmann nicht. „Daderrfor haw ich zu viel Dorscht!" hat err gefacht. Die zwää Gafthalter hawe also zuehrscht e Bodell Forschter 27er getrunke, um bei der Sort un dem Jahrgang ze bleiwe, hawe e Portzjon Schwartemage gesse, der en ganz vorzieglich geschmeckt hat, un hawe dann noch e zwett Bodell Forschter getrunke. Dann sin se zum Metzker gange. Statt zwanzig Pund hawe se dreißig genomme, dann der Herr Fleischmann hat so gerechent: Je mehr merr Worscht nemme, desto mehr komme merr unsere Rewekoste bei. Also: Dreißig Pund. Wie die im Kutschekaste wohl verwahrt un mit Heu bedeckt warn, sin die zwää Gafthalter eigestiche, un der Herr Fleischmann hat dem Kutscher zugerufe:

„Andrees, iwer die Määkur un Fechenem nach Osebach!"

Un fort gungs widder im scharfe Trabb nach der Määkur zu. An der Määkur vorbeizefahrn, wär unrecht gewese. Die zwää Gafthalter hatte ihrn alte Freund Petermann in wenigstens acht Däg net gefeh. Also

widder e Bodell Forschter 27er. Mittlerweil war'sch
e bissi kihler warn un der Gasthalter zum Reweflock,
der zu Rhevmatismus geneigt war, hat vom Andrees
des Vorderdeck an der Kutsch aabrenge lasse. Dann
gungs widder weiter iwer Fechenem un die Pappelallee
nach Ofebach.

Wie se iwer der Ofebächer Schiffbrick driwe warn
un der Andrees von wege dem Brickegeld still hielt,
hat err bei dere Gelegenheit sein Herr gefragt: „Herr
Stolze, wo fahrn merr hie?"

„Was e dumm Frag!" hat awer da der Herr
Fleischmann gesacht, „wo annerscht hie, als wie zum
Weinreich. Des werrscht de von vorgeftern noch wisse,
wo deß is!"

„Ganz wohl!" hat der Andrees gesacht: „in der
Herrngaß." Un dann hat err mit der Zung geschnalzt
un fort gungs widder im scharfe Trabb nach der Herrngaß zum Weinreich. Es war schont zwische Licht un
Dunkel. Die Lichter hawe schont iwerall gebrennt.

Wie der Andrees am Weinreich seim Haus an der
hoche Trepp gehalte hat, is zeehrscht der Gasthalter
zum Reweflock ausgeftiche un der Trepp enuff un hat
sich dann drowe nach seim Freund Fleischmann umgeseh.
Der awer war e paar Häuser weiter gange, wo e Metzker
gewohnt hat un hat sich da e geschlacht Sau betracht,
die ihrer ganzen Läng nach an dem Metzkerschhaus hing
un zwar mit de Hinnerbää an zwää Haake un de Kopp
unne! Se war schont ausgenomme un der Leib ftann
err uff. Dem Herr Fleischmann schien die Sau sehr zu
gefalle un err hat sich immer mehr in ihr Betrachdung verdieft.

„Franz! wo bleibſt Du denn?“ hat em der Gaſt=
halter zum Rewestock zugerufe.

„Fridderich, komm emal her!“

„Nun was gibt's?“ hat der Gaſthalter zum Rewe=
ſtock geſacht un is widder der Trepp erunner un zu
ſeim Freund Fleiſchmann.

„Guck nor emal hie die prächdig Sau. Merr kennt
eueibeiße, ſo appeditlich hängt ſe da. Du, wie wärſch,
wann merr die mit nach Frankfort nemme dhete. Es
gäb en Haupt Kiwick. So wärn die Flääſchviſedater
am Affedhor lang net geuhzt warn.“

„Die ganze Sau? Warum nicht gar! Wie wollten
wir die im Wagen unterbringen.“

„Deß ſin mei Sorje! Ich habb derr da en Ge=
danke, Fridderich, ich ſag derr en Gedanke! Net mit
Geld ze bezahle! Merr ziehe die Sau aa als Frauen=
zimmer. Die Frää Weinreich lehnt uns en Rock un en
Hut mit eme Schlajer, un dann ſetze merr die Sau zu
uns in die Kutſch uff de Rickſitz, ich ſetz mich newer ſe
un umſchling ſe mit meim Aarm, daß ſe net erunnerritſcht.“

„Ein toller Einfall! Aber er gefällt mir. Wenn
wir mit dieſer Schweine=Madam in den Rebſtock kommen
und führen ſie links und rechts am Arm in's Gaſt=
zimmer, ſo gibts einen mords Spaß.“ —

„Abgemacht!“ hat der Herr Fleiſchmann geſacht un
is in ääm Vergniege euei in's Metzkerhaus.

Mit dem Metzker war err bald hannelsäänig. Un
jetz hat ſichs nor noch um die Toilett for die Sau gehannelt.

Wie die Frää Weinreich von der Sach gehört hat,
hat ſe laut uffgelacht, war awer gleich bereit, die nethige

Klääbungsstiker herzeleihe. Die worde dann entwer
zum Metzler geschafft un in dem seim Lade ward dann
die Sau von zwää Metzlerborsch aageklääbt: En alte
wollene Unnerrock un dann e schwarz Merinoklääd mit
offene Ermel, die der Sau e bissi zu lang warn, was
awer gut war, dann se hawe die zwää Säupote bedeckt,
un iwer des Klääd en schwarz- un rothkarrirte schottische
Mantel. Uff de Kopp awer krag die Sau en groß-
mächbige Pamelahut mit eme lange Schlajer, wie se damals Mode warn.

Wie die Sau so völlig aageklääbt un dicht verschlajert war, mußt der Andrees mit der Kutsch so nah
als meglich an die Ladedhir fahrn, un so ward dann
die Sau net ohne Mih von de zwää Metzlerborsch in
die Kutsch gebracht un ääner von de zwää Metzlerborsch
hat sich vorderhand newer se gesetzt un hat se gehalte.

Seelevergniegt sin dann die zwää Gasthalter widder
der Trepp enuff zum Weinreich un ließe sich e extra
Bodell komme. In der Werrthsstubb trafe se zwää
Herrn, ewefalls Frankforter, die sehr freindliche Gesichter
machte un kaum des Lache unnerdricke konnte, was awer
dene zwää Gasthalter net weiter uffgefalle is. Zudem
sin die zwää Frankforter bald widder fort; sie hatte
ewefalls ihrn eigene Wage bei sich.

„No, Fridderich," hat der Herr Fleischmann gesacht
un hat sei Glas vollgeschenkt: „Komm! Aagestoße!
Glick uff die Fahrt! Jetz trinke merr noch e Bodell
un dann uff nach Valencia mit der Madamm."

Wie die zwett Bodell geleert war, sin die zwää
Gasthalter uffgebroche. Der Herr un die Frau Weinreich

hawe se bis an die Kutsch begläädt. Un wie die Frää
Weinreich in die Kutsch eneigegugt hat, un sah da die
Sau sitze, dicht verschlajert un im rothkarrirte schottische
Mantel, hat se en laute Krisch gedhaa.

Der Metzkerborsch hat so lang die Sau gehalte,
bis der Herr Fleischmann newer rer Blatz genomme un
se zärtlich mit sei'm Aarm umschlunge hat, dann is der
Metzkerborsch ausgestiche un der Gasthalter zum Rewestock stieg ei.

Der Andrees hat mit der Zung geschnalzt un fort
gungs im scharfe Trabb.

„Andrees! Gottverdammmich, net so geschwind uff
dem Plaster! des Dos von Mamesell mit ihrm Schlajer
un ihrm Federhut die is sonst gar net ze halte: se
hippt in die Heh, als wollt se danze!“

Draus vor Osebach uff der Chaussee hat sich die
Sau ebbes ruhiger verhalte, desto mehr awer hat se
widder in Owerad gehippt un gewackelt.

Wie die Kutsch von der Osebacherlandstraß in die
Darmstädterlandstraß eingeboge is un es is jetzt direkt
uff's Affedhor zugange, hat der Gasthalter zum Rewestock
dem Andrees „Halt!“ zugerufe.

„Was is?“ hat der Herr Fleischmann gesacht.

„Das will ich Dir sagen, Franz. Mir ging die
ganze Zeit über im Kopf herum, weshalb die zwei
Frankfurter Herrn, die wir bei Weinreichs trafen, so
lustige Gesichter gemacht haben. Ich befürchte, die Frau
Weinreich hat ausgeschwatzt, und die Herren können uns
möglicherweise einen Possen spielen und haben dem
Visitator am Affenthor die Sache gesteckt.“

„Meenst De?"

„Ich halte es also für gerathener, wir fahren, anstatt zum Affenthor zum Schaumainthor herein."

„Da hast de Recht, Fridderich."

„Andrees!" rief der Gasthalter zum Rewestock dem Kutscher zu, „wir fahren durch die Schifferstraße zum Schaumainthor herein. Hörst Du! dem Schaumainthor!"

„Ganz wohl."

Dorch des Schaumäädhor kame dann ääch die zwää Gasthalter mit ihrer Madam glicklich un unaagefochte nach Sachsehause enei un dorch die Löhrgaß un iwer die Sachsehäuser Brick in die Fahrgaß un von da in Rewestock.

No, den Halloh, wie die zwää Gasthalter mit dere Madam in der Mitt in die gefüllt Gaststub eneitrate un der Herr Fleischmann hat dere Sau de Schlajer vom Gesicht eweckgezoge!

Mittlerweil hat sich ääch am Affedhor ebbes zugetrage. Der Darmstädter Landstraß erunner war e zwääspännig Kutsch gefahrn komme un in dere saße zwää Herrn un e Dam, die Dam awer war dicht verschlajert un hatt en schwarz- un rothkarrirte schottische Mantel aa. Es warn dorchaus aaständige Leut aus guter Frankforter Familie.

Wie un die Kutsch dem Affedhor ereisahrn wollt, is der Flääschvisebater, der da von dem Frankforter Metzkerhandwerk aagestellt war un sich net besonnerscht dorch iwertriwe Höflichkeit ausgezeichent hat, dene zwää Pserd an der Kutsch in die Zichel gefalle un hat dem Kutscher zugerufe: „Halt!"

Deß war bereits der achte Zwääspänner, dem des an dem Awend bassirt war.

Uff des „Halt!" hi, hat ääner von dene zwää Herrn, die in der Kutsch saße, de Kopp erausgesteckt un hat gesacht:

„Was geht vor?"

„Deß wolle merr gleich seh," hat der Visedater geantwort; „dhun Se emal e bissi Ihrn Kopp eweck, dann Se sin net dorchsichbig, un lasse Se mich emal in die Kutsch eneigucke!"

Un wie der Herr sein Kopp zerickgezoge hat, da is der Visedater dicht an de Wageschlag getrete un hat in die Kutsch eneigeguckt. Un wie err da die dicht verschlajert Dam in ihrm roth- un schwarzkarrirte schottische Mantel geseh hat, da hat err gerufe: „Aha, hawe merr dich, Verschi!"

Un da hat der Herr in der Kutsch gesacht: „Was soll denn das heißen?"

„Was deß hääße soll? Ausgestiche! Alleh! Geschwind!"

„Fällt uns nicht ein!" hat der annere Herr gesacht.

„Gottverdammmich! Wolle Se eraus odder net? Ich laß Ihne hic uff de Dobsch arrebirn. Eraus, sag ich!"

„Gut," sprach der ääne Herr, „ich steige aus, das Weitere wird sich finden."

„Is schont gesunne!"

„Was soll denn das nur bedeuten?" sprach der annere Herr un stieg ääch aus.

17*

„Die Sau muß ääch eraus!" hat der Visedater gekrische. „Die Sau muß ääch eraus!"

„Wie können Sie sich unterstehen und eine anständige Dame so beleidigen?" hat der ääne Herr in der greeßte Entristung gesacht.

„Ja, wie können Sie sich das unterstehen?" hat der anner Herr gerufe.

„Die Sau muß eraus, deß hilft all nix!"

„Karoline, steige aus!" hat der aane Herr zu der Dame gesacht. „Mit diesem Schlüffel wird die Polizei schon fertig werden."

„Was geht denn nur vor?" ließ sich in der Kutsch e Silwerstimmche vernemme un gleich druff stieg die Dam aus der Kutsch.

Der Flääschvisedater stand da als wie vom Dunner gerihrt. Awer err hat bei alledem immer noch e unglääbig Gesicht gemacht, als wann er denke dhet: is es kää geschlacht Sau, so is es vielleicht e lewendig.

Un wie err so dagestanne hat, hat die Dam ihrn Schlajer zerickgeschlage un e wunnersche Gesichtche kam zum Vorschei.

Un da hat der Visedater sehr demithig gestammelt:

„Ach, entschuldige Se vielmals, ich hab gemeent: Se wern e —."

Der Sperrbaße. *)

Jn de Dreißiger Jahrn war emal in Frankfort e
junger Schmibbsgesell, schlecht un gerecht, awer mit wenig
baar Geld. Desto mehr hat awer seim Schatz ihr
Vatter besotze. Awer der wollt mit seim scheene Döch-
terche, dem Willche, höher enaus, dann er hat uffem
Sprung gestanne, Rathsherr ze wern, un so e rusiger
Schmibb als Schwichersoh, des wär in dem Lappe von
seim Wappe e schwarzer Flecke gewese. Nor net! Awer
des Willche hat net von ihrm Schmibbgesell, ihrm
Schang gelasse, un hinner dem Ricke von ihrm Vatter
hat se dann sehr öfters ch mit ihrm Schatz e Rande-
wuhche gehat. So ääch e mal an eme scheene Sommer-
awend vorm Allerhelljedhor. Se hat en e bissi waarte
lasse, dann se kunnt net immer so abkomme wie se wollt.
Die Weckwääs vor'm Allerhelljedhor an der Promenad
dhat schon ihr Sache eipacke, ihr Kimmelweckercher un
Eppelranze, un des Willche war noch immer net da.
Jhr Schang is schont ganz ungeduldig uff un ab gange
un hat vor sich higesacht: Was deß widder for e Anse-
bleiwens is! Endlich is dann des Willche komme, un
zwar mit e bissi verstennte Äägelcher. Un da hat der
Schang ganz läädmithig zu err gesacht: „Net wahr,
lieb Willche, merr sölle uns net kriche?“ Un da hat
awer die Willche gesacht:

*) Skizze zu einem dreiaktigen Lustspiel, das indeß nur zu einem kleinen
Theile ausgearbeitet worden ist. Anm. d. H.

No sei zefridde, liewer Schang,
Die Sach geht ihrn geweiste Gang,
Mei Vatter is nu aamal so,
Merr kriehn uns doch noch! —

Schang.

Wann? un wo?
Er hat dei Hand merr abgeschlage
Un rund eweeker, so ze sage!

Willche.

Merr muß net gleich verzweifle wolle,
Net gleich so mit seim Schicksal grolle,
Mei Vatter hat sei Laune zwar —

Schang.

Un aach sei Raube! Deß is wahr,
Un is aach, wann er sich verstellt,
Der beste Mann uff dere Welt.

Willche.

Du dhust em Unrecht! Von Gemieth
Is er die Gutheit selbst und Giet.

Schang.

Schuhnägel frißt er kaa, un geht
Net an die Lichter.

Willche.

Wann er'sch dhet,
Wär' er e Narr. Aach du frißt kaa.

Schang.

Wann's gleich mißt sei, dann freilich: Naa!
Wie hat der Mann mich aageschnauzt!
Waaß Gott, es war schont mehr gegauzt.
Mei baade Ohrn, se sumse noch.
Ich bin derr, Gottverdamm mich, doch
Net jung worn hinner ere Heck!
Mei Mutter aach hat Pilf un Deck
Noch for ihr Kind in ere Wiech,
Un, waaßt de, ich sein aach von Hie
E hiesig Kind, echt wie e Perl,
Kaa fremder, eigeplackter Kerl,
Un hätt ich gleich de Dod derrvo
Ich weich em Borjermaasterschsoh
Net aus un wärsch e Wage Holz,
Mei Borjerrecht des is mei Stolz.
Was hat dei Vatter gege mich?
Will ich sei Geld? Dich will ich, dich!

Des Willche hat die greeßt Mih gehat, ihrn Schang
widder ze beruhige. Un da hat der Schang zu err gesacht:
„No, von wege warum biste de dann vorhint mit so verflennte
Aage komme?" Un da hat des Willche zu em gesacht:
„Ich will derrsch uffrichdig sage, liewer Schang. Ich
hatt erfahrn, daß der alt Sengnater Schwarzrock, e Witt-
mann mit zwaa Döchter, von dene die jingst mei Mutter
sei könnt, Absichte uff meim Vatter sei Batze hätt un
um mei Hand aahalte wollt. Un mei Vatter soll sich
daderrdorch schont im voraus sehr geschmeichelt gefihlt
hawe, dann der Herr Sengnater hätt aach noch en
Rathsherr vor mein Vatter im Sack."

Un da is der Schang ganz schloßeweiß im Gesicht warn un hat gesacht: „Ach Gott, da hawe merrsch
ja!" Des Willche awer hats em widder ausgeredbt.
Er söllt nor zefridde sei, sie dhet net von em lasse.
Un ihr Mutter wär uff ihrer Seit, des wollt sem
nor sage:

> Se hätt e Herz, so waach wie Butter
> Un wär die prächdigst —

Schang.

Schwichermutter.

Willche.

> Des werrd se! Awer wann se's soll,
> So laß emal dein ääbsche Groll!

Faß derr e Herz un gebb meim Vatter noch emal
e gut Wort. Er is kaa Unmensch nicht. Faß derr e Herz!

> Is net dei Lieb zu merr verdorrt
> So gebb meim Vatter e gut Wort!

Schang.

> Mei Lieb verdorrt! Was Threne kost
> Un Aagewasser, blüht un sproßt.
> Em Herz, wo Dhau un Rege fällt,
> Geht's wie de Blumme in der Welt:
> Es wächst un wächst in seiner Lieb
> Un treibt noch e Johannisblith.
> Mei Herz verdorrt! Wer sitzt hie drei
> Im Herze? Wer kann's annersch sei,
> Wer guckt de Aage hie eraus?
> Siehts net als wie mei Willche aus?

Willche.

Mei liewer, liewer, liewer Schang!
Ich lieb dich all mei Lewe lang,
Es reißt von dir mich Niemand los
Kaa Noth, kaa Unglick noch so groß!
Mei liewer Schang, gebb nix verlorn!
Was jor enanner is geborn,
Des trennt kaa Gott, sonst hätt er'sch net
So anenanner fest gekett.

Schang.

Komm an mei Herz! Ich schwör derrsch hie,
Schont morje un in aller Frih
Soll mich dei Vatter bei sich seh!

„Deß kann heint Awend schont gescheh!“ hatt sich
uff aamal e Stimm vernemme lasse, un der Herr
Schneidermääster Läppche, dem Willche sei Vatter, hat
vor en gestanne un ääch die Frää Läppche, der Willche
ihr Mutter.

Willche.

Mei Vatter! Ach du liewer Gott!

Läppche.

He? haw ich dich, du grigehl Krott
Emal erwischt uff deine Schlich?

Frau Läppche.

Du waaßt ja doch, se liewe sich!
Er meents ja brav, un is e Mann,
Dersch noch ze ebbes brenge kann!

Schang.

Des kann ich! All mei Herz derrzu!

Frau Läppche.

Sei doch net so!

Läppche

Laß mich in Ruh!

Der Herr Läppche hat sich awer immer mehr in
Zorn enei geredbt un hat dem Schang Sache gesacht,
die widder de Mann gange sin. Un zeletzt hat erm
gar noch en Lump gehääße. Da is awer dem Schang
die Laus iwer die Lewer geloffe un er hat gesacht:
„Selbst Lump!" Un des Willche hat lamendiert:

Ach, Vatter! Schang! Ach, Mutter! ach!

Frau Läppche.

Jetz hat die ganz Geschicht de Krach!

Schang.

E Lump? Ich sein aus Rand un Band!
E Lump? Sein ich als Lump bekannt?
E Lump? E Lump? Von so 'me Tropp
Mit nix als Schmuhlappe im Kopp!

Läppche.

Es hat gesotze deß un wie!

Schang.

O Sie aarmseliger Gaasbock Sie!

Willche.

Ach Schang! ach Schang! ach Schang! ach Schang!
Ach, Vatter!

Läppche.

Gehst de merr, du Schlang!

Jetz warsch aus. „Naa," hat der Schang gekrische,
„naa, en Mann so ze behannele! Bin ich e Lump?
No, awer Sie kriehn Ihrn Loh derrfor! Waarte Se
nor, Sie kriehn Ihrn Loh derrfor. Ihne trifft doch
noch die Stadt! Mit Schimp un Schann wern se noch
der Stadt enausgeworfe!

> Mit Schimp un Schann, de Rock verrisse
> Wern Se der Stadt enausgeschmisse!"

Da hat sich awer der Herr Läppche bolzestrack uffgericht
un is dicht vor de Schang higetrete un hat gesacht:
„He, Berschi, wann de deß erlebst, daß ich in Schimp
un Schann der Stadt enausgeworfe wern,

> Bei Gott, armselig Kreadur,
> Bei Gott, des is mei hechster Schwur!
> Erlebst de deß bei Hitz un Kält —
> Ich will e Schuft sei vor der Welt,
> An alle Glidder krumm un schepp,
> Wann ich derr net mei Dochter gebb!"

Un dann hat er sei Fraa un sei Dochter am Aarm ge=
faßt un is mit en eniwer uff die anner Seit von der
Promenad un war bald in der Dunkelheit mit en ver=
schwunne, dann die Sonn war schont unnergange. Am

Allerhelljedhor awer hat sich Trommelschlag vernemme
lasse, dann 's war die Zeit der Dhorsperr komme. Un
wie der Dambor getrommelt hat, da is Alles, was noch
draus vor dem Dhor war, der Stadt zugeströmt un
hat sich geeilt, dann Niemand hat geern en Sperrbatze
bezahle wolle. Der Dambor hat immer noch getrommelt
un is am Allerhelljedhor in der Promenad uff un ab-
gange, un die Buwe sin hinne drei gange un hawe
gesunge:

> Ebei, ebei, wer Batze hat!
> Wer Batze in de Datze hat
> Ebei! ebei! ebei!
> Ebei, ebei wer Batze hat,
> Wer Batze in de Datze hat,
> Un hast de kaa: o weih!

Alles is ebeigeströmt, nor der Schang hat dagestanne
wie festgenagelt un hat nach dere Gegend higestarrt, wo
sei Willche mit ihrm Vatter un ihrer Mutter in der
Promenad verschwunne warn. Awer se war noch gar
net sehr weit. Wie ihr Vatter den Trommelschlag gehört hat, is er mit seiner Frää un seiner Dochter widder
zerick nach dem Allerhelljedhor zu, dann aach er wollt
der Stadt kaa Entree bezahle un gar e dreifach Entree.
Awer er is ze spet komme, des Dhor war schont ge-
schlosse. Un da hat dann der Herr Läppche in sein
Sack gegriffe un wollt sein Geldbeutel erausziehe. Awer
der staak net im Hosesack, net im rechte, un net im
linke. Un aach net in de Brustdasche von seim Rock
un aach net in de Rockschöß. Un aach net in de Weste-

säck. Der Herr Läppche hat sein Geldbeutel vergesse.
Un aach sei Fraa hat kaan Heller bei sich un sei Dochter
aach net. Er war e bissi in Verlegenheit. Da kam
awer grad zum Glick der Herr Senator Schwarzrock
aus der Stadt zum Dhor eraus un dem hat dann der
Herr Läppche mit Lache verzehlt, er hätt sein Geldbeutel
vergesse un wär jetz ausgesperrt. Un da hat der Herr
Senater Schwarzrock ewefalls gelacht un hat gesacht:
„Ei, mein verehrter Herr Läppche, dem Unglück ist leicht
abzuhelfen.“ Un daberrmit hat er in sein Westesack
gegriffe un hat dem Herr Läppche zwää Sechskreuzer-
sticker iwerräächt. Der Herr Läppche awer hat gesacht:
„Ich brauch nor ääns. Wann ich mein Sperrbatze bezahlt hab, so hol ich merr bei em Freund, der in der
Näh wohnt, noch des weitere Geld for mei Fraa un
Dochter. Merr wolle uns ohnedeß uff der Allerhelljegaß
in eme Lade noch was mitnemme.“

„Nun, wie Sie wollen, mein verehrter Herr Läppche!“
hat der Herr Senater gesacht un hat sich sehr heflich
empfohle un vorab dem Willche noch emal e sehr galant
Verbeigung gemacht.

Der Herr Läppche awer is mit seim Sechskreuzerstick dem Dhor enei un sei Fraa un Dochter hawe draus
uffen gewaart. Awer net sehr lang. Dann uff äämal
hat sich drin e forchtbar Gekrisch von viele Stimme
erhowe un Alles hat gekrische: „Enaus mit dem Kerl!
dem Spitzbub! Enaus mit em! er hat die Stadt be-
triebe wolle! Enaus mit em! enaus!“ Un die Dhor-
flichel sin uffgange un enausgefloge is der Herr Schneidermääster Läppche, gestumbt, gestoße, geschmiße un hunnert

Mensche sin em nach un hawe geksische: „Enaus mit
dem Kerl, der die Stadt hat betriehe wolle! Uff en!
uff en!"

Un wie die Fräa Läppche un des Willche ihrn
Vatter geseh hawe, wie der der Stadt enausgeschmisse
is worn, da hawe se kaan klaane Schrecke krieht un sin
ebei gesprunge komme um dem Herr Läppche beizesteh.
Awer der Schang hatt en schont bereits in Schutz ge-
nomme, sonst wärsch em noch e Vertel Stunn schlecht gange.
Un die Fräa Läppche un des Willche hawe de Herr
Läppche gefragt: „Um Gotteswille, was is dann bassirt?"
Un da hat der Herr Läppche gejammert:

„Ach, Fraa, ach was e Mißgeschick!
Es war e falsch Sechskreuzerstick!"

Zum Schang awer hat er gesacht: „Ich bin in Schimp
un Schann aus meiner eigene Vatterstadt enausgeschmisse
worn. Ihr Prophezeihung hat sich erfüllt. Ich bin e
Mann von Wort. Ich haw Ihne mei Dochter ver-
sproche. Hie is se!"

Die Nachtigalle.

Nää, awer ääch so Was! In Frankfort hat emal
vor Zeite e Mann e ganz neu Haus in en alte Gaarte
gebaut un wo e Lindeallee drin war mit lauter Bääm
Gott wääß wie viel hunnert Jahr alt un vielleicht noch
aus de Schwedezeite her. Im hoche Sommer wußt merr
sich in dere Allee vor lauter Schatte gar net ze helfe.

Un Buſchketter hat der alte Gaarte gehat, immer ääns
dichter als wie des anner, die mit ewige volle Nägelcher
un Jasmin un Gäsblatt gehonke hawe; merr hat vor
lauter Duft faſt Koppweh krieht. Un ääch noch e Größ
hat der alte Gaarte gehat, merr hätt ſich drin err lääfe
könne. Nadirlich hawe ſich in ſo em Gaarte alle megliche Singvegel higezoge un hawe da ihr Neſter higebaut.
Des war Gepiff un e Geſing un e Gezwitſcher von
Buſink nn Amſchele, von Diſtelfink, Hänfling un Droſchele,
von Rohrſpatze un Zeiſig, net zum Aushalte. Nor die
Nachtigalle hawe gefehlt. Awer anſtatts froh ze ſei,
daß em ääch net noch ſei Nachtruh geſtört dhet wern, hat
ſich der Mann ääch noch en Kummer driwer gemacht,
daß er kää Nachtigalle in ſeim Gaarte hätt. Un er is
deſſentwege zum Dauwe- un Vogelhänneler Rohrbach
gange, der „Hinnerm Lämmche“ im Mohrnkopp gewohnt
hat, un hat zum Rohrbach geſacht: „Herr Rohrbach, hawe
Sie Nachtigalle?“ Un da hat der Rohrbach geſacht:
„Daderrmit kann ich Jhne diene: noch ſechs Stick, der
Staat all! Lauter Nachtſchläger. Gucke Se, da henke
ſe alle Sechs in ääner Reih.“ Un da hat der Mann
geſacht: „Nachts ſchlaf ich doch!“ Der Rohrbach awer
hat em dadruff erwiddert: „Mei Nachtigalle ſchlage ääch
am Dag un da ehrſcht recht.“

„Ja, mit dem Schwanz an Käwig!“ hat der Mann geſacht.

Der Rohrbach hat em awer zur Antwort gewe:
„Wann ich Jhne ſag, ſe ſchlage ääch am Dag, ſo könne
Se ſich druff verlaſſe.“ Un kaum hat er deß geſacht,
ſo hat ääch gleich ää von dene Nachtigalle aagefange
ze ſchlage: Zikuht! Zikuht! Zikuht! Rrrrre!

Der Mann war ganz eweck jor Frääd. „Ich behalt je alle Sechs," hat err gesacht. „Alle Sechs! Was koste je, Herr Rohrbach?" Un da hat der Rohrbach gesacht: „For Ihne finfunzwanzig Gulde des Stick."

„For mich, Herr Rohrbach? Un wann je net for mich wärn?"

„Dann koste je grad so viel," hat der Rohrbach gesacht.

Un da hat der Mann widder gesacht: „Koste dann die Weiwercher grad so viel wie die Männercher? Nachtigalle sin doch kää Mensche, wo die Weiwercher als noch mehr koste wie die Männercher."

Da hat awer der Rohrbach den Mann ganz verwunnert aageguckt un hat gesacht: „Weiwercher? Wie komm ich merr vor! Mei Nachtigalle sin lauter Männercher. Was wolle Se dann mit Nachtigalle-Weiwercher? Die dhun ja kää Maul uff."

Un da hat der Mann gesacht: „Deß verlang ich ääch gar net von ihne, wann je nor Nester baue un Aier lege. Ich megt lauter gepaarte Paar hawe."

Da hat awer der Rohrbach gelacht un hat dem Mann geexplizirt, die Nachtigalle dhete sich net als wie die Kanaljevögel in ere Heck vermehrn.

Da hat awer der Mann widder gesacht: „Muß es dann grad in ere Heck sei? Ich hab doch ääch Bääm in meim Gaarte."

Un da hat der Rohrbach den Mann ganz dumm aageseh un hat gesacht: „Wie so Bääm?"

Der Mann awer hat e freundlich Gesicht gemacht un hat dem Rohrbach zur Antwort gewe: „Ich will Ihne druff helfe, Herr Rohrbach. Ich will Ihne druff helfe."

„Uff die Bääm?"

„Nää, Herr Rohrbach. Ich haw en Gaarte, en
große Gaarte un alle bekannte un unbekannte Singvögel
drin zu Hunnerte, daß es e Frääd is. Nor kää
Nachtigalle. Un drum will ich merr Nachtigalle kääfe
un se in mein Gaarte ausseze. Wann se awer kää
Weiwercher hawe un kää Junge kriehe, sterwe se bald
widder aus."

Un da hat der Herr Rohrbach gesacht: „Ja, mei
Nachtigalle sin nor lauter Männercher; wann Se die
awer in Ihrm Gaarte ausseze, so könne die sich ja
Weiwercher aus der Nachberschaft hole. In unsere
Promenade treiwe sich ja gewiß noch Weiwercher genuch
erum, die froh sin, wann se e Männche kriehe könne.
Hawe Se dann dichte Gebisch in Ihrm Gaarte, wo so
e bissi Halbdunkel drin is un ääch e Tränk in der
Näh?" — „Ja!" — „No, dann gefällt's ääch meine
Nachtigalle in Ihrm Gaarte un se hole sich Weiwercher
ebei."

Un des hat dann dem Mann eigeleucht un er hat
zum Rohrbach gesacht: „Da hawe Se hunnert un fuffzig
Gulde. Schicke Se merr die Nachtigalle enaus in mein
Gaarte, awer heut noch. Hie hawe Se mei Adreß!"

Un der Rohrbach hat dem Mann die sechs Nachtigalle enaus in sein Gaarte geschickt. Un der Mann
hat ääch die Nachtigalle von seim Owergäärtner im
Gaarte ausseze lasse, un die Nachtigalle sin ääch gleich
in die Gebisch eneigefloge. Geschlage hawe se awer net
gleich. Ääch die Nacht net. Der Mann hat extra in
seim neue Gaartehaus e Fenster von seiner Schlafstubb

offe gelaſſe un is ſogar mehrmals aus ſeim Bett uffge=
ſtiche un hat vom Fenſter aus enaus in ſein Gaarte
gehorcht. Was awer da geſunge hat, des warn nor
Rohrſpatze, die hat err an ihrer Stimm gekennt: nor
Rohrſpatze, awer kää Nachtigalle. Am annern Dag hat
ſich awer ääch nix von Nachtigalle hörn laſſe, ſogar nit
emal ſeh. Ääch die ganz Woch nix mehr. Un da hat
der Mann zu ſeim Dwergäärtener geſacht: „Sage Se
emal, Herr Dwergäärtener, was is dann deß nor mit
dene ſechs Nachtigalle; merr hört un ſieht ja gar nix
von dene im Gaarte!“ Un da hat der Dwergäärtener
geſacht: „Vielleicht licht’s am Futter,“

„Am Futter? Da könne Se recht hawe! Da haw
ich gar net braa gedacht. Was freſſe dann die
Nachtigalle?“

Un da hat der Dwergäärtener geſacht: „Ich haw
en alte Onkel gehat, der hat e Nachtigall gehat, die hat
wunnerſchee geſchlage un die hat er mit Ochſeherz ge=
fittert.“

„Mit Ochſeherz? Mit roh Ochſeherz?“

„Nää; mit gekochtem.“

„No, da ſage Se der Köchin, der Bärwel, ſe ſollt
bei’m Metzker drei Ochſeherzer beſtelle un ſe koche.“

Un wie dann der Metzger die drei Ochſeherzer ge=
bracht hat un ſe warn gekocht, ſo hat ſich’s der Mann
net nemme laſſe un un hat ſelbſt die drei Ochſeherzer
an drei verſchiedene Blätz in’s Gebüſch gehenkt. Un die
Gäärtnerborſch im Gaarte hawe’s aus der Entfernung
mit zugeſeh un hawe ſich verwunnert.

Die Nachtigalle hatte jetz ihr Futter. Sonſt awer

hat merr weiter nix von en gehört. Widder e ganz
Woch lang nix. Un da hat der Mann gedacht: „Jch
muß doch emal nach dene Ochseherzer seh." Un wie
er in des Gebisch eneigekroche is, wo er des ääne Ochseherz higehenkt hat, da hat er zu seiner größte Frääd
geseh, daß des ganze Ochseherz fort war. Also warn
die Nachtigalle noch da. Un ääch im zwette Gebisch
war des ganz Ochseherz verschwunne, un ääch im dritte.

„No," hat der Mann gedacht: „Die hawe sich's
awer schmecke lasse! So sechs klääne Nachtigalle un so
drei große Ochseherzer! Jetz wern se ääch gewiß bald
Ebbes von sich hörn lasse." Un er hat die Sach in
ääm Vergniege seim Owergäärtner mitgedhält. Der
hat sich ääch sehr dadriwer gefräät, hat awer nachher
doch e bissi nachgedacht, un es kam em so e dunkel
Ahnung, daß vielleicht ääch die Gäärtnerborsch die drei
Ochseherzer gefresse hawe könnte.

Die drei Ochseherzer warn fort, awer von ere
Nachtigall hat sich nix hörn un nix seh lasse. Die
Köchin mußt bei'm Mexter noch drei Ochseherzer bestelle.
Mit dene is es awer grad so gange wie mit de drei
ehrschte. Fort warn se ääch widder alle drei, awer von
ere Nachtigall war noch immer nix ze hörn un ze seh.
Un da hat dann der Mann zu seim Owergäärtner gesacht: „Die Sach geht net mit rechte Dinge zu, odder
der Rohrbach hat mich mit dene Nachtigalle aagefihrt.
Odder sollte vielleicht Katze im Gaarte sei? Wie fängt
merr die am beste?" Un da hat der Owergäärtner gesacht: „Schieße is so e Sach, daderrmit vertreibt merr
alle Vegel aus dem Gaarte."

„Nor net!“ hat da der Mann gesacht.

„Mit dem Fange is es ääch widder so e Sach,“ hat der Dwergäärtner gemeent, „dann so Eeser kratze un beiße.“

Un da hat der Mann gesacht: „Unser Gäärtner= borsch, der Jacob, is e kuraschirter Mann, der dhuts for Geld un gute Worte.“

Un da is der Jakob ebeigerufe warn, un da hat sei Herr zu em gesacht: „Jacob, Du werrscht wisse, daß ich sechs Nachtigalle in meim Gaarte ausgesetzt habb.“

„Ja.“

„Un ääch, daß ich sechs Ochseherzer in die Gebüsch gehenkt hab.“

Un da hat der Jacob en feuerrothe Kopp kriegt un is in groß Verlegenheit komme und hat ganz klaa= laut gesacht:

„Ja.“

„Jacob, es sin Katze im Gaarte, wenigstens e halb Dutzend.“

Dem Jacob hawe die Bää geschlottert, dann grad sechs Gärtnerborsch warn im Gaarte un hatte gemään= schaftlich die sechs Ochseherzer gefresse.

„Jacob, es is nor zu gewiß, daß die sechs Katze die sechs — Nachtigalle gefresse hawe.“

Der Jacob hat widder hoch uffgestehnt, dann er hat schont gemeent, sei Herr dhet sage: „die sechs Ochse= herzer.“

„Jacob, ferchste dich for Katze?“

„Nää.“

„No, jetz bäß uff. For jed Katz, die de merr in

meim Gaarte fängſt un brengſt merr ſe, kriehſt de e
Guldeſtickelche."

Wer war froher als wie der Jacob! Schont gleich
am annern Morjend hat er e mords Katz gebracht,
ſchwarz un weiß geſcheckelt mit ene dicke dicke Kopp.

„Ää hätte merr!" hat dem Jacob ſei Herr geſacht
un hat ſich vergniegt die Händ geriwe. „Du haſt dei
letzt Nachtigall im Leib, Canallje! Da, Jacob, da haſte
dei Guldeſtickelche un ſchaff merr die Katz bei Seit un
muckſe ab! Breng merr bald widder ää!"

Un nach zwää Däg hat der Jacob widder e Katz
gebracht un hat widder ſei Guldeſtickelche kriehſt. Un nach
zwää Dag bracht der Jacob ſchont widder e Katz.

„Jetz hawe merr ſchont drei! Jacob, du biſt e
ganzer Kerl! Fahr ſo fort un breng merr bald widder ää!"

Un der Jacob hat ſei Guldeſtickelche eigeſteckt un
hat geſacht: „Ich wern mei Meglichſtes dhu."

Un nach e paar Däg hat err die verrt Katz gebracht, un bald druff ääch die finſt. Un wie err die
ſechſt gebracht hat, da hatt err zu bere eigens ſei Sonn-
dagskameſol aagezoge, dann es war deß ja e Halb-
dutzendkatz, die er da bracht. Un er is ganz ſtolz vor
ſein Herr higetrete un hat geſacht: „Jetz hawe merr
grad ſchont e halb Dutzend!" Dem Jacob ſei Herr
awer hat ſich dißmal die Katz genauer betracht un hat
geſacht: „Jacob, wie heißt? Dei Katze die De merr
brengſt, ſin all ſchwarz un weiß geſcheckelt! Wann De
merr widder ää bringſt, ſo hack err vorher de Schwanz
ab, daß merr doch de Unnerſchidd merkt!"

Etwas vom Diensteid.

„Die Verantwortlichkeit der Gendarmen für ihre Handlungen dem Gesetze gegenüber ist mehr werth als alle abstrakte und konkrete Ministerverantwortlichkeit." Mit diesen Worten beginnt die „Frankfurter Zeitung" einen längeren sehr gut geschriebenen Artikel in Bezug auf den Rechtsschutz des Bürgers gegenüber den Exekutivbeamten. Aber es kann sich ereignen, daß es sich nicht allein um den Herrn Gendarmen, sondern auch um die Frau Gendarmin handelt. Uns ist eine Scene unvergeßlich, die sich einmal in Sachsenhausen schon in der vorpreußischen Zeit zwischen einer Sachsenhäuserin und einer Frau Gendarmin zugetragen hat und von der wir selbst Augen- und Ohrenzeuge waren.

Die Frau Gendarmin hatte aus dem Fenster ihrer Wohnung im dritten Stock den Inhalt eines Waschbeckens und mit diesem ein Stück Seife auf die Straße entleert, einer in Begleitung eines Jagdhundes vorübergehenden älteren Sachsenhäuserin gerade vor die Füße.

Sachsenhäuserin: Hu harrjjes! A was for e Nationevolk wuhnt dann do druwe?

Frau Gendarmin (von oben herunter): Mach' se, daß se fortkimmt!

Sachsehäuserin: „Mach' se?" (Die Arme in die Seite stemmend): Mach noch? A wer is Sie dann, Sie

gruß Madamm? Ui! Die gnädig Fraa vun Boddem-
kammer mit der verklebte Fensterscheib!

Frau Gendarmin: Wann se net mecht, daß se
fortkimmt, wer'n ich err gleich weise, wer ich bin. Mei
Mann is bei der Vollezei.

Sachsenhäuserin: Da druwe? Ui die hoch
Owerigkeit! (Mittlerweile hat sich der Jagdhund an das Stück
Seife gemacht.)

Frau Gendarmin: Jägt sei gleich den Hund
von meim Stück Sääf eweck!

Sachsenhäuserin: Dreck segt den Mage! Ju
Deiwel, Feldmann! Giehst de! (Schleudert mit dem Fuß
das Stück Seife in's Floß.) Wer waaß, was dei an sich hot!

Frau Gendarmin: Jetz komm ich err odder
emmer!

Sachsenhäuserin: Feldmann, leßt de gleich die
Saaf leihe!

Frau Gendarmin (erscheint unter der Hausthüre):
Die Sääf bezehlt se!

Sachsenhäuserin: Ihr? Do kräg der Krämer
zwaamol nix!

Frau Gendarmin: Der Hund hot aach kaa
Zeiche. Des kost finf Gulde Strof!

Sachsenhäuserin: Kää Zeiche? Feldmann, dau
häst kaa Zeiche? Zeig's err emol!

Frau Gendarmin: Des werd aagezeigt! Wie
heeßt se? No, Ihrn Name wolle mer schon erfohrn!

Sachsenhäuserin: Wie ich haaße dhaun? Wasser-
staaberisch net, dann sunst wern mer vun aam Votter!

Frau Gendarmin: Was hat se gesacht? Was hat se gesacht? Der ganz Senat mißt gehenkt wern? Des soll err iwel uffstoße!

Sachsenhäuserin: Was haw ich gesocht?

Frau Gendarmin: Nja, des hat se gesacht! Der ganz Senat mißt gehenkt wern! Mei Mann nimmts uff sein Diensteid!

Die Betstunn un das Wirthshaus.
Eine Geschichte aus den Dreißiger Jahren.

Es war emal e Betstunn un drei alte Weiwer: Die Fraa Schnarrche, die Fraa Schnaaksen un die Fraa Barchendreißern, dem Herr Parre sei treuste aabächtige Zuhörerinne, uff die er net wenig stolz war, dann er kunnt sich uff se verlasse, daß se nor in seiner Betstunn ihr Middagsschläfche halte dhete. Bis vor vier Woche hatt er awer aach noch drei aabächtige Zuhörer: Drei alte Männer aus dem Versorgungshaus, gottesferchdig un schlaffam vom Text der Gesänge mit Orjelbeglaadung bis zu dem Herr Parre seim letzte Amen. Awer der beese Feind hat Macht iwer se gewonne, dann uff aamal sin se alle Drei eweckgebliwe un sin in die gegeniwerlichend Eppelweiwerrthschaft gange. Des awer hat der Herr Parre dem Eppelwei-haus sehr iwel vermerkt, dann Gelegenheit mecht Dieb, un daß an em Werrthshaus der liewe Gott de Aarm erausstrecke dhet, is e faul Ausredd for Kercheschwenzer.

So Werrthshäuser in der Näh von Kerche sin ganz
derrzu gemacht, um dem Herr Parre die Kundschaft ab-
zespanne. Wie aber niemand in der Welt unersetzlich
is, so fand sich aach for die drei alte Männer bald e
Ersatz, un des war die alt Fraa Trummelfell, e aa-
dächtig Zuhörerin prima Qualität, dann se hat in der
Betstunn aach net e Minut ihr Nickerche gemacht, als
wie die Schnarrchesin, die Schnaakfern un die Barchendreißern, dann se hat mit alle ihre vier Aage nor immer
stur enuff zu dem Herr Parre uff der Kanzel geguckt.
Un der Herr Paare hat dessentwege aach zum Kerchediener gesacht: „Diese Frau Trummelfell ist eine ganz
vortreffliche Frau, eine brave wachsame Christin, die
der alten Schnarrches, der alten Schnaakfern und der
alten Barchendreißern sehr wohl zum evangelischen Vor-
bild dienen könnte, unbeschadet der vielen sonstigen christlichen Tugenden dieser drei wackeren Frauen, denn es
sei ferne von mir, ihnen den Schlummer zu mißgönnen,
womit sie der Herr gesegnet hat, denn du sollst Nachsicht
haben mit den Schwächen deines Nächsten."

„Des is wahr, Herr Parre," hat der Kerchediener
gesacht. „Des is wahr, Herr Parre, schlafe dhun se
wie die Ratze, awer sie komme doch regelmäßig in die
Betstunn."

„Das ist nicht zu unterschätzen! Und sie werden
am Tage des Gerichts nicht verworfen sein, wie jene
drei alten Schnödlinge aus dem Versorgungshaus, die
uns untreu geworden sind und nachgegeben haben den
Verlockungen des sündlichen Aepfelweins eines fluch-
würdigen Nachbarhauses. Aber wahrlich, sie haben ihren

Lohn dahin! Desto mehr freut mich die vortreffliche alte Frau Trummelsell, die uns zugethan bleiben wird, wie ich getrost verhoffe."

Un da hat der Vorsinger gesacht, der zugege war: „Gott gebb's, Herr Parre! Die alt Trummelsell is e wahr Juweel for unser Betstunn! Trillern dhut se for ihr Alter wie e Lerch uff Johanni, dann die alt Schnarrchesin un die Schnaaksern un die Barchendreißern trombeete dorch die Nase, daß es net mehr schee is."

Awer die alt Fraa Trummelsell, „die vortreffliche Frau," is uff aamal aach aus der Betstunn eweckgeblive wie die drei alte Männer aus dem Versorjungshaus.

„Sollte sie auch der böse Feind verlockt haben in das Aepfelweinhaus?" hat der Herr Parre gedacht. „Dem muß ein Ende gemacht werden."

Un der Herr Parre hat e dringend Eigab an des Polizeiamt zu Babbier gebracht, in dere die ganz satanisch Verlockung von so Eppelweihäuser in der Näh von Kerche geschildert war, die ganz deiwelisch Verführung zum Abfall vom Herrn, un alle Gräuel un Scheuel der Völlerei, wo Bal un Belzebub auf einem gekelterten Apfelschimmel die hohe Schule des Satans reiten, hinab zur Hölle, wo der verruchte Apfel bratet, die verworfene Frucht, so Adam und Eva um das Paradies gebracht und um die schmerzlose Geburt der Menschenkinder, die nun im Schweiße ihres Angesichts ihr Brod fressen müssen. Allersubmissest sei die sofortige Abstellung eines so grauenhaften Mißstandes in der Nähe von Kirchen einer christlichen Stadt nicht genug anzurathen, da Gefahr im Verzug.

So hat die Eigab an's Vollezei-Amt gelaut. Un gleich bei der nächste Betstunn hat der Kerchediener der alte Schnarrches un der Schnaaksern un der Barchendreißern ze wisse gedhaa, se hätte sich nach der Preddig in's Parrestibbche ze verfiege.

Die drei alte Weiwer hawe kää klää Angst gehat, dann se hatte kää gut Gewisse, vorab die Barchendreißern net, dann se hat in der gestrige Betstunn so e dief Nickerche gemacht, daß se des Zwergewicht krag un von ihrm Betstuhl erunnergeritscht is, wodurch die Schnarrches un die Schnaaksern, die links un rechts newer err gesotze hawe, aus ihrm Schlaf uffgefahrn sin mit eme laute „Ach Herr Jeses!"

Mit Zittern un Zage sin die drei alte Weiwer in's Parrestibbche gange, die Knie hawen geschlottert, die Händ hawen gewackelt un die Kilade hawen geklappert wie die Mihle. Die Schnaaksern hat ihr rothsafianern Gesangbuch falle lasse, die Schnarrches ihr zinnern Schnuppdewaksdoos un der Barchendreißern is ihr hornener Nasepetzer von ihrer kreideweiße Kadoffelnaas erunnergefalle, die vor lauter Aengste so spitz is warn wie e Packnadel.

Awer der Herr Parre hat die drei alte Weiwer sehr freindlich un herablassend empfange un hat gesacht: „Nehmen Sie Platz, meine Lieben. Ich habe Sie in einer sehr wichtigen christlichen Angelegenheit hierher bestellt. Es handelt sich um das himmliche und irdische Seelenheil christlicher Mitbürger und vielleicht sogar Mitbürgerinnen, wobei es ferne von mir sei, damit die würdige Frau Trummelfell zu vermeinen, welche wohl

durch eine Unpäßlichkeit abgehalten ist, unsere Betstunden
so eifrig als wie früher zu besuchen. Weiß vielleicht
die Eine oder die Andere von Jhnen mir darüber etwas
Näheres mitzutheilen?"

Un da hat die Frää Schnarrches gesacht: „Euer
Ehrwürden, die alt Trummelsellin is de ganze Dag uff.
Jch habb se ehricht gestern Middag da driwe aus
dem Eppelweihaus mit eme Halbmaaskrigelche erauskomme seh."

„Hab' ich mir's doch gedacht! So ist auch sie noch
in ihren hohen Jahren und schon mit dem einen Fuß
im Grabe in die Stricke des Satans gerathen, wie
jene drei alten, bedauernswerthen Männer aus dem
Versorgungshause. Jene Brutstätte der Hölle und Verlockung, jenes Haus der Sünde muß unschädlich gemacht
werden. Jch habe hier eine dringende Eingabe an
hochlöbliches Polizeiamt aufgesetzt, die sollet Jhr mit
Eueren christlichen Taufnamen und Zunamen unterschreiben. Jch werde Euch die Eingabe an hochlöbliches
Polizei-Amt vorlesen."

Un der Herr Parre las mit großer Salbung de
drei alte Weiwer die Eigab vor. Die Schnarrches hat's
eiskalt iwerloffe, die Schnaaksern is schlooßeweiß warn:
wann merr err e Ader geschlage hätt, so hätt se kää
Blut gewe, un der Barchendreißern sin alle Glidder
nor so gange.

„Und nun unterschreibet diese Schrift. Hier, Frau
Schnarrches, Sie scheinen mir die Aelteste zu sein,
nehmen Sie die Feder, ich habe sie bereits eingetunkt."

„Herr Parre, die Schnaaksern is verzeh Däg älter."

„Nun, Frau Schnaakser, so nehmen Sie die Feder."

„Ich bin so frei, Herr Parre, awer die Barchendreißern is älter."

Un da hat Barchendreißern awer gesacht: „Ich bin
anno Finfunsechzig uff Peter un Paul morjens um
halwer Siwe in der Kihgaß jung warn un die Schnaaksern
e vertel Stunn speter an der Säuallee uff der groß
Bockemergaß. Was steckt da drin!"

„Kein großer Unterschied, gute Frau Barchendreißer," hat der Herr Parre gesacht. „Aber des lieben
Friedens halber bei einer so hochwichtigen Angelegenheit,
unterschreiben Sie zuerst!"

„Recht geern, Herr Parre, awer ich kann net
schreiwe."

„Sie sind des Schreibens unkundig? Nun, das hat
nichts zu sagen. Machen Sie das heilige Zeichen des
Kreuzes dreimal nebeneinander hier an diese Stelle unter
der Eingabe. Da haben Sie die Feder! So ist's recht,
meine liebe Frau Barchendreißern. Schön, sehr schön.
Und nun, Frau Schnaakser, unterzeichnen Sie!"

„Herr Parre, ich kann ääch net schreiwe."

„Auch nicht? Nun so machen Sie gleichfalls drei
Kreuze, hier an diese Stelle unter die drei Kreuze der
Frau Barchendreißer."

„Dahi, Herr Parre?"

„Ganz recht, aber drücken Sie nicht zu viel auf
die Feder. So ist's recht. Das zweite Kreuz ist schon
viel besser ausgefallen als das erste. Nun, noch eins,
Frau Schnaakser. Bravo! Sie sind eine gelehrige
Frau."

„Herr Parre, merr werrd so alt wie e Kuh un lernt immer noch mehr derrzu."

Un wie deß die Fraa Schnaakser gesacht hatt, hat die Barchendreißern der Schnarrches in's Ohr gebischbelt: „Dere ihrer Mutter Kuh Bruder war e Ochs."

„Nun, Frau Schnarrches, jetzt unterzeichnen Sie!"

„Ich kann aach net schreiwe, Herr Parre; ich hab's emal in der Quadierschul bei'm alte Herr Kratzelpeter in der Borngaß gelernt, sein awer mit de Jahrn widder aus der Iwung komme."

„Wie sich das zuweilen trifft, meine gute Frau Schnarrches. Eine Sünde ist es keine. Machen Sie also mit frohem christlichen Muth ebenfalls drei Kreuze. Ich will aber vorher die Feder wieder eintauchen."

Der Herr Parre muß awer die Feder ebbes ze dief eigedaucht hawe, dann die Fraa Schnarrches hat schont gleich bei'm ehrschte Kreuz en net ganz klaane Tinteflecke gemacht. Se wollt en geschwind mit der Zung widder ablecke, awer der Herr Parre is err noch rechtzeitig in de Aarm gefalle un hat gesacht: „Lassen wir ihn lieber trocken werden, gute Frau Schnarrches; ich radiere ihn später schon wieder aus. Spritzen Sie die Feder ein wenig aus. Nicht in die Stube, wenn ich bitten darf, meine liebe Frau Schnarrches; in's Dintenfaß! So ist's recht. Und nun machen Sie noch zwei Kreuze. So, Frau Schnarrches. Ganz recht. So. Sehr gut! Sehr gut!"

Die Eigab an's Bollezei-Amt war glicklich unnerzeichent un schont am annern Dag war se zu Hände vom Herr Bollezei-Assessor. Er las se un hat de Kopp

geschittelt un hat dann dem Pedell Gatzemeyer de Ufftrag
gewe, de Herr Borschdorfer, den Werrth von dem
Eppelweihaus in der Näh von dere Kerch, uff morje
uff's Bollezei-Amt vorzelade.

Der Herr Borschdorfer kam, un der Herr Assesser
hat em im Beisei von seim Aktewar die Eigab von dene
drei alte Weiwer vorgelese un hat dann die Bemerkung
gemacht, hie mißt dann doch wohl aach werklich e groß
Störung der Betstunn von seite dere in der Näh be-
sindliche Eppelweiwerrthschaft vorliche.

„Des is ja gar net meglich, Herr Assesser," hat
der Herr Borschdorfer gesacht, „des is ja gar nicht
meglich. Wie kann mei Werrthschaft um Milljondausend-
gotteswille die drei alte Schlafeule in ihrer Aabacht
stehrn, die schnaakse ja alle drei so um die Wett, daß
merrsch hiwe in meiner Werrthsstubb dorch die Fenster
dorch hört!"

„Nun, es kann awer doch auch noch ein vierter
aabächtiger Zuhörer in der Kerch zugege sein, un wann's
auch nor der Kirchendiener wär."

„Naa, Herr Assesser; der sitzt während der Betstunn
hiwe bei mir un trinkt sein Schoppe."

„Nun, so kann es der Vorsänger sein."

„Der ehrscht recht net, Herr Assesser, dann wann
des ehrscht Lied gesunge is, kimmt Der aach eriwer zu
merr un bleibt bei seim Schoppe, obber aach zwaa, sitze,
bis des letzt Lied gesunge werrd."

„Nun, so ist noch eine andere Person möglich.
Besinnen Sie sich einmal. Sie sehn ja doch von Ihrem
Fenster aus die Leute in die Betstunn geh."

„Die drei alte Männer aus dem Versorjungshaus könne's net sei, dann se gehn net mehr in die Betstunn, sonnern zu mir. Es mißt dann grad die alt Trummelfell sei, die haw ich emal vor e Wochener sechs in die Betstunn trippele seh.“

„So, die alte Trummelfell? Da sie die Eigab an das Polizeiamt net mitunnerschrieben hat, so ist da e unparteiisch Aussag zu verhoffen. Ich werde sie vorlade lasse.

Die Fraa Trummelfell ward vorgelade un kam. „Nun, Frau Trummelfell,“ sprach der Herr Assesser, „Sie sind ja auch eine Besucherin der Betstunde, sagen Sie mir einmal uff Flicht un Gewissen, werden Sie in Ihrer christlichen Andacht durch einen Lärm oder sonst e störend Geräusch, des von gegeniwer der Eppelweiwerrthschaft her kimmt, belästigt?“

Die Fraa Trummesell hat de Herr Assesser treuherzig aageseh, hat awer nix gesacht.

„Nun, Frau Trummelfell, gewe Se's von sich!“ hat der Herr Assesser ebbes lauter gesacht.

Die Fraa Trummelfell hat e hohl Hand gemacht un hat se an ihr Ohr gehalte.

„Ro, Frau Trummelfell?“ hat der Herr Assesser noch lauter gefragt.

Die Fraa Trummelfell hat mit ihre Achsele gezuckt un hat dann mit ihrm ausgestreckte Zeigefinger uff ihr Ohr gedeut.

„Sin se schwerhörig, Fraa Trummelfell?“ hat der Herr Bollezei-Assesser gekrische, daß merrsch draus uffem Vorblatz gehört hat.

Die Fraa Trummelfell hat kaa Mien verzuckt.

Die Fraa Trummelfell war stocke daab.

Der Herr Assesser hat err abgewinkt, se könnt widder geh — dann hat err lachend zu seim Aktewar gesacht: „Die drei alte Weiwer schlafe wie die Ratze in der Betstunn, der Kerchediener un der Vorsinger sitze bei'm Eppelwei un die alt Trummelfell is stocke-daab, da möcht ich wisse, mit was die Betstunn gestört werrd. Lege merr die Eigab an's Bollezei-Amt ad acta."

Der Berger Markt.

Von alle Wochebäg hat seit Menschegedenke bei de Frankforter un Sachsehäuser vorab der Diensdag in hoche Ehrn gestanne, dann uff en Diensdag fällt unser Wäldches-dag, un uff en Diensdag fällt die Sachsehäuser Kerb. Die Sachsehäuser Kerb awer is von alle Kerwe in der Welt vielleicht die aanzig Kerb, die außer Lands ge-feiert werrd: in Berje, wo an dem Dag zegleich aach e berühmter Mark abgehalte werrd: Der Berger Markt.

Zu altfrankforter Zeite war am Berjer Markdag Sachsehause wie ausgestorwe, un nor längst nach Sonne-unnergang hat merr en große Zug von Selige un Verklärte iwer die Sachsehäuser Brick haamziehe seh. Ganz Sachsehause war mit Kinn un Kegel in Berje gewese, im volle Sonndagsstaat, ze Fuß un ze Wage. Es sin da Fuhrwerk iwer die Brick komme un der Schee Aussicht enuff un dem Owermaadhor enaus un um die

Promenad un dem Sandweg enuff nach Bernem zu, an dene der Sattelgaul e Kuh war un der Handgaul e Mordsfetze von eme Holstäner. So e langer Laaterwage hat gut un geern sei dreißig Persone gefaßt, ohne die Kinner, die de Große uffem Schooß gesotze hawe. Uff der aane Seit saße die Weiwer un die Mädercher, un in Sachsehause gibt's scheene Mädercher; Mädercher wie Milich un Blaut, so recht liewe Desercher mit Mäulercher wie Roseknöppercher un Guckelcher so glitzerig un blitzerig, net ze sage. Lauter schlanke Gestalte. Desto dicker war die Fraa Nagelin, die Fraa Rumbler, oder die Lenzin un Schenkin un wie se all gehaaße hawe. Un jed hat e Spitzehaub uffgehat. Uff der annere Seit awer vom Laaterwage hawe die Männer gesotze un die junge Borsch, all in stumbe grine Fräck odder in grine Schoß, wie's dazemal Modi war. Un uffem Kopp hatte se e Duchkapp mit ere lange Schipp draa, un alle Kappe saße e bissi krakehl. Sigaarn hawe in dere Zeit die Sachsehäuser noch kaa geraacht, sonnern norzt all Meerschaumköpp mit eme große silwerne Deckel druff un an der Peif e silwern Kett.

Un wann dann so e Laaterwage im korze Trabb gefahrn is un es hat bei dere ungewohnte Gangart dem Sattelgaul der gehörnte Kißkopp gewackelt un die ganz Gesellschaft uff dem Wage is dann dichtig getrostert warn, was hat des da en Jux gewe un e Gelächter! Hat awer e Staa im Weg gelege un des Wagerad is da driwer komme, so hawe alle alte Sachsehäuser uff dem Wage uffgekrische: „Hu Har Jises!" un Alles hat sich bei dem Stoß, den der Wage krieht hat, anennanner geklammert.

Awer die Sachsehäuser sin net bloß wege ihrm
Vergniege uff de Berjer Mark gefahrn obber gange.
Nor net! Se hawe des Nützliche mit dem Aagenehme
verbunne. Se hawes net gemacht wie die Frankforter,
die Langmäuler, die nor wege dem ehrschte sieße Eppelwei un dem ehrschte neue Sauerkraut mit Wörschtercher
schaarnweis uff de Berjer Mark gezoge sin. Naa, des
hawe die Sachsehäuser nicht gedhaa; se hawe zwar aach
dem ehrschte sieße Eppelwei un dem neue Sauerkraut
mit Wörschtercher die Ehr aagedhaa, awer dann hat die
sorgsam Sachsehäuser Hausfraa aach an ihr Haushaldung
gedacht un hat sich e Spinnrad kaaft vor de Winter
un blechern Kochgescherr for ihr Kich, un en Wasser-
aamer un e paar Holzschuh un en große rothe baa-
wollene Barbelee, unner dem die ganz Familch Blatz
gehat hat. Un der Sachsehäuser hat sich uffem Berjer
Mark, mit dem aach e Viehmark verbunne war, e Kauh
kaaft, obber e Rind zum Fettmache. Un ehrscht wann
des Alles besorgt war, un aach des Esse un Trinke,
dann ehrscht hat Alles Karresell gefahrn un die Nagelin
hat von ihrm Appelschimmel aus Parthie gestoche, daß
es e Fraad war.

Zu de berechdigte Eigedhimlichkeite vom Berjer
Mark hat aach dazemal der alte Thorn mit seim Thor-
boge gehört un im ehrschte un zwette Stock von dem
Thorn hawe sich die Gefängniß besunne mit ihre ver-
gitterte Fenster. Un an so eme vergniegte Markdag,
wie der Berjer Markdag e Markdag war, hawe aach
die Gefangene ihr Vergniege hawe sölle. Un dessentwege
war sen verstatt, zwische ihre Gefängnißgitter de Kopp

erauszestecke un an ere lange Kordel e Körbche erunner-
zelasse, in des merr sein milde Kreuzer odder aach e
Wörschtche odder e Stick Quetschekuche eneilege kommt.
Gutherzig wie die Sachsehäuser sin, hat dann aach die
Nagelin in so e Körbche net allaa aan Kreuzer, sonnern
sogar e Sechskreuzerstick, un aach noch e Wörschtche enei-
gelegt, dann se hatt Glick gehat im Werfelspiel uff dem
Berjer Mark un hatt mit sechs Werf, jeden à 6 Kreuzer,
e gläsern Nadelbichs gewonne, die von echtem Jaspis
hätt sei könne, wann's der Zufall gewollt hätt. Un wie
die Nagelin ihr milde Gawe in des Körbche gelegt hatt,
so hat's owe im Thorn der Gefangene enuffgezoge, un
die Nagelin hat dem Körbche nachgeguckt un enuff nach
dem Thornfenster un hat gesacht: „Gott gesegen derrsch!"
Un wie se awer owe des Gesicht von dem Gefangene
geseh hat, hat se sich annerscht besonne un hat enuff
gerufe: „Dausend Schlagsliß söllst de kriehe! Verworje
sollst de an meim Wörschtche un mei Sechskreuzerstick
soll derr zu siebend Blei wern, Neumaloos! Des is
der Kerl, der merr vor verzeh Däg die zwaa Staats-
Blummekeil aus der Mahn gestohle hat un met fortge-
loffe is!"

„No, Alt, tröst dich," hat der Nagelin ihr Mann
zu err gesacht, „der Kerl hat jetz sein Loh derrfor. Komm
mit, ich haw e Staats Rind kaaft un aach en neue
Schubbkarrn. Guck se emal aa. Des Rind is ja allaa
des Doppelte werth, un wann der Schubbkarrn ehrscht
vom Schmidd beschloge is, dann hält er noch emol su
lang als wei su."

Un da hat die Nagelin zu ihrm Mann gesacht:

„Awer Hanphilipp, um Milljone Dausendgotteswille, wei sölle merr dann des all uff dem Laaterwaage unnerbrenge: E Spinnrad, sechs gruße blecherne Dippe, en eiserne Kaffeebrenner, e Kohlpann, en Blasbalg, en Spinnebesem, zwaa Ziwer, e Ablaasbrett, en Dreschflegel un e Paar Holzschuh, en Stiwelknecht un zwaa borschelinerne Bottschamber, en zwaaschläfrige Barbelee, un jetz aach noch en Schubbkarrn un gar aach noch e Rind!"

„Deß kann ze Fauß laafe; des binne merr hinne an Laaterwage."

„Su? Bis merr nach Seckbach kumme dheite, hätts de Hals zaugezuge un wär verstrumpt!"

„No, dare Hack is e Steil ze finne. Ich fihrich am Strick bis nach Bernem, un vun do aa kannst dau's bis haame fihrn!"

„Odder aach net!"

„No, da kanns unser Sanche fihrn."

„Dei werrd der was prostemahlzeite. Dei will in Bernem in der Lilch danze."

Da hat awer der alt Nagel druff erwidert: „Will's da enaus? Danze? Mit des Lenze Jakob? Deß soll se sich vergieh losse!"

Schließlich hat sich die Sach doch noch arrangichiert, wann aach net ganz. Den Hausrath, den die Nagelin uff dem Berjer Mark hat kaaft, der ward uff dem Laaterwage glicklich unnergebracht, awer net ohne groß Resseniern von Seite der annern zahlreiche Wagegesellschaft, die ewefalls ihr Eikäuf uff dem Berjer Mark gemacht hatt. Un deß war net wenig. Awer gege de Schubbkarrn hat sich alles ganz entschiede gewehrt. In den Schubbkarrn des Rind eizespanne, des gung aach net so ohne weitersch. Des Sanche awer, die schont uffem Wage gesotze hat, hat zu ihrm Vatter gesacht: „Wann de derr eibildst, daß ich odder die Motter den Schubbkarrn dricke söllte, do bist de odder schief gewickelt.“

Awer uff dem Wage hat aach der Sanche ihr Schatz gesotze, des Lenze Jakob. Die Bekanntschaft hat awer der alte Nagel net geern geseh, un deß hat des liewe Sanche schont manch Thren gekost.

Des Lenze Jakob awer hat zum alte Lenz gesacht: „Ich will de Schubbkarrn dricke.“

„Odder ohne Oblikoo!“ hat der alte Lenz gesacht.

So war dann die Sach in der Reih. Der Laaterwage mit der Kuh un dem Gaul derrvor hat sich in Bewegung gesetzt un hinne drei hat der alte Nagel des Rind gefihrt un des Lenze Jakob de Schubbkarrn gedrickt. Der Laaterwage awer war schneller un bald war err dene Zwaa aus dem Gesicht, vorab als es aach schont e bissi aagefange hat ze dämmern.

Des Rind war sehr gut ze Fuß. Besser als wie sei Fihrer der alte Nagel. Der is e bissi geschwankt. Vom „Neue“ konnt des unmeglich komme sei. Vom sieße Eppelwei kann merr manches annere ehnder frieche, als wie en klaane Hormel. Es soll awer daderrmit nicht gesacht sei, daß der alte Nagel uff dem Berjer Mark aach noch sonst allerhand zu sich genomme hawe könnt. So viel is richdig, daß des Lenze Jakob, der den Schubbkarrn hinner dem alte Nagel gedrickt hat, vor sich hi gesacht hat: „Er hot!“

Un er hat werklich gehat, un hat sich sogar daderr=
mit im zunemmende Licht befunne. Er hat immer mehr
gewackelt un bei dere Gelegenheit is seiner Hand der
Strick entglitte, an dem er des Rind gefihrt hat.

Kaum awer hat des Rind gemerkt, was bassirt
war, so is es, so jungs aach noch war, doch so kaa
Rindvich gewese, um net ze wisse, was es jetz ze thu
hätt. Es hat vor Frääd en Satz gemacht un is dann
im gestreckte Galopp un mit hoch erhowenem Schwaaf
nach Seckbach zu gerennt. Es hat de Weg gewißt,
dann es war von Seckbach gebertig. Un da hats dann
aach gleich sei Elternhaus gefunne, is dem Hofdhor enei
un in sein Stall zu seiner Mutter.

Der alte Nagel awer hat dem Lenze Jakob zu=
gerufe, wie des Rind dorchgange war: „Jakob, laaf em
nach!"

Des hat dann aach der Jakob gleich gedhaa, awer
ohne Schubbkarrn, den hat er bei Seit gefahrn un is
dem Rind nach. Awer so schnell er aach geloffe is, er
hat des Rind net eigeholt. Es war verschwunne, als
wanns die Erd verschlunge hätt. Jedem, der em be=
gegent is, den hat er gefragt: „Hawe Se kaa Rind
geseh?" Un zeletzt hat err gar emal die Antwort kricht:
„Bis zu dem Aageblick, wo Se mich gefragt hawe, haw
ich kääns geseh!"

Alles Suche war vergewens un zudem war's aach
schont dunkel warn. No, dacht des Lenze Jakob, des
Rind wern merr schont widder kriehe, wann's net heut
is, is es morje. Awer ich muß doch jetz emal nach der
Sannche ihrm Vatter gucke, wu der bleibt.

Uff dem Blatz, wo des Lenze Jakob de alte Nagel
verlasse hat, war der net mehr. Awer ganz in der
Näh un zwar uff dem Schubbkarrn. Da hatt er sich's
bequem gemacht un war bickelfest eigeschlafe. Alles
Schittele half nix. Des Lenze Jakob war awer e
resoluter junger Mann, un so hat er dann korze Um=
stänn gemacht, hat sein Rock ausgezoge un sei West un
hat mit dene de alte Nagel zugedeckt, daß merr nix
mehr von em seh konnt un hat en dann uff dem Schubb=
karrn dorch Seckbach un von da enuff nach Bernem ge=
fahrn un bis an die Lilch. Da awer stanne schon die
alt Nagelin un des Sanche un hawe uff se gewaart.

Des Lenze Jakob awer hat sein Schubbkarru in
de Hof enei gedrickt un an e bissi dunkel Stell. Die
Fraa Nagel un des Sanche sin em nach.

„Wu is dann mei Mann mit dem Rind?“ hat die
Fraa Nagel den Lenze Jakob gefragt.

„Hie breng' ich en ohne Rind, awer daderrfor hot
er sei Kind!“ hat der Jakob gesacht un daderrmit hat
er sein Rock vom alte Nagel eweckgezoge.

Da lag er. Mit vereinte Kräfte hawe sen uffge=
richt. Er kam widder ebbes zu sich un hat sich ver=
wunnert umgeguckt. Drei Tasse schwarze Kaffe dhate
dann des Iwrige an em. Als er widder ganz bei sich
war un hat de ganze Hergang von der Sach verzählt
kriecht un des große Liewestwerk, deß der Jakob an ihm
verricht hat, da is er geriehrt worn un hat gesacht: „Laß
des Rind des biese Kreuz treihe! Dau Jakob sollst mei
Schwichersoh warn un Niemand annerscht. Da Sanche,
da host en!“

Wie Aeäner absolut wollt erschosse sei.*)

Der Maler Kaisian war bei de „Graumänner"
un wann er sei gri Uniform aagehat hat, den Säwel
un un den Schako mit dem hoche Fedderbusch uff un
den Schnorrbart recht schwarz gewichst un ungrisch mit
lange Spitze hiwe un driwe enausgedreht, un hat sich
sei Crawatt recht fest geschnallt, so daß er en recht rothe
Kopp krag, da hat er sehr martialisch ausgeseh. Wie
er sonst de Flichte der Dapperkeit genügt hat, daderrvo
hat er schon in der nächste Nacht e groß Prob abgelegt.

Merr dhete diese Geschichte von wege ere große
Dapperkeit hie gar nicht verzehle, wann se net ääch zugleich en hoche Beweis liewern dhet, wie e Berjer von
der Gleichheit vorm Gesetz dorchdrunge sei kann. Un
dann verzehle merr die Geschicht ääch dessentwege, weil
schon öftersch is versucht worn, dere Begewenheit ihrn
allää rechtmäßige un klassische Boddem Frankfort zu ent-
reiße un sich annerschtwo mit Sache zu briste, die nor
ganz allää bei uns hie in Frankfort mensch- un meglich
warn. Sodann ääch verzehle merr die Geschicht, weil
se iwerhääpt in unser Erzehlung enei gehört.

Also: Des Frankforter Linjebataljon un Bundes-
contingent in der zweifelhafte Stärk von rund siwe-
hunnert Mann, hat unner dem Commando vom Owerscht
Schiller am Grinkbrunne abgefeuert, un die Berjer hatte

*) Aus der unvollendet gebliebenen Erzählung „Polen und Studenten."
Anm. d. H.

die Wache bezoge. Der Maler Kaifian bei de Graumänner, so gehääße von ihrm Major Graumann, vis-à-vis
vom Gasthaus zum „Reweftock" wohnhaft, kam unner
dem Befehl vom Gefreite Lenz von Sachfehaufe, mit
noch sinf Mann: em Altegässer, em Bräätegässer, em
Kaltelochgässer, em e Dreifrofchgässer, em e Schippegässer
un em e Dippegässer draus im Galjefeld an die Pulverhäusercher uff die Wacht. Abgefeh von der unhäämliche
Nachberschaft, was so Pulverhäusercher immerhin sein,
war an hääße Sommerbäg un schwüle Sommernachte
so e Wacht da draus im Galjefeld mit große Aanehm-
lichkeite verbunne. Des Wachthäusi, in respectabler Entfernung von de Pulverhäusercher, hat ääm zwar doch
Flöh in's Ohr setze könne, awer es stann in dem gute
Ruf, kää Wanze zu hawe, wenigftens bei Dag nicht.
Herngege war'sch von vier prächdige Lindebääm beschatt
un hinner dem Wachthäusie zog sich e Grawe hi, so mit
schwellendem ippige Grin von Gras bewachse, so wääch
un so zart, daß merr noch ganz deitlich den ganze Ab-
druck von Frankforter Linjesoldate geseh hat, die da ihrer
Siesta odder em sonstige Schlummer un Schlaf des Ge-
rechte obgelege hatte. E Wasserbumb ganz in der Neh
kam weniger in Betracht, als wie die erkleclich weiter
entfernt „Galjewart," wo's e ganz vorziglich „Stoffiche"
gewe hat, e wahrhaft edel grigoldern Reweblut von
Aeppelbääm. Des Wachthäusi lag an em e schmale
Feldweg mitte in Kornselder drei in stiller Abgeschiedenheit
wie gemacht for e berjerlich Soldateherz im Friede.
Mensche sin da nor selte vorbeikomme, un wer vorbeikomme is, der hat hie mit em ehrforschtvolle Blick nach

de Pulverhäuſercher den ſcheue Schritt noch ſcheuer be-
ſchleunigt un hat, wie er glicflich voriwer war, noch
ſcheuer öfterſch den Kopp erumgedreht, ob die Pulverhäuſercher noch uff ihrm alte Platz ſteh bhete. Hie wo
des Wachthäuſi ſtand, war e Mannſchaft ungeſtört.
Geſtern war die Linjemannſchaft von de berjerliche
Scharfſchütze abgelöſt worn un heut hatte da die ſechs
Graumänner mit ihrm Gefreite die Scharfſchitze abgelöſt.
Die Scharfſchitze hatte ſich deſſe nicht ſogleich verſeh,
un es warn bei'm Eintreffe der Ablöſung nor die zwää
Wachtpoſte mit gezogene Herſchfänger an de Pulverhäuſercher zugege, un ſodann im Wachthäuſi noch finf
Schako, finf Herſchfenger, ſinve Bichſe un finf Uniforms-
röck. Des Zwrige war noch in Hembsärmel uff der
„Galjewaart,“ traf awer nach ere gute halwe Stunn
pinktlich beim Wachthäuſi widder ei. Der Gefreite Lenz,
der bei de Graumänner war un nicht bei de Schitze,
den alſo die Sach gaar nix aagung, hat ſich die unbe-
fugt Bemerkung gege den Gefreite von de Scharfſchitze
zu ſchulde komme laſſe, daß e desjenigtes Ausbleiwens
fää Art nicht wär, un hat daderrbei e Wort von
„Batailljönche“ falle laſſe, dann des Scharfſchitze-
Bataljon war nicht ſo ſtark in ſeiner Quanbidät als
wie in ſeiner Qualedät.

„Was hawe Se da geſagt, Sie Dreckbatſcher?
Ehrſcht will ich mein Rock aaziehe un dann wern ich
Ihne diene uff Ihne Ihr „Bataljönche!“

„Laß erſch! Jetz erſcht recht! Bataljönche!“

„Was? Bataljönche? Bataljönche? Batallbreckjon!
Bataljon!“

Da hat em awer der Gefreite Lenz druff erwiddert:
„Wann ich net den weite Weg widder eraus mißt, Gott
verfluch mich, ich dhet Ihne mit Ihrer ganze Wacht=
mannschaft hie uff dem Dobsch arretirn un uff die
Hääptwach brenge!"

Allgemää Hohngelächter von Seite der Scharf=
schitze: „Eeetsch!"

Der Maler Kaisian stieß vor Ingrimm sein Ge=
wehr uff den Boddem, daß der Feuerstää aus dem Hahn
gefalle is. E Scharfschitz hat sich dernach gebickt, hat
den Flintestää uffgehowe un hat en in Sack gesteckt.

„Gewe Se gleich mein Flintestää her odder es gibt
e Unglick!" krisch der Maler Kaisian un hat sei Gewehr
gefällt.

„Kaisian," sprach der Gefreite Lenz, „Bankeuett an
Ort! Merr wern di Sach vor des leblich Kriegszeigamt
brenge."

„Ich nemm Ihne beim Wort!" rief der Gefreite
von de Scharfschitze; „mache Se sich en doppelte Knopp
in Ihr Nas, daß Sie's net vergesse!"

„Mein Feuerstää will ich widder hawe!" krisch der
Maler Kaisian noch lauter.

„Herr Kaisian," sprach der Gefreite Lenz, „beruhige
Se sich norzt: wann Sie heint in den Fall komme söllte,
Desjenigte zu bederfe, so geb ich Ihne su lang mein
Feuerstää. Norzt still! Die Sach werd ihrn geweiste
Weg gieh."

Die Scharfschitze zoge mit Groll ab, un wie se
etwa an zwäähunnert Schritt von dem Wachthäusi ent=
fernt warn, hat sich der Gefreite erumgedreht, hat die

zwää hohle Händ vorn Mund gehalte un hat gerufe:
„Dreckbatscher!"

Wie aus ääner Kehl awer hawe die Graumänner
geantwort: „Batalljööönche!"

Die Sach war abgemacht. Der Schippegässer un
der Dippegässer stanne mit blankem Säwel Poste am
Pulverhäusi un die Annern hawe sich's bequem gemacht.
Vor allem die Röck aus, dann es war e haaßer Sommer-
dag. Der Maler Kaisian, noch immer zornschnauwend,
zog sei Skizzebuch aus der Brustdasch, hat sich dann
vor des Wachthäusi im kihle Lindeschatte an den Tisch
gesetzt un fung aa zu zeichne. Die Annern kame erbei
un hawem iver die Achsel zugeguckt. Er hatt noch kää
zehe Minute gezeichent gehat, so fung Alles laut zu
lache aa, dann unner dem Bleistift kam von der Kinstler-
hand des Malers Kaisian der wunnerbar karifirte un
doch gespeuzt ähnliche Gefreite von de Scharfschitze in
Hemdsärmel zum Vorschei.

„Wisse Se was, Herr Kaisian, Sie könnte mich
aach zeichne, awer norzt nach der Natur, des heest: net
so wie hie den olwerige Scharfschitze-Gefreite, sonnern
scheener als wie ich sein dhun. He?"

„Mich ääch! Mich ääch!" riefe die Annern.

„Es is merr lääd, meine Herren, sonst recht geern,
awer ich hab nicht e äänzig weiß Blatt mehr in mein
Skizzebuch. Ich will Ihne awer en Vorschlag mache;
ich will Ihne allminanner un mich derrzu hinne am
Wachthäusi mit Reiskohl uff die Wand male, zum ewige
Aadenke an unser heutig Wacht."

Des warn se dann all sehr zefridde, un warfe sich

sogleich in voll Uneform un stellte sich hinne am Wachthäusi newer der weiße Wand in Reih un Glied uff.

„Es is ää Mann zu viel!" sprach der Maler
Kaisian.

„Wie su?" hat der Gefreite Lenz gefragt.

„Ja," hat der Maler Kaisian gesagt, „Ääner von
Ihne, meine Herrn, muß uff die Galjewaart un e Vertel
Eppelwei hole. Ich hab Dorscht wie e Löb."

„Mir ääch!" sprach der Gefreite Lenz. „Wisse Se
was, Dreifroschgässer, Sie könnte higeh, Sie komme doch
hie beim Male der Reih nach zuletzt."

„Es is merr recht. Also Geld, meine Herrn. Der
Mann en Vogel. So!"

„Bleiwe Se nicht zu lang!" sprach der Maler
Kaisian.

„Ei, ich bin ja noch gar net fort! No, ich wern
bald wibber da sei."

Un daderrmit is der Dreifroschgässer fort, hat awer
zuvor sein Schako un sein Rock abgelegt, den Säwel
awer aabehalte.

Die Sach gung dem Maler Kaisian von der Hand,
wenn ääch nicht mit Reiskohl, denn von dere hatt' er
gar kää bei sich, awer mit e paar dichdige Holzkohle,
die sich in dem Oesche in der Wachtstubb vorgefunne
hatte. In ere klääne Stunn stanne se sämmtlich, mit
Ausnahm von dem Dreifroschgässer un dem Schippe- un
Dippegässer, die Poste stanne, uff der Wand, gespeußt
ähnlich un sehr schee sauwer ausgeführt. Wie der Maler
Kaisian den letzte Strich gemacht hat, kam der Dreifroschgässer mit em Vertelkrug un Gläser aa.

„Jetz komm ich awer draa!" sprach der Dreifroschgässer.

„In dene Hose noch lang net. Ehrscht komm ich
draa, dann ich hab Dorscht wie e Haifisch."

Kaum saße se im kihle Lindeschatte am Disch beim
Eppelwei un hatte noch net recht eigeschenkt, so kame
die zwää Poste vom Pulverhäusi geloffe.

„Wolle Se gleich widder uff Ihr Poste gieh!"
rief der Gefreite Lenz. „Ei Ihne muß ja Gott verblitze!"

„Merr hawe Dorscht, Herr Gefreiter!"

„Dorscht? Des is merr Worscht! Wolle — Se —
gleich — widder — uff — Ihrn — Poste gieh!"

„Ich wollt, ich hätt alleweil e Stick!" sprach der
Maler Kaisian un der Gefreite Lenz hat derrzugesetzt:
„Dreifroschgässer, Sie hätte wuhl aach e paar Handkies
un Brud metbrenge könne! Awer ihr zwää Neumaleser
stieht ja noch immer da. Wollt — err — gleich —
uff — Euer — Poste — gieh?"

„Herr Gefreiter," sprach der Maler Kaisian, der
e großer Menschefreind war un wußt, wie Dorscht so
weh dhut: „Herr Gefreiter Lenz, verstatte Se dene Leut
e Gläsi Eppelwei, es is heut e gar hääßer Dag von
ein e Nachmiddag; an dene Pulverhäuser is kää Bääm
un kää Straach un kää Schatte nicht, die Leut stehn
mit dem blanke Eise mitte in dere Sonn un die Näh
vom Pulver zehrt aach am Mann."

„No, so solle se geschwind e Glas trinke un dann
mache, daß se widder uff ihrn Poste komme, dann Desjenigte gieht barduh nicht, Herr Kaisian."

Der Schippegässer un der Dippegässer sterzte e

Glas Eppelwei enunner, un dann noch ääns, un bliewe
dann noch steh.

„No?" hat der Gefreite Lenz gesagt, „is es noch
net genug?"

„Ach, Herr Gefreiter," sprach der Schippegässer
treuherzig, „lasse Se uns noch e bissi hie! Hie is es
so schee kihl unner dene Linde. Die Pulverhäusercher
sin ja ganz in der Näh. Merr behalte se im Äg!"

„Jetz haw ich's odder knippeldick!" krisch der Gefreite Lenz un sprang von der Bank uff. „Wann Se
jetz net gleich uff der Stell uff Ihrn Poste ziehe, Gott
verfluch mich, laß ich Ihne ablöse un krumm schließe."

Des hat gewerkt. Der Schippegässer un der Dippegässer hawe sich widder uff ihr Poste an die Pulverhäusercher begewe, un der Gefreite Lenz hat sich widder
beruhigt uff die Bank nibbergelasse un hat gesagt: „Was
hat merr sei Last mit so Leut, die um Dausendgotteswille nix vum Dienst verstiehn un Desjenigte, was zum
richbige Soldat geheert, nicht zum verrecke bedappele
dhaun."

Es ward jetz gemithlich an dem Tisch vor'm Wachthäusi. Es worde Geschichte verzehlt vom „narrische
Wolf," von der „Muhmanns Kathrine,". vom „Mordche
Unglick" von „Zischebattem" des heest: von „Sachsehause,"
un Frankfort. Dann ward gesunge: „Prinz Eugenius
der edle Ritter," „Als ich noch im Flügelkleide in die
Mädchenschule ging," „Ein freies Leben führen wir,"
„Am Rhein, am Rhein, da wachsen uns're Reben" un
des scheene Orjellied mit dem Refrain: „Milichweiwer
mit Schnorrbärt, o Wind, o Wind" un so weiter. Alles
dorchenanner.

Uff emol awer hat's von de Pulverhäusercher her
gerufe:

„Ablöse! Es sin schon lang zwää Stunn vorbei!
Was is dann des for e Art?"

„Ja su!" hat der Gefreite gesagt. „Die hätte
mer bald vergesse."

Der Dippegässer un der Schippegässer worde abgelöst un der Dreifroschgässer un der Kaltelochgässer kame
an die Pulverhäusercher.

Es gung dann weiter im Text. Gege Awend war
des Vertel Eppelwei all un der Altegässer ward uff
die Galjewaart geschickt, noch e Vertelche zu hole un
ääch Handkees, Butter un Brod un ääch Schinke mit-
zubringe.

Der Altegässer gung, kam awer nicht allsobald
widder.

Es vergung e reichlich Stunn, — er kam net.
Noch e halb un noch e halb. Es blieb nix annerschter
iwerig als wie den Bräätegässer nach em zu schicke.

Der Bräätegässer kam obber ääch net widder.

„Es muß en e Unglick bassirt sei!" sprach der
Gefreite Lenz. „Schippegässer, frage Se emal nach uff
der Galjewaart, komme Se awer gleich widder!"

„Es schickt der Herr den Jochen aus." Ääch der
Schippegässer kam net widder. Es vergung ää halb
Stunn um die anner un er kam net. Der Herr Gefreite Lenz stieß alle bekannte un unbekannte Flüch von
ganz Sachsehause aus. Awer daderrvo kam der Schippegässer noch lang net nicht.

Der Dreifroschgässer un der Kaltelochgässer, die an

Pulverhäuser Poste stanne, sin unruhig warn, dann ihr
Zeit war längst erum.

„Abgelöst!" krisch der Dreifroschgässer.

„Abgelöst!" krisch der Kaltelochgässer.

„Himmelheiligeblitzkeildunnerwetter," hat der Ge=
freite Lenz geflucht. „Gleich, meine Herren! Gott
verfluch mich, Herr Kaisian, es bleibt uns nix annerscht
iwerig, als mir zwää stelle uns su lang an die Wacht=
häusercher, bis die drei Neumalöser von der Galjewaart
zurickkomme."

Der Dreifroschgässer un der Kaltelochgässer worde
abgelöst un der Maler Kaisian un der Gefreite Lenz
stanne Poste. Mittlerweil ward's Nacht un da sin dann
im Schutz der nächtliche Schatte ääch der Dreifrosch=
gässer un der Kaltelochgässer nach der Galjewaart verduft.

Dem Gefreite Lenz mocht so Ebbes ahne, dann er
rief von seim Poste aus, nach dem Wachthäusi zu:

„Dreifroschgässer!"

Kää Antwort.

„Kaltelochgässer!"

Widder kää Antwort.

„Herr Kaisian," sprach der Gefreite Lenz zum Maler
Kaisian mit läädmithiger Stimm, „daß su Ebbes im
Graumänner=Bataljong, daß su Ebbes im dem Herr
Hääptmann Stremsdorfer seiner Cumpanie, daß su Ebbes
in dem Feldwewel Dauth seiner Rott, daß su Ebbes
unner dem Gefreite Lenz seiner Wachtmannschaft bassirt
is, — gucke Se, Herr Kaisian, wie merr deß all mei
Gedäärm im Leib erum wenne dhaut, des kann ich Ihne
nicht sage, Herr Kaisian. Wie e Alpsch leiht merr deß

uff mein Harz un Mage. Herr Kaisian, wann Des=
jenigte unner die Leut kimmt, su is es mei Dud, so
wahr ich leb!"

„Awer Herr Lenz, beruhige Se sich doch nor!"
hat der Maler Kaisian erwiddert. „Beruhige Se sich
doch nor! Wer soll's dann erfahrn? Des bleibt unner
uns Mädercher."

„Gott versluch mich, Herr Kaisian, wann ewe die
Visitation komme dhet met dem Herr Leitenant Giewitz,
dem doppelschielchige Giftschnorres, der zegleich links un
rechts schielcht un daderrbei noch emol um die Eck erum
iwer die Achsele, so e naseweiser Mensch, — Herr
Kaisian, — ich sterz mich in mein Säwel."

„Er kimmt awer net, dabrinwer könne Se ganz
ruhig sei. Gucke Se dort driwe am Taunus hat's
schon e paar Mal geblitzt."

„Es is e Wetter im Aazuck. Unner diese bevor=
stehende Umstänn kimmt die Visitation nicht. Daderrdruff
kenne Se sich verlasse. Mei Rath odder, Herr Gefreiter,
wär derjenige, Sie dhete uff die Galsewaart geh un die
sauwere Vögel hole."

„Mein Poste verlosse? Net for die Welt."

„Es erfehrts ja Niemand. Wann Se's nicht dhun,
so geh ich hi. Meene Se dann, ich wollt hie an dene
oosige Pulverhäuser bis morje frih Schildwach steh?
Nor net."

„No, ich will Ihne folge, Herr Kaisian. Sie
hawe Recht. Basse Se ordentlich uff, daß nix bassirn
dhaut. Ich bin bald widder da." Un daderrmit hat

20*

sich der Gefreite Lenz im Geschwindschritt nach der Galjewaart zu in Bewegung gesetzt.

Der Maler Kaisian war jetzt mutterseeleallä. Wie dem Gefreite Lenz sei letzte Schritt verhallt warn, hat's der Herr Kaisian bereut, daß ern hat fortgeh lasse. Er schritt unruhig an dene Pulverhäusercher uff un ab. In der Fern vom Taunus her hat's dumpf gedunnert. Der Maler Kaisian sah bedenklich nach dere Gegend hie un da hat err dann, wie schon bemerkt, beim Leuchte von dene Blitze bemerkt, daß von dorther mit bechraweschwarze Wolke e Gewitter in Aazug wär. In de Rohrn, die in dem Deich vorm „Hellerhof" wuchse, hawe von eriwer die Rohrspatze gepiffe un von de annere Seit her, von de „Gutleuthöf" her, hat in dem dortige Gaarte e Nachtigall in langgezogene Tön geschlage, daß merrsch weithie dorch die still Nacht gehört hat. Nor e paar Käutzercher, die in der Näh von de Pulverhäusercher uff e paar Eppelbääm saße, hawe so jämmerlich ihr „Komm mit! komm mit!" gerufe, daß es dem Maler Kaisian ganz unhämlich is warn. Von Zeit zu Zeit is e Gegenstand an em vorbeigehuscht, odder e großer Nachtvogel iwer sein Kopp eweckgefloge. An en Haas odder e Eul hat er awer am allerletzte gedacht. Es ward em immer unhämlicher. Daderrzu des immer stärkere Blitze an dem Taunus. Blitz awer un Pulverhäusercher sin so Sache. Wer hat derrfor gestanne, daß die Blitzableiter uff dene Pulverhäusercher ääch im gute Stand warn? Der Gefreite Lenz is ääch ausgebliwe als wann die Galjewaart am End der Welt lige dhet. Uff äämol hat's in ääm von dene Pulverhäusercher

ganz deutlich gerappelt. Was war deß? Un dann ääch
war'sch als ob uffem Dach ebbes hi un herlääfe dhet.
Den Maler Kaisian hats eisekalt iwerlosse. Er hat
sich mehr un mehr dem Wachthäusi genähert. Ääch dadrin hats gerappelt. Der Maler Kaisian fung an zu
singe, e deitlich Merkmal, wann sich Käner fercht. Er
sang immer lauter. Dann hat er gehorcht, ob er von
der Galjewaart her kää Schritt vernemme dhet. Alles
still. Wann jetzt die Wacht-Visetation komme wär, hätt
em weniger draa gelege, als wie vor ere Stunn. Awer
des war bei dem eraaziehende Gewitter un dem dumpfe
Donner, den merr schon in der Fern gehört hat, weniger
zu besorje. Un weil des nicht zu besorje war, hat der
Maler Kaisian gedacht: No, die Pulverhäusercher wern
net gefresse wern, wenn ich se ääch net bewach. Ich
wern emal dene sauwere Herrn, die mich hie mutter-
seeleallää in stichedunkeler Nacht steh lasse, e bissi nach
der Galjewaart zu entgege geh!

Er kam der Galjewaart immer näher und näher,
awer außer dem Meenzer Postwage un ere Eau de
Levant-Kutsch is em kää Mensch un kää Seel begegent
bis an die Galjewaart. No, dacht er, die hocke noch
drin beim Eppelwei. Wie er awer in die Werthsstubb
eneitrat, hawe se da net mehr gehockt. Vor zehe Minute
wern se all minanner fort. Sie mußte also en nähere
Feldweg eigeschlage hawe.

Ääch gut! dacht der Maler Kaisian. „En Schoppe
Eppelwei!"

Während nun der Maler Kaisian gemiethlich bei
seim Schoppe Eppelwei uff der Galjewaart saß, un der

Gefreite Lenz mit dem Tippegäſſer un Schippegäſſer,
dem Bräätegäſſer, Altegäſſer un Dreifroſchgäſſer im
Stormſchritt un nuner em große Uffwand von Flüch un
Verwinſchunge zurückgeeilt ſin, warn die Pulverhäuſercher un des Wachthäuſi doch nicht ſo ganz in dem
verlaſſene Zuſtand als wie merr hätt meene ſölle. Dann
kaum hat ſich der Maler Kaiſian en gute Bichjeſchuß
von de Pulverhäuſercher entfernt, ſo warn der Herr
Leitenant Giewitz mit der Viſetation in der Näh vom
Wachthäuſi eigetroffe. So feſt ääch die Rond bei ihrm
Eranahe uffgetrete hatt, ſo is doch von dem Wachthäuſi
her dorchaus kää Werdaruf nicht komme. Desjenige
war dem Herr Leitenant Giewitz gleich ufffallend un er
hat ſcharf nach dem Wachthäuſi higeſpäht. Es hat wohl
e Licht drin gebrennt, was alſo uff en Uffenthalt von
Menſche hat ſchließe laſſe, awer en Poſte, odder ſonſt
e menſchlich Weſe, des vor dem Wachthäuſi uff un ab
gewannelt wär, konnt der Herr Leitenant Giewitz nicht
erſpähe. Un ſo dunkel war dann die Nacht grad
ääch nicht.

„No, was is dann deß?" ſprach der Herr Leitenant
Giewitz; „was is dann deß? Vor dem Wachthäuſi und
in dem Wachthäuſi regt ſich nix un wegt ſich nix!"

Der Herr Leitenant hawe mehreremal ſich geräuſch-
bert: „hm! hm!" — un dann laut gehuſt.

Kää „Werda."

„No?" hat der Herr Leitenant nach dem Wachthäuſi higerufe.

Kää Antwort.

„Schildwacht!"

Kää Antwort.

„Schildwacht!"

Kää Antwort.

„Schild — wa — a — a — cht!"

Widder kää Antwort.

„Gefreite Lenz!"

„Hier!" hat's aus der Entfernung gerufe, un zugleich hat merr den starke Trabb un dann den Galopp von Menschetritt gehört.

Athemlos kam der Gefreite Lenz mit dem Schippegäſſer und Dippegäſſer, mit dem Altegäſſer, Bräätegäſſer un Dreiroſchgäſſer nach dem Wachthäuſi geſterzt, griffe zu ihre Gewehrn un hawe ſich alle ſechs in ääner Reih uffgeſtellt, wobei ſich bei dere Vewerrung begewe hat, daß der Gefreite Lenz anſtatt an den Flichel, in die Mitt von ſeiner Wachtmannſchaft zu ſteh kam. Des abzuännern war obber leider kää Zeit mehr, dann der Herr Leitenant Giewitz war mit ſeiner Rond ſchon ganz dicht aagerickt. Der Gefreite Lenz, athemlos wie er noch war, konnt nor noch keuche: „Gott verfluch mich, ruf doch Ääner: Werda!"

Da dieſe Ufforderung jedoch nicht an e beſtimmt Perſönlichkeit gericht war, ſo hat die ganz Wachtmannſchaft wie aus ääm Hals „Werda?" gerufe, awer dorchaus net in langgezogene Tön, wie des ſonſt bei Wachtpoſte der Gebrauch is, dann daberrfor war ſe noch zu ſehr im Schnaufe begriffe.

„Rond!" hat der Herr Leitenant Giewitz geantwort. „Rond un Viſetation! Gefreiter Lenz, vortreten!"

Der Gefreite Lenz trat vor, awer nicht wie ſonſt,

soldatemäßig bolzestrack; alle Glieder sin em gange, die
Knie hawe nem geschlottert un die Ärm un Schultern
hawem gezuckt, daß sei Gewehr geklerrt hat.

„Ei, wo komme Se dann her als Gefreiter, mitte
aus dem Glibb eraus? Wisse Sie dann nicht, wo dem
Gefreite sei Platz is?"

Der Gefreite Lenz stann da sprachlos wie von Gott
geschlage.

„Was geht denn iwerhääpt hie vor? Dhun Sie
so als alter Soldat desjenige in Ihne gesetzte Vertraue
von Seite vom Ihne Ihrige Bataljong, von Seite eines
hohen Senats un der ganze Frankforter Berjerschaft
respectirn, daß Se den allerwichtigste Poste in un
außerhalb der ganze Stadt, daß Se die Ihne aavertraute Bewachung von de Pulverhäusercher verlasse und
daderrdoch das allergreeßt Unglick iwer Ihr Mitberjer
un die ganz Stadt hätte brenge könne? Ju Deiwel!
Schäme Se sich!"

„Ju Deiwel, schäme Se sich," hat die ganz Rond-
mannschaft widderholt.

„Wo warn Se?!"

„Merr sin Ääm nachgeloffe, der in der Näh von
de Pulverhäusercher geräächt hat," hat der Gefreite
Lenz geloge. „Net wahr, meine Herrn?"

„Ja, merr sin Ääm nachgeloffe, der in der Näh
von de Pulverhäusercher geräächt hat," hat die Wachtmannschaft wie ää Mann bestättigt, un der Schippegässer hat noch derrzu gesetzt: „Un ääch noch aus ere
Peif ohne Deckel! Die Funke sin nor so erumgefloge."

„Un da hat em die ganz Wachtmannschaft nach-

lääse misse?" hat der Herr Leitenant Giewitz mit em e
sehr skeptische Achselzucke gefragt.

„Merr hätten sunst net kriecht!" hat der Gefreite
Lenz erwiddert.

„No, wo hawe Se'n dann?"

„Wu merrn hawe? Meine Herrn, wu merrn hätte?
fregt der Herr Leitenant Giewitz."

„Wo merrn hawe?" sprach der Dippegässer. „Wo
wern merrn hawe?"

„Fort is err!" sprach der Altegässer.

„Fort? Wie so?"

„Ei, lääse Sie em nach un hääse Se'n Plattkopp!"
hatt der Altegässer gesagt. „Der Kerl is geloffe wie
e Hersch!"

„Merr sin em nach bis an die Galjewaart," hat
der Bräätegässer sehr unbedacht gesagt.

„Bis an, uff un in die Galjewaart! Des kann
ich merr denke," hat der Herr Leitenant Giewitz sehr
spitzfindig bemerkt. „Dort hat er sich wahrscheinlich in
der Werrthsstubb so gut versteckelt, daß er vor der
ehrschte halwe Stunn parduh gar nicht zu finne war.
No, ich wern hernachend emal so frei sei un dere Galjewaart en Besuch abstatte."

„Thaun Se Desjenigte nor nicht!" hat der Gefreite Lenz gewarnt. „Hinner dere Galjewaart leihe zwaa
Zigeunerbande, e jed gut un garn ihr sufzig Köpp stark;
wilde Kerl wie die Räuwer un Banditte, immer ääner
schwärzer als wie der annere: mit su lange Messer un
Pistole! Gucke Se, Sie könnte von hei ihr Wachtfeuer
sih um des se erumlagern, wann net der Wartthorn

derrvor stih bhet. Merr hawe se gesih, wie merr vor=
hinnt dem Kerl met seiner Peif nachgeloffe sin. Der
hat wahrscheinlich aach zu dere Band gehirt."

„A bah! Ich fercht mich net!"

„Herr Leitenannt, nehme Se Vernunft aa! Die
zwaa Bande fihrn drei gruße Bärn bei sich."

„So? drei Bärn? Des is viel. Un da meene
Se, könnt ich merr ään von dene drei uffbinne lasse?
Da megte Se sich doch vielleicht geerrt hawe. Awer
sage Se emal, hie seh ich ja finf Mann un en Ge=
freite uff der Wacht? Wie is dann deß? Deß is ja
ääner zuviel. Sive Mann solle's in allem sei un hie
sin ere sechs. Wie kimmt merr des dann vor?"

„Der Maler Kaisian stieht ja an de Pulverhäusercher
Poste," sprach der Gefreite Lenz.

„No, un der zwette Poste?"

„Der hat geholfe dem Kerl met seiner Peif nach=
laafe. Wie hätte merr dann Den junst kriehe wolle?
Sie, Schippegässer, ziehe Se gleich widder uff Ihr Poste,
odder Gott verfluch mich, ich laß Ihne hei uff dem
Dobsch arredirn. Was fällt Ihne dann ei?"

„Ich sein gar nicht an der Reih, Herr Gefreiter."

„Eu? Sie sein net an der Reih? No, wer dann?"

„Wääß ich's?"

„Ei, es werrd ja immer scheener!" rief der Herr
Leitenant Giewitz in großer Entristung. „Es fregt sich
jetzund noch sehr, ob iverhääpt an dene Pulverhäusercher
e Poste steht."

„Daderrvo, Herr Leitenant, könne Se sich durch
den Aageschei iverzeige," hat der Gefreite Lenz mit

großer Zuversicht gesagt un dann mit lauter Stimm gerufe: „Kaisian!“

Kää Antwort.

„Kääää — siijaaan!“

Widder kää Antwort.

Der Gefreite Lenz stann da wie vernicht.

„Herr Hahnekopp,“ hat sich der Herr Leitenant Giewitz zu em Mann von seiner Rond gewendt, „gehn Se emal hi un gucke Se, ob e Poste an de Pulverhäusercher steht.“

Der Herr Hahnekopp hat sich sogleich nach de Pulverhäusercher begewe un der Herr Leitenant Giewitz sein in großer Erregung uff un ab gange ohne e Wort zu redde. Der Gefreite Lenz hat dagestanne in dodesbanger Erwartung, die awer immer noch von em e Hoffnungsschimmer verklärt war. Dann daß der Maler Kaisian, so e gebildeter Mann un Künstler, sein aavertraute Poste an dene Pulverhäusercher verlasse hätt, nää! des war gar nicht zu denke. Es warn bange, bange, schwere zehe Minute, bis der Herr Hahnekopp die Pulverhäusercher umgange hat.

„Herr Leitenant!“ scholl's von de Pulverhäusercher her.

„Hier!“

„Nicht die. Aaaart!“

„Waaas?“

„Niix! Gaaar niix!“

„Niemaaand?“

„Kää Kaaatz!“

„Worum hat sich des Gewitter verzoge un es schlage

mich hie kaa neununneunzig Blitzkeil e Million Klafter
dief in de Erdbobbem!" hat der Gefreite Lenz vor sich
hingemormelt.

Der Herr Hahnekopp kam zurick un hat rapportirt,
daß wedder von em e Maler Kaifian noch fonft em e
menfchliche Wefe was an dene Pulverhäufercher zu
feh wär.

„Wo is er?" frug der Leitenant Giewitz mit vor
Zorn bewender Stimm den Gefreite Lenz. „Wo is der
Maler Kaifian?"

„Pofte an de Pulverhäuferchen geftanne hat err,
Herr Leitenant, des kann ich Ihne uff Baroll versichern.
Wann er sein Pofte verlaffe hat, so is Desjenigte net
mei Schuld."

„Er wird uff die Galjewaart fei?"

„Meglich, Herr Leitenant, meglich! In dere gott-
verfluchte Nacht is Alles meglich."

„Gut, dem Mann wolle merr doch emal en Befuch
abftatte."

Der Maler Kaifian faß uff der „Galjewaart"
bereits beim dritte Schoppe Eppelwei feelevergniegt un
diefer Welt entrickt, dann er war mit zwää alte Frankforter Feldfchitze in ere belehrende Unnerhaldung iwer
die Wunner un Größ des „himmlifche Weltalls" begriffe.
Er hatte fe bereits von der Erd uff den Mond, von
dem Mond uff die Sonn, von der Sonn uff der Milich-
ftraß, weil des vor fei aftronomifche Kenntniffe der
ewenfte Weg war, bis dief ins Weltall enei uff die
bleichfte Lichtnewel hin un widder zurickgefihrt, un die
zwää alte Feldfchitze warn von dem weite Weg fehr

mied warn un hunge die Köpp sehr dief un schläfrig
nach dem Disch erunner. Awer der Maler Kaisian
schlug mit der Faust auf den Disch un sprach: „Uffge-
paßt, meine Herrn! Jetzt will ich Ihne erklärn, woher
als des kimmt, daß sich all diese Weltkörper so schwewend
in der Luft erhalte un kääner erunnersterzt. Des kimmt
dorch die gegeseitig Aaziehungs- un Abstoßungskraft. Ich
kann Ihne des nicht besser erklärn als so: Ich werf
ään von Ihne per Exempel zum Beispiel der Thür
enaus un Sie lääfe dann noch e gut Stick weiter un
bleiwe dann steh un denke: Soll ich merr dann des
von dem Flegel gefalle lasse? un wolle wibber uff mich
zuricke. Da awer hew ich die Hand un wink Ihne:
Nor herkomme, Verschi! Da besinne Se sich awer un
denke: Nor net! Awer um merr zu zeige, daß Se sich
net vor merr ferchte, bleiwe Se steh un dann gehn Se
im e weite Boge immer um mich erum."

„Des verstehn ich net!" hat der ääne Feldschütz
gesagt.

„Ich ääch net!" sprach der annere.

„No, meine Herrn," hat der Maler Kaisian erklärt, „nemme Se aa, ich säß hie an dem Disch, wo
ich jetzt werklich sitz, un es käm e ganzer Klumpe von
Kerl erei un wollt mich an sich ziehe. Was wollt ich
mache? Abstoße mißt ich se! Gewe Se Achdung, ich
will's Ihne noch deitlicher mache. Ich will jetzt nach
der Thür zu geh, wo der Klumpe von dene Kerl ereikomme könnt. Also die Thür geht uff, die Kerl komme
erei un wolle mich an sich ziehe, ich awer stoß se ab!"

Un daderrmit hat der Maler Kaisian die Werths-

stuwedhier uffgemacht, un in demselwe Moment sin sechs
Händ uff äämol dorch die Stuwedhier ereigefahrn, hawe
den Maler Kaisian an der Brust krieht un wollte en
an sich ziehe. Der Maler Kaisian awer hat mit seine
bääde Fäust zur Stuwedhier enausgestoße, hat sich los-
gerisse un is dann in die Stubb zurickgeloffe bis an's
hinnerschte Fenster, wo e Stuhl derrvor stand. Uff den
Stuhl sprang er, riß des Fenster uff, — ään Satz un
braus war er.

Der Stuwedhier awer kam ereigequolle der Herr
Leitenant Giewitz benebst der Mannschaft von der Rond.

Die zwää alte Feldschitze warn vom Disch uffge-
sprunge ganz verschrocke iwer die Aaziehungs- un Abstoßungskraft in dem Maler Kaisian seiner populäre
Astronomie. Der Herr Leitenant Giewitz awer sah sich
in de ganze Werthsstubb nach dem Maler Kaisian um
un sprach dann zu dene zwää Feldschitze: „Wo is er?"

„Wer, Herr Leitenant?"

„Der Maler Kaisian."

„Dadermit kann ich Ihne nicht diene!" sprach der
ääne Feldschitz un hat seim Kamerad zugeblunke.

„Ich ääch nicht!" sprach der Anner.

„Awer er w a r doch da?"

„Des is meglich, Herr Leitenant; des will ich net
in Abredd stelle."

„Ich ääch net."

„So, Sie auch nicht?" hat der Herr Leitenant
Giewitz hochdeitsch un sehr frabbirt erwiddert; „Sie
kenne also den Maler Kaisian nicht?"

„Kaisian? Kaisian? Ich meen, den Name hätt ich
schont emal ersendwo gehört."

„Mir is es aach so."

„So? Ihnen ist es auch so? Nun, das wird sich finden. Und Sie, Herr Wirth?" wandt sich jetzt der Leitenant Giewitz an den Chauseegelderhewer von der Galsewaart, der an seim Schalterfenster uff em e große ledderne Lehnstuhl saß un dhat, als ob er schlafe dhet. „Und Sie, Herr Wirth, Sie kennen den Maler Kaisian auch nicht?"

Der Herr Chauseegelderhewer gab e paar sehr diese Schnarchtön von sich.

„Des is merr ja sehr interessant!" sprach der Herr Leitenant Giewitz, „sehr interessant! Lauter Leut bei der Stadt aagestellt! Dees is ja sehr schee! Mir wolle Sie leigne? Mir! Daß der Maler Kaisian, der von seim Poste an de Pulverhäusercher deserdirt is, hier gewese wär? Hier in dere Stubb, wo ich en mit meine bääde Aage, mit meim linke un meim rechte, leibhaftig hab vor merr steh seh, da an dere Stuwedhir, — ich un die ganz Mannschaft hier von der Rond! Meine Herrn Feldschütze, wolle Se merr gefälligst die Ihne Ihrige werthe Name sage!"

„Die gehn Ihne nix an!"

„So? Aach noch Subordination?"

„Subordination? Wie komme Se merr vor? Mir stehn net unner dem Comando von de Graumänner! Aach noch! Mir sein bei der Stadt aagestellt!"

„Schweigen Sie!"

„Vor Ihne? Noch lang net!"

„Auf der Stelle schweigen Sie!" schrie der Leitenant Giewitz un trat uff die zwää alte Feldschütze zu.

„Gott verſluch mich!" rief aber jetzt der ääne alte
Feldſchitz un hung von der Wand ſei Bichs ab un ſei
Kamerad that desgleiche. „Gott verſluch mich! Jetzt
haw' ich's obber ſatt! Ei wer ſein Sie dann eigentlich?
Wo komme Se her? Wo wolle Se hi? Uff die Haupt-
wacht ober uff die Conſtawelerwacht? Mir ſein bei der
Stadt aageſtellt! Hawe — Se — mich — ver —
ſtanne?" Un daderrmit ſtieß der Feldſchitz ſei Bichs uff
die Erd un ſei Kamerad ääch ſei.

Dem Herr Leitenant Giewitz mit ſammt ſeiner
Rond ward unhäämlich.

„No," ſprach er, „gut! gut! gut! Merr wern uns
wo annerſcht treffe!"

Un daderrmit hat er mit ſeiner Mannſchaft Links
kehrt gemacht un is zur Stuwedhir enaus.

* * *

Das nun Folgende hat der Maler Kaiſian der
Fräulein Annett ſo erzählt:

„Sie wiſſe ja mei Geſchicht, die ich mit dem hieſige
Kriegszeigamt hab?"

„Ja wohl. Sie haben Ihren Poſten am Pulver-
magazin verlaſſen und ſind auf der Gallenwarte Aepfelwein trinken gegangen. Es hat mich das ſehr gewundert
von Ihnen, aufrichtig geſagt. Ein Soldat darf unter
keinen noch ſo trinkenden Umſtänden ſeinen Poſten
verlaſſen, und nun gar einen Poſten am Pulverhaus.
Welches Unglück hätte da in Ihrer Abweſenheit ge-
ſchehen können!"

„Gewiß kää ſo großes als wie bei meiner Aaweſenheit. Denke Se sich nor, die ganz Wachtmannschaft hat sich häämlich un nach un nach aus dem Wachthäusi entfernt un war uff die Galjewaart zum Aeppelwei gewitscht. Sogar der Herr Wachtcommandant. Denke Se sich jetzt an mei Stell! Mutterselig allaa weit draus im Galjefeld bei stockdunkeler Nacht an de Pulverhäusercher Poste steh, während hinnerm Taunus e schwer Gewitter mit Blitz un Dunner eruffgezoge is! Un daderbei ääch noch en quälende Dorscht!"

„Nach Aepfelwein."

„Ganz recht: nach Aeppelwei, dann Wasser dhuts freilich net. Ja, lache Se nor, awer Sie kenne die Empfindunge net, die e Berjer uff der Wacht empfindt, wann er wääß, die Annern sitze beim Aeppelwei un er könnt des ääch hawe. No, wann's nu in de Pulverhäusercher eigeschlage hätt? Wer hätt dann den Schadde derrvo gehat? Ich!"

„Auf den Pulverhäuschen befinden sich ja, so viel ich weiß, Blitzableiter."

„Des hat sei Richdigkeit, — awer städtische Blitzableiter. Wisse Sie, was des in Frankfort besage will, e städtischer Blitzableiter? Nää? Des will besage, daß es da ehrscht recht eischlägt, awer net in Blitzableiter, sonnern derrnewe. Wie viel Balle Rostbabbier meene Se dann, daß merr baderrzu brauche dhet, um die Blitzableiter uff dene Pulverhäusercher widder blank zu butze? Wann's also in die Pulverhäusercher eigeschlage hätt, ich hätt se doch net halte könne, daß se net in die Luft gefloge wärn. Awer mit gefloge wär ich bis an de Hundstern. Höchstens hätt ich im Vorbeifliehe an de Galjewaart en flichtige Blick enei in die Werthsstub dhu kenne. Da haw ich dann gedacht, du gehst liewer uff dem feste Erdbobbem uff die Galjewaart un läßt die Pulverhäusercher allää in die Luft fahren. Ich bin freilich deffentwege vom Kriegszeigamt zum Dod verordhält worn."

„Zum Tod verurtheilt? Ha! ha! haa!"

„Da is gar nix zu lache, Frailein. Zum Tod; die Appellation steht merr zwar noch frei, awer des Ge- redd un des Geuhz von de Mensche in der Zwischenzeit is merr mies. Un dem will ich ewens aus dem Weg geh, un dessentwege haw ich mich korzer Hand entschlosse, die alt Fingerhutin nach Bole zu beglääte."

„Nun, Herr Kaisian, Sie haben mir ja gar nichts Näheres über Ihre Verurtheilung mitgetheilt. Bitte, erzählen Sie mir etwas davon. Es bleibt unter uns. Es ist nicht bloße Neugierde von mir, sondern die auf- richtige Theilnahme für Sie."

„Mit dem Gesicht? Ei, Sie kenne ja kaum das Lache unnerdricke!"

„Ich? Wo denken Sie hin! Ich bin in einer höchst ernsthaften Stimmung."

„Na, was is da viel zu verzehle! Ich hab ewens e Vorladung uffs Kriegszeigamt kriegt und zwar in Uneform. Wie ich hikomme bin, warn im Vorzimmer schon der Gefreite Lenz un der Dippegässer un Schippe- gässer un der Altegässer un der Braategässer un so weiter schon zugege. Der Gefreite Lenz war schloose- weiß im Gesicht un die Annern hawe grad ääch net wie die Rose gebliecht. Sie faße da zusamme uff ere lange

Bank wie die aarme Sinder. Am Fenster awer stann
die Ordenanz un hat uff de Scheiwe en schwermithige
Marsch getrommelt. Ich wollt en grad sage: „No,
meine Herrn, warum so still un nibberschlage?" da is
die Thier von de Kriegszeigamtsstubb uffgange un der
Herr Auditeer Krumschließer is in's Vorzimmer komme.
Der Gefreite Lenz un der Schippegässer un Dippegässer,
Altegässer und Braategässer et caetera hawe sich sehr
schnell von ihrer Bank erhowe un hawe dem Herrn
Auditeer in sehr miletärischer Art und Weis die Honeur
gemacht un en daderbei noch zegleich wehmithig un
barmherzig aangeblickt. Der Herr Auditeer hawe zwar
gedankt, awer daderrbei ään nach dem Annern mit em
e sehr betriebte Blick betracht un jedesmal derbei geseifzt.
Beim Gefreite Lenz un bei mir hat er ääch noch emaal
eijerst traurig mit dem Kopp geschittelt.

„Das waren keine guten Anzeigen."

„Gewiß net. Der Gefreite Lenz hat merr ääch
en vielsagende Blick zugeworfe un war noch schlooße=
weißer als wie vorher."

„Ist Ihnen da nicht unheimlich geworden?"

„Was ich just net sage kennt. Ich hab so an e
Dager Verrzel „Mehlwaag" gedacht, des war Alles.
Der Herr Auditeer awer hawe sich zur Ordenanz an's
Fenster begewe und hawe ebbes Leises zu dere gesacht.
Der Gefreite Lenz hat mit net ganz ganz klääner Angst
die Ohrn gespitzt un is dann zu merr komme un hat
merr zugeflistert: „Gewe Se' acht, Herr Kaisian, der
Bedell kriebt den Ufftrag, e paar Mann Wacht zu hole!"

„Mache Se kää Sache," haw ich gesacht. „Meene

Se werklich, merr dhet so mir nix dir nix en hiesige
Berjer mit Soldate am helligte Dag iwer die Gaß uff
die Mehlwaag führn lasse?

„Mehlwaag?" hat awer da der Gefreite Lenz gesagt, „was sein Sie so irr, Herr Kaisian! Sage Se:
Klapperfeld!"

Der Herr Auditeer awer hawe sich widder in die
Amtsstubb zurückbegewe, nicht ohne noch emal jeden von
uns mit em e traurige Blick zu betrachte und zu seifze.
Die Ordenanz awer hat die Kapp uffgesetzt un wollt
der Dhier enaus.

„Hawe Se en Gang zu besorje? Herr Ordenanz?"
hat der Gefreite Lenz mit ere sehr große Freindlichkeit
un mit de herzgewinnenste Tön zu der Ordenanz gesagt.

„Jawohl."

„Im Ufftrag vom Herr Auditeer?"

„Jawohl."

„Derfte merr vielleicht wisse, uff was sichs bezicht?"

„Des is Dienstgeheimniß!"

„Sage Se uns nor e äänzig Wertche dervo. Net
wahr, Herr Kaisian?"

Da haw ich awer gesacht: „Der Mann is in seim
Dienst un derf nix ausbabele, Herr Lenz!"

„Nor en äänzige Buchstawe!" hat awer der Gefreite Lenz weiter gebitt, ohne sich err mache zu lasse.

„Was wolle Se dann mit dem äänzige Buchstawe
aafange?" hat die Ordenanz gelacht.

„Nor ein Buchstawe! Net wahr, Herr Bräätegässer?"

Der Bräätegässer hat genickt.

„Wann Se's dann dorchaus wisse wolle", hat die
Ordenanz gesacht, „den ääne Buchstawe kann ich Ihne
schon sage: W."

„O weh!" hat der Gefreite Lenz gesacht, un die
bääde Aerm sin em schlaff am Leib erunner gefalle.

Die Ordenanz awer is mit Lache zur Thier enaus.

„No, Herr Lenz", haw ich den Gefreite Lenz gefragt, „was hawe Se? Sie sehn ja alle Dodte gleich!"

„Wisse Se dann ääch was des „W" zu bedeite
hat?" hat der Gefreite Lenz gesacht. „He? wisse Se's?
Haw ichs Ihne net vorhint schon gesacht? des „W"
bedeit W a c h t!"

„Nor net!"

„Nor net? Verlosse Se sich druff! Wacht bedeits
un nix annerschter!"

„Da wer'ich am Gescheitste, meine Herrn," hat der
Altegässer gesacht, „merr dhete die Sach hie net abwaarte
un uns uff Franzeesch empfehle."

„Da wern Se dahääme geholt!" haw ich awer da
dem Altegässer erwiddert. „Also besser dagebliwe un
abgewaart. Was kann uns im schlimmste Fall bassirn?
Verrzeh Dag Mehlwaag!"

„Klapperfeld!" hat der Gefreite Lenz gesacht.

„Meinetwege ääch Klapperfeld. Mir is es Worscht."

Un kaum hat ich des „Worscht" gesacht, is die
Thier uffgange un die Ordenanz is widder ereikomme,
awer ohne Wacht. Daderrfor hat er odder in der ääne
Hand e Zehenuhr-Breedche gehat un in der annere
Ebbes in Zeidungs-Babbier gewickelt. Des Babbier
awer mußt en fette Gegenstand enthalte, des hat merrm

aageseh. Zu gleicher Zeit hatt sich e aagenehmer Geruch nach frischer Lewerworscht in der Stubb verbräät.

Der Gefreite Lenz hat mit der Nas geschnuffelt un hat dann en rothe Kopp kriecht.

Die Ordenanz awer hat gesacht: „Hie hawe Se des ganze Amtsgeheimniß, des mit dem Buchstawe „W" aafängt! Worscht! Dem Herr Auditeer sei Frihstick. Wann er des drunne hat, dann komme Se vor, meine Herrn. Gefresse wern Se hoffentlich net!"

„Gott sei Dank, es fällt merr en Stää vom Herze!" hat der Gefreite Lenz gesacht. Un da haw ich em druff erwiddert:

„No, daderrfor legt sich der Herr Auditeer e warm Stick Lewerworscht uffen Mage."

So saße merr widder e Weilche, bis der Herr Auditeer gefrihstickt hat. Dann hat's geklingelt. Die Ordenanz is erei in die Amtsstubb un is dann gleich widder erauskomme un hat gesacht: „Herr Gefreiter Lenz!"

„Hier!"

„Sie solle eneikomme."

Der Gefreite Lenz hat sich gefärbt wie e ungebleicht Handbuch un hat dann gesacht: „Jetz zieht mersch an Krage!" Dann hat er jedem von uns noch emal e Hand gewe un is dann in die Amtsstubb enei.

Merr hawe mit all unsere Ohrn gehorcht, was da drin in dere Stubb vorgeh dhet, hawe awer kää Sterwenswörtche versteh könne. E Weilche druff hat's dann widder geklingelt. Die Ordenanz is widder eraus un hat gesacht:

„Herr Maler Kaisian!"

„Hier!"

„Eintreten."

„Auch gut!" haw ich gesacht un bin eigetrete. Da saß dann des ganze kriegszeigamtliche Vehmgericht beisamme: Der ältere wohlregierende Herr Vorjemääster als owerschter Kriegszeigherr der gesammte Frankforter Macht, Linje sowohl als Stadtwehr, hawe präsidirt. Zu seiner Linke saß der Herr Hääptmann Feuerschloß, un zu seiner Rechte der Herr Hääptmann Knallbichs, dann kame der Herr Owerleitenant Flintestää un der Herr Owerleitenant Degequast, un so weiter. Am End vom Disch awer saß der Herr Auditeer. An der Wand awer uff ere Bank saß der Gefreite Lenz un hat den Kopp henke lasse un hat vor sich hi gesturt uff den Stuwwebobbem.

Zuehrscht sin mei Personalie uffgestellt worn.

Vor- un Zuname, Religion, Alter, Stand un Gewerb.

„Sie sin bei de Graumänner?" hat dann der Herr Auditeer gefragt.

„Jawohl."

„Bei welcher Compagnie?"

„Bei der Zweit."

„Wie lange dienen Sie schon?"

„Schon seit zehe Jahrn."

„Desto schlimmer!" hat jetzt der wohlregierende Herr Vorjemääster des Wort ergriffe un hat dann gesacht: „Herr Kaisian, Sie hawe sich als Stadtwehrmann e Vergehe zu Schulde komme lasse, deß mich, als Ihne Ihrn owerschte Vorgesetzte, deß die ganz bewaffnet Macht

unserer Stadt un die ganz Berjerschaft mit ewe so großer
als gerechter Betribniß erfüllt; ääns von de schwerste
militärische Vergehe, die's überhaupt gibt: Sie hawe
als Soldat den Ihnen anvertrante Poste verlasse un
obendrein ääch noch ein Posten von ganz besonderer
Wichtigkeit, den Posten an den Pulverhäusern. Welches
entsetzliche Unglück hätte dadurch geschehen können, daß
Sie gerade diesen Posten verlasse habe. Warum
habe Sie das gethan?"

„Aus Dorscht."

„Aus Durst?"

„Aus pure Dorscht, Herr Borjemääster. Ich hab's
for Dorscht net mehr aushalte könne."

„Warum hawe Sie da nicht, wann Sie's nicht
mehr hawe aushalte könne, der Wachtmannschaft in dem
ganz nahen Wachthäusi zugerufen, Ihnen ein Glas
Wasser zu bringe? So viel ich weiß, ist ein Brunnen
bei dem Wachthäusi. Nicht wahr, Herr Hauptmann
Feuerschloß, es ist ein Brunnen bei dem Wachthäusi?"

„Ganz wohl, Herr Borjemääster! Des beste Wasser
von der Welt."

Un da haw ich awer gesacht: „Hochzuverehrender
Herr Borjemääster! Sie wern entschuldige, daß ich Ihne
in die Redd fall, es walt awer hier e Mißverständniß
vor. Der Awend, an dem ich an de Pulverhäusercher
Poste gestanne bin, war e Awend nach em e sehr hääße
Dag, un war for sich selbst noch emal e sehr hääßer
Awend. Der Mann awer, der an so hääße Däg un
Awende uff dem Poste steht im größte Sonnebrand bei
Dag un dem größte Mondschei bei Nacht, Derjenigte

Mann un Soldat kann Deszenigte nicht leiste, was an
ihm preſtirt werrd, wann er den Bauch, wollt ich ſage:
den Mage nor immer voll Waſſer hat.“

„Da hätten Sie awer doch Einem von der Wach-
mannſchaft zurufe könne, er ſöllt Ihne e halb Maas uff
der Galjewaart hole. Warum hawe Sie dieſes dann
nicht gedhaa?“

„Ja, hochzuverehrender Herr Borjemääſter, des
hätt ich ääch ganz gewiß gedhaa, wann iwerhääpt noch
Ääner von der Wachtmannſchaft dageweſe wär.“

„Ei, um Himmelswille, wo warn die dann all?“

„All ſchon uff der Galjewaart, hochzuverehrender
Herr Borjermääſter. Es iſt en ewens all gange wie
mir: ſie hawe Dorſcht gehat bei dere kanibaliſche Hitz
un nix im Mage als wie des pure Waſſer. Fort warn
ſe, all minanner uff die Galjewaart. Es hätt ſonſt
dodte Menſche gewe. Der Gefreite Lenz da, net wahr?
hat ſelbſt den Poſte an de Pulverhäuſercher verſeh
miſſe. Un wie die Mannſchaft dann gar net widder
komme is, — kää Wunner bei dem Dorſcht bei dere
Hitz, ſo hat ſich der Herr Gefreite Lenz als e Soldat
von Flicht un Gewiſſe uffgemacht un is ſelwer uff die
Galjewaart, um nachzuſeh, was Die da ſo lang mache
dhete.“

„Un Sie?“

„Un ich? Mit em Mage voll Waſſer im Leib,
mutterſelig allää, in ſtichedunkeler Nacht, die keenes
Menſche Freund net is, ääch noch an Pulverhäuſercher,
— un hinnerm Feldbeerg is e Gewitter mit Blitz un
Dunner uffgezoge, alſo immer noch mehr Waſſer, —

da, — da, — hochzuverehrender Herr Borjemääſter,
ich wääß, es war als Soldat unrecht von merr, awer
der Menſch hat in merr geſiegt, da, — bin ich ääch
uff die Galjewaart. Mache Se mit merr was Se
wolle, — hier ſteh ich, — ich kann net annerſcht —
Gott helf merr! Amen.“

„Ha! ha! ha! haa!“ hat die Annett gelacht.

„Sie hawe gut lache!“ hat der Maler Kaiſian
fortgefahrn zu verzehle. „Sie wärn an meiner Stell
ääch uff die Galjewaart!“

„Ich glaube kaum, Herr Kaiſian. Aber ſagen Sie,
war der Bürgermeiſter nicht gerührt von Ihrer Rede?“

„Ja, des war err, Frailein. Merr hat ſem deitlich im Geſicht aageſeh, wie er mit ſich gekämpft hat,
den Menſch un Berjerfreind nicht iwer den ſtrenge
Kriegszeigherr un owerſchte Richter Herr wern zu laſſe.“

„Und was hat er geſagt?“

„Was er geſacht hat? — „Nach den Kriegsgeſetzen
der Freien Stadt Frankfort haben Sie eigentlich daderrdorch, daß Sie als Soldat den Ihne anvertraute Poſte
verlaſſen hawen, das Leben verwirkt un miſſe erſchoſſe wern.“

„Mit Pulver un Blei,“ hat der Auditeer unne
am Diſch ergänzt.

„Ganz wohl; mit Pulver un Blei!“ hat der Herr
Borjemääſter geſacht.

„Haw ich die Straf verdient, hochzuverehrender
Herr Borjemääſter,“ haw ich awer da mit aller Faſſung
geſacht, „ſo will ich ſe erleide un ſterbe als Soldat.“

„Nein, Herr Kaiſian,“ hat awer da der Herr

Borjemääſter ſehr mild un liebreich geſacht, „nein, Herr
Kaiſian! Wir wolle diesmal noch Gnad vor Recht ergehe
laſſe un Ihr Dodesſtraf in e achtdägig Gefängnis uff
der Mehlwaag umwannele wie bei dem Gefreite
Lenz ääch.“

„Nää, Herr Borjemääſter“, haw ich awer da
wibber geſacht. „Ich hab den Dod verdient un ſo will
ich en ääch leide. Ich bin mei Leben ohnedeß mied.“

Un da hat der Herr Borjemääſter wibber ſehr
dhäälnahmsvoll geſacht: „Ei, Herr Kaiſian, was fehlt
Ihne dann?“

„Was mir fehlt? Mir fehlt ja Alles! Ich bin ſo
ganz verlaſſen hier!“

„Deß dhut mer awer ſehr lääd!“ hat da der Herr
Borjemääſter geſacht. Wann Se wibber von der Mehlwaag hunne ſin, Herr Kaiſian, ſo beſuche Se mich emal.
Wann ich Ihne diene kann, mit ere Aaſtellung odder
ſonſt wie, ſo ſein Se iwerzeigt, daß ich des von Herze
gern dhu.“

„Ich dank Ihne, hochzuverehrender Herr Borjemääſter, — awer ich hab den Dod verdient, un ich
will erſchoſſe ſei!“

„Awer, liewer Herr Kaiſian, ſo nemme Se doch
nor Vernunſt aa. Merr meene's ja gut mit Ihne!“

Un da hat ſich der Herr Borjemääſter an ſein
nächſte Beiſitzende an den Herr Hääptmann Feuerſchloß
gewendt un hat dem geſacht:

„Redde Se doch Sie emal dem Mann zu!“

Un da hat der Herr Hääptmann Feuerſchloß des
Wort ergriffe un hat geſacht:

„Herr Kaisian, mir sin alte Freund un Schulka=
merade. Merr sin zusamme bei'm alte Gollermann in
der Saalgaß in die Quadirschul gange. Wisse Se noch
wie merr emal Fischblase unner die Bää von seim alte
ledderne Sessel gelegt hawe? He? Un wie Sie em
emal Kieruß unner sein Schnuppdewack gemischt hawe
un wie er dann, wie er geschnuppt hat, e ganz schwarz
Nas krieht hat und alles hat gelacht! Was der alte
Mann en Zorn krag, wie er in Spichel sah! Ich ganz
allää von der ganze Klass hab gewißt, wer em den
Schawernack aagedhaa hatt. Haw ich Ihne dazemal
verrathe?"

„Nää, Herr Hääptmann!" — haw ich ganz ge=
rihrt gesacht. „Es hat mich werklich ergriffe, Frailein
Annett, — mache Se net widder so e lacherig Gesicht
und spotte Se nicht heiliger Jugenderinnerunge! „Nää,
Herr Hääptmann! haw ich also gesacht, nää!" Un da
hat der Herr Hääptmann Feuerschloß fortgefahrn un
hat gesacht: „Nun dann, Herr Kaisian, so nemme Se
ääch von em alte Freund un Schulkamerad Vernunft
aa un begniege Se sich mit der Ihne zugedachte Straf
mit acht Däg Mehlwaag!"

„Herr Hääptmann, ich kann net, so gern ich's dhet,
awer es geht merr gege den Mann, es widderstrebt meim
ganze Gewisse. Ich kann nicht. Ich will erschosse sei!"

Un da hat der Herr Hääptmann Feuerschloß widder
des Wort ergriffe: „Awer, Herr Kaisian! Wisse Se
noch wie merr emol zusamme als Consermande uff der
Nidderräder Kerb warn, un wie merr uns da verspät
hawe, un wie merr dann an's Affedhor kame war schon

die Sperr, un merr sin newedraa beim Herr Hamel
iwer die Stafette gestiche un Sie hawe daderrbei Ihne
Ihr ganz nei Confermadionshose verrisse?"

Da haw ich awer gesacht: „Herr Hääptmann,
erinnere Se mich nicht an die Confermandehose, dann
do falle mer all die Prichel ei, die ich uff die verrissene
Hose von meine Alte kriecht hab." Un da hat der Herr
Hääptmann Feuerschloß gesacht: „Liewer Herr Kaisian,
an was soll ich Ihne dann erinnern?"

Un da haw ich em druff erwiddert: „An den Dod!
Ich will erschosse sei. Ich dhu's net annerscht!"

Un da hat jetzt widder der Herr Borjermääster
sehr liebreich gesacht: „Da sei Gott vor! Herr Kaisian,.
iwerlege Se sich die Sach! Wenn Ihne die acht Däg
Mehlwaag zu viel sei sollte, — merr sin kää Unmensche
nicht. Komme Se emal in verzeh Däg widder, oder
speter, wann Se Zeit hawe, Herr Kaisian. Ganz die
Straf erlasse könne merr Ihne nicht, so gern merich
aach dhete!"

„Des will ich ääch net. Ich will erschosse sei!"

„Immer widder mit Ihrem Erschieße! Gehn Se
mit Gott, die Sach werd sich finne!"

„Ich will erschosse sei!"

„No ja, Sie sölle ja erschosse wern. Awer heut
net un ääch net morje. So pressirt die Sach net. Merr
wern's Ihne zu wisse dhu, wann Se erschosse wern
solle. Iwer den Termin hat des Gericht zu ent-
scheide!"

Nächtliche Abenteuer.

Zu altffrankforter Zeite is emal e klää anemiert Gesellschaft uff der Hämkehr von eme frehliche Awendschmaus uff de Liebfrääbeerg komme, um sich da ze trenne. Unner dere Gesellschaft hat sich awer ääch e Mitglidd vom Hohe Senat besunne. Un wie se sich ennanner mit Lache die Händ geschittelt hatte un ausenanner geh wollte, hat Männer nach dem Sprinkbrunne uffem Liebfrääbeerg gedeut un hat gerufe: „Guckt emal, was da an dem Sprinkbrunne steht! Deß gehört gewiß dem Milani, der hie in de Neh sein Lade hat!"

Was warsch? E großmächdig leer Zuckerfaß. Da hat die ganz Gesellschaft noch e größerer Gedanke dorchzuckt. Deß Zuckerfaß seh un deß Zuckerfaß uff de Leib lege un dem Liebfrääbeerg enunnerschiewele lasse, war deß Werk von em e Äägeblick.

Mit lange Sätz is es dem Liebfrääbeerg enunner gerollt. Unne awer, an der Sandgaß is es mit Donnergetrach an em Eckstää zerschellt un ausenannergefalle. E abgesprungener Rääf is noch e bissi weiter gesprunge, un is em Nachtwächter direktemang widder de Mage gerennt un hat sich dann quer iwer sei Schultern gelegt, daß der Nachtwächter ganz verdutzt aus dem Rääf erausgeguckt hat.

„Ei, Gott verdamm mich, woß giebt dann hei vor?" hat der Nachtwächter gekrische, hat sich aus dem Rääf erausgemacht un is enuff nach dem Liebfrääbeerg geloffe.

„Woß sein dann deß for Buwestraach mitte in der
Nacht? Meine Harrn, Se sein all arrediert!"

„Nun, nun, nur nicht so hitzig!" hat der Herr
Senator gesacht.

„Su? Aach noch?" Wer sein Sie? Ich frage
Ihne noch emal, wer Sie sein?"

„Ich bin der Senator * * *"

„Ach, Herr Sengnater, entschuldige Se vielmals.
Ich habb Ihne nicht gleich gekennt. Meine Harrn, giehn
Se ruhig nach Haus! Ich habb nix geseh. Odder
gucke Se, deß kimmt derrvo, wann merr su gruße Fässer
nachts im Freie stieh leßt! Wann's der Harr Milani
noch emol dhaut, su mach ich die Aazeig!"

Die Geschicht is merr widder eigefalle, wie ich letzt
emal in em benachbarte Ort nächtlicherweil in ere
stichedunkele Gaß uffem Trottwar iwer en Kafteschubb-
karrn gesterzt bin, glicklicherweis grad uff en Nachtwächter, der sich's uff dem Schubbkarrn e bissi bequem
gemacht hatt. Bei alledem hatt ich merr awer doch
mei link Knie verstaucht, so daß ich net gleich widder
uffkommt. Deß war ääch nicht nethig, dann der Nachtwächter hielt mich mit seim linke Aarm fest umschlunge,
un mit seiner biedere Rechte hat err merr mei Hals-
binn gedreht.

„Gut Freund!" haw ich gerosselt. „Gut Freund!"

„Ääch noch!" hat der Nachtwächter unner merr
gekeischt. „Ääch noch gut Freund! Bei eme nächtliche
Iwerfall von eme Nachtwächter im Dienst!"

Un da haw ich gestehnt: „Der nächtliche Iwerfall
hat sei Richdigkeit, awer er hat em e Schubbkarrn

gegolte außer Dienst, awer nicht mit em Nachtwächter im Dienst druff. Jetz lasse Se mich los, sonst ruf' ich Hilf, wann ich kann."

Un da hat err mich losgelasse. Wie ich mich awer von meim Fall widder erhowe hatt, konnt ich nor uff ääm Bää steh wie e Storch, dann ich hatt merr, wie gesacht, mei link Knie verstaucht.

„Vorderhand lääf ich Ihne net fort," sacht ich zum Nachtwächter, der gleichfalls vom Schubbkarrn uffgestiche war, — „Vorderhand lääf ich Ihne net fort mit meim verstauchte Knie, awer wie kimmt in e stockedunkel Gaß e Schubbkarrn uff e Trottwar un ääch noch e Nachtwächter druff?"

Un da hat der Nachtwächter gesacht: „Wie ich uff den Schubbkarrn komm? Ei ich bin vorhint ääch driwer gesterzt. Is deß e Art, nachts ein Schubbkarrn un ääch noch in so ere dunkele Gaß uffem Trottwar steh ze lasse? Wann ich e Bää gebroche hätt, hätt ich mich net emal selwer häämfahrn kenne."

Da haw ich em awer druff erwiddert: „No, warum hawe Se den Schubbkarrn net beiseit gefahrn un hawe sich mitte uffem Trottwar druffgesetzt?"

„Ei, ich wollt Den ablurn, der den Schubbkarrn hie hat steh lasse. Dann, Berschi, dacht ich, du mußt merr komme grad an die Stell hie, wo de dein Schubbkarrn hast steh lasse."

Un da haw ich gesacht: „Leider bin ich vor em hie uff der Stell eigetroffe."

Un da hat awer der Nachtwächter widder gesacht: „Ich schwörn noch gar kaan Wahrlich, daß der Schubb-

karrn nicht Ihne gehört. Gehn Se emal mit da unne
um die Eck erum, da brennt e Latern. Ich will merr
Ihne doch emal bei Licht betrachte.“

„Ääch noch Schubbkärjer in meine alte Däg!“ haw’
ich gesacht. „Hawe Se sonst noch Schmerze? Awer ich!“

Un da hat er gesacht: „No, so komme Se her,
ich will Ihne fiehrn!“

Un so bin ich dann mit em bis an die Latern ge-
schnappt. Un wie er mich da von owe bis unne betracht hat, da hat err gesacht: „Naa, wie e Schubb-
karrndricker sehn Se grad nicht aus. Se sein ääch net
von hie.“

„Nor net!“ sacht ich. „Wann’s dunkel is, is es
in Frankfort ääch dunkel. Ich bin von Frankfort. Wär
ich nor ehrscht widder glicklich dort mit meim verstauchte Knie!“

Un da hat der Nachtwächter gesacht: „No, ich will
Ihne noch e Stickelche beglaate un fihrn, awer net iwer
die Grenz, deß derf ich net!“

„Beileib net!“ sacht ich, „dann zu meiner Knie-
verletzung käm dann ääch noch e Grenzverletzung von
Ihrer Seit.“

Un da hat err mich ääch richdig bis an die Grenz
begläät. Merr hawe en sehr herzliche Abschidd von
enanner genomme un ich haw em gesacht: „Wann ich
widder emal Nachts iwer en Schubbkarrn sterze will,
so wern ich Ihne die Kundschaft gewiß net vertrage.“

Un dann bin ich der geliebte Vatterstadt zugehinkt
un habb mich gefräät, daß ich zwar ääch e Schlemihl
war, wie ich iwer den Schubbkarrn gesterzt bin, daß ich

awer doch wenigstens nicht mein Schatte verlorn hätt,
dann ich dhet noch immer ään werfe bei dem Schei
von de Laterne. Awer etwas hatt ich merr vorgenomme:
liewer wollt ich bei alle meine Schmerze de weitste Um-
weg mache, als wie wibber ene Nachtwächter ze begegne.

Un da bin ich dann im Zickzack dorch alle megliche
Gasse: dem Ginnemerweg enuff dorch die Roßertstraß,
dorch die Myliusstraß un die Wiesenau un dann hinne
an de Gäärte erum un die Liewigstraß enuff un wibber
erunner un an de Unnerlindau vorbei un iwern Gärtner-
weg un von da dorch die Querstraß un de Mittelweg
in die Promenad, un von da dorch e Gässi un quer
iwer die Friberjerlandstraß un dorch die Gässercher dorch
die Merianstraß nach der Bernemer-Haid un so weiter.
Meene Se, es wär merr e Nächtwächter begegent? Es
war e wahr Glick! Kää äänziger! Wer war froher als
wie ich?

Un wie ich glicklich nach Haus komme bin, haw'
ich Gott uff werkliche wunde Knie gedankt, daß mich
des gietige Schicksal net wibber em e Nachtwächter ent-
gegegesührt hat, dann iwerall, wo ich auf meim lange
Häämweg higeguckt hat, hat mei uffgeregt Fandasie
Nachtwächter uff Schubbkarrn sitze seh un daderrbei haw
ich merr immer gedacht: wann deß e Nachtwächter seh
dhet! Un ich habb mich nach alle Seite umgeguckt, awer
Gott Low un Dank, es war kääner da. Es wär merr
ääch gar ze lääd sor mei Nachtwächter uff ihre Schubbkarrn gewese. Ich habb die Dodesangst gehat, es könnt
sich emal kääner vergesse un rufe: „Hört ihr Herrn und
lasset euch sagen!"

Mensch und Mensch.

In altfrankforter Zeit: hawe sich emal uffem Ge-
miesmark zwää Hockinne gezankt: die alt Nagelin un
die alt Lenzin. Un da hat die alt Nagelin gerufe: „Hu
harrjises! Was will norzt su e Mensch!“ Von wege
dem Wort awer is die alt Lenzin wie e Blutvergießern
eunff uff's Stadtamt zum Amtmann Gallus geloffe un
hat die alt Nagelin verklagt. Und wie dann der Termin
war, da warn se alle zwää, die alt Nagelin un die alt
Lenzin, schont e ganz Stunn vor der Zeit in der Be-
delleſtubb bei'm Walther un wollte vor.

„Als Käns nach em Annern, wie bei de Hanauer
Gehleriewewweiwer,“ hat awer der Bedell Walther geſacht.
„Geduld iwerwindt Brihſläääsch. Wann Se net waarte
wolle, is vor der Thir Ihne!“

Da hawe se dann waarte miſſe, bis die Reih an
se komme is. Un wie ſe dann endlich enei uff's Amt
vor de Amtmann Gallus komme ſin, hat die alt Lenzin
en Knix vor dem Herr Amtmann gemacht un hat
geſacht:

„Harr Amtmann, ich ſein die Lenzin un deï do, deß
is die Nagelin, deï geſacht hot, ich weer e Mensch. Ja,
Herr Amtmann, deß hot ſe geſacht, do beißt kaa Maus
en Fabbem ab.“

„Inja, deß is ſe!“ hat die Nagelin geſacht un hat
ihr Ärm in die Seite geſtemmt.

„Nagelin, mandenier Se ſich!“ hat der Herr Amt-

22*

mann Gallus gesacht. „Mandenier Se sich! Se is
hie vor Amt."

„Wie su, Harr Amtmann? Sein ich die Nagelin
net?"

„Ja so! Nagelin, ich hab gemeent, Se dhet von
eme Mensch redde. Sag Se emal, Nagelin, hat Se e
Schul besucht?"

„Herzhaft, Harr Amtmann, herzhaft."

„Waaß Se aach, was e Abbeugung is?"

„Abbeugung? Naa, Harr Amtmann, die Nägelin
beugt sich iwerhaapt net als norzt vor Gott."

„No, waaß Sie dann, was declinirn is?"

„Declinirn? O ja, Harr Amtmann, deß waaß ich."

„No, so sag Se merr emal, was is dann der
Pluralis, deß heeßt, die Mehrzahl von Mensch?"

„Die Menschen."

„Jetz kimmt Sie an die Reih, Lenzin. Waaß Sie
aach, was e Declination is?"

„Inja, Harr Amtmann, su gaut wei dei Nagelin
aach."

„So? No was is dann der Pluralis, des heeßt,
die Mehrheit von dem Wort Mensche?"

„Die Menscher."

Un da hat der Amtmann Gallus gesacht:

„Menscher? Des segt Sie, Lenzin, die Nagelin
awer segt Menschen."

„Dei Nagelin hat gesacht, ich wer e Mensch."

„No, is Se vielleicht kaa Mensch."

„Zwische Mensch un Mensch is e Schidbunner!"

„Hat des die Nagelin gesagt?"

„Naa."

„No, da mach' Se daß Se fortkimmt!"

„Ich will mei Recht!"

„Waltherrr! Links um! Enaus mit err!" Un daberrmit hat der Herr Amtmann die Akte uff de Disch geworfe, daß es gekracht hat.

„Da leit der Dreck, was gilt die Butter," hat die Nagelin gesagt, hat ihrn Knix vorm Herr Amtmann gemacht un is enaus, un der Walther hat die Lenzin hinne nach geschowe.

Frankfurt in seinen Sprüchwörtern und Redensarten.

Beginnen wir unsere Sammlung mit dem Wahlspruch der Freien Stadt Frankfurt:

„Stark im Recht.“

Diese Devise der Freistadt ist jedoch nicht alten Ursprungs, sondern datirt nur bis 1837 zurück, als die süddeutschen Staaten Bayern, Württemberg, Baden, Hessen-Darmstadt, Nassau und Frankfurt die Guldenstücke einführten. Da es nun gebräuchlich war, auf dem Rande der größeren Silberstücke einen Wahlspruch anzubringen, Frankfurt einen solchen aber noch nicht besaß, so machte Senatus einen für die Stadt und zwar den obigen „Stark im Recht,“ ein Wahlspruch etwas demonstrativer Natur gegen den Druck des Bundestags und der deutschen Großmächte, der aber immerhin von dem muthigen Bewußtsein der Selbständigkeit und dem freien Bürgerstolz der kleinen Republik ein Zeugniß gibt. In Anbetracht der Machtverhältnisse jedoch der Freien Stadt Frankfurt bemächtigte sich der Frankfurter Volkswitz jenes Wahlspruchs und brachte ihn in den Reim:

„Stark im Recht und schwach im Gefecht."
Den eigentlichen Vater dieses lokalunpatriotischen Reims
haben wir Ursache zu verschweigen.

Wenn vom Senat die Rede ist, liegt nichts näher
als der „Römer" und in Bezug auf diesen besitzt Frankfurt mehrere Sprüchwörter. Vor allen eines, das einer
Erklärung nicht bedarf, so boshaft es auch immer ist:

„E Vetter im Rath mecht Finf zu grad."
Das andere Sprüchwort:

**„Wer nor de Römer kehrt, der is schont halb
ernehrt,"**
war für das alte Frankfurt zutreffend. Wer im Römer
eine Anstellung hatte, der war so weit versorgt. Er
war „bei der Stadt aagestellt." Von Einem, der nichts
mehr in seinem Hause besaß als die kahlen Wände,
sagten die alten Frankfurter:

„Ein hoher Rath hat kehrn lasse."
Wer mit der Hoffnung prahlte, eine Anstellung am Römer
zu erhalten, dazu aber der moralischen Qualitäten ent-
behrte, auf den fand das nicht ganz reinliche Sprüchwort Anwendung:

„Aagestellt mit dem — am Römer."
Außen am Römer nämlich war zwischen den zwei Ein-
gangsthoren zu Zeiten des hochnothpeinlichen Halsge-
richtes das sogenannte Halseisen angebracht, ein eisernes
dreifingerbreites Halsband mit einer Kette dran, die am
Römer befestigt war. Die eisernen Kloben sind da heute
noch zu sehen. Mit dem Halseisen am Hals wurden
die Diebe, Fälscher u. s. w. öffentlich ausgestellt, also
mit dem Rücken nach dem Römer zu. Angewandt wurde

das Sprüchwort von Frankfurtern auf Einen, der sich
rühmte eine Anstellung zu bekommen, obgleich es ihm
Niemand glaubte. „Aagestellt? Du? Ja, mit dem —
am Römer."

Auch das Sprüchwort:

„Der Schecker dhuts for die Hälft"

steht in einem gewissen Bezuge zum Römer. Der Fischer
Schecker, ein Frankfurter von vielem Mutterwitz, hatte
sich in Angelegenheiten seiner Zunft einmal auf dem
Amt etwas über seinen Rathsherrn geärgert und ihm
bemerkt: „Merr merkt, daß Sie e Drittbänker sin;
bei Ihne sitzt des Areweite uff der letzte Bank." Der
Rathherr sagte ihm aber dagegen: „For mei lumpige
zwelfhunnert Gulde dhu ich grad genuch!" worauf der
Fischer Schecker ihm erwiderte: „Ich dhu's for die Hälft
noch emal so gut."

**„Der Pathorn hat kaa Spitz un der Senat
kaa Schneid,"**

nämlich dem Bundestag gegenüber hatte der Senat
keinen Muth, und der Pfarrthurm hatte vor dem Dom-
brand keine Spitze, sondern eine Kuppel.

**„Mecht sich en Knopp in die Nas wie die
Pathernern."**

Die alte Pfarrthürmerin Embe aus den zwanziger
Jahren hatte keine Nase, sondern nur ein schwarzes
Pflästerchen an deren Stelle.

„E Verglich, wie der Pathorn un e Meßlade."

Ein Vergleich von etwas Großem mit etwas Kleinem.

Da sich zur Meßzeit ganz in der Nähe des Pfarrthurms, auf dem Weckmarkt, Buden befanden, so war

der Unterschied zwischen der Höhe des Pfarrthurms und eines Meßladens ein in die Augen fallender.

Wenn einer Frau oder einem Mädchen die Wahl wehe thut, was sie anziehen soll, so sagt man ihr: **„Zieh de Pathorn aa, da laafe derr die Häuser nach."**

„Braat wie die Meßglock" sagte man von einer Frau, die in einem Kleid von bedeutendem Umfang hereintrat. „Braat wie die Meßglock is se uffgestiche." Die Redensart wird wohl zur Zeit der ersten Reifröcke aufgekommen sein.

„Ausgelitte wie die Meßglock." „Ausgelitten" ist das participium perfecti von ausleiden wie von ausläuten. „Ausgelitte wie die Meßglock" sagte man von einem Verstorbenen, der viel von sich reden gemacht und der nun verstummt ist.

Frankfurt liegt **„hibb der Bach"** und Sachsenhausen **„dribb der Bach"**: **„Hibb un dribb is aa Kipp,"** also: **„Vivat Aanig!"** Frankfurt ist mit Sachsenhausen durch die Mainbrücke verbunden.

„Häste die Maabrick üwerzwerch im Hals," ist ein christlicher Wunsch.

„Vivat unser Republik Sammt dem Gickel uff der Brick!" An den Brückengickel knüpft sich eine Sage. Der Erbauer der Brücke hatte mit dem Teufel einen Kontrakt gemacht und der lautete so: Der Teufel machte sich auf Parole du diable verbindlich, dem Baumeister behülflich zu sein, daß die neue Brücke, trotz des leeren Stadtsäckels, an dem mit dem Magistrat vereinbarten Tag fix und fertig sei. Dem Baumeister war es sehr darum

zu thun, seinen Verpflichtungen gegen die Stadt pünkt-
lich nachzukommen, da ihn sonst „das Thor getroffen"
hätte, eine Ausweisung sehr unangenehmer Art in der
damaligen Zeit. In den vierziger Jahren des XIV.
Jahrhunderts war eine Ausweisung, wenn mildernde
Umstände vorlagen, so viel, als wie mit Ruthen aus
der Stadt gepeitscht werden. Als Gegenleistung für die
Hilfe des Teufels hatte der Baumeister dem Satan die
erste Seele versprochen, welche die fertige Brücke passiren
würde. Der Teufel aber, der immer vorsichtig ist, hatte
in den Kontrakt die Klausel eingeschoben, daß vor dem
Baumeister kein anderer Mensch über die neue Brücke
gehen dürfe. Der Baumeister war aber auch so gescheit
wie ein Mensch und prellte den Teufel, denn der Baumeister, als er über die Brücke ging, trieb einen Hahn
vor sich her. Der Teufel mußte mit der Seele des
Hahnes vorlieb nehmen und zog mit großem Gestank
ab. Der Hahn aber wurde zum ewigen Gedächtniß
auf der Brücke auf eine Stange gesetzt, wo er heute
noch sitzt.

**„Wann der Brickegickel kreht,
Werd der Römer zum Prophet,"**

sagten in den Dreißiger Jahren böse Menschen dem
Frankfurter Senat nach.

Die Mainbrücke ist auch der Ort, von welchem aus
der Ruf herdatirt:

„Feuer! der Maa brennt!"

Wer die Genrebilder der Maler Burger, Reiffenstein,
Hendschel, Schalk u. s. w. kennt, die sich ein unver-
gängliches Verdienst um das alte Frankfurt erworben

haben, der kennt auch die Abbildungen von Sachsenhäuser Höckerinnen mit ihrem Kringen auf dem Kopf,
dem buntlappigen Turban der Gemüsflora, auf dem sich
ein babylonischer Thurm von leeren Gemüsmahnen befand, eine in die andere hineingesteckt; unten die größte,
oben die kleinste. Zur Winterszeit nun pflegten die
Sachsenhäuser Höckerinnen in die oberste Mahne ihr
„Stoofchen" (Kohlen-Stoofchen) zu stellen, welchem der
Volkswitz auch noch einen anderen Namen beigelegt hat,
den wir jedoch nicht gesonnen sind, auf die Nachwelt
zu bringen. Mit einem solchen Thurm von Mahnen
auf dem Kopf und in der obersten Mahne das Feuer-
stoofchen, schritt eine Sachsenhäuser Höckerin, vom Markte
kommend, auf dem westlichen Trottoir der Mainbrücke
nach dem Jenseits. Auf der Mainbrücke ist es aber
immer etwas luftig, geht immer etwas Wind. Durch das
Geflecht einer Mahne aber so hoch oben hat er auch
Zutritt zu dem Stoofchen und das Stoofchen hat rings-
um kleine Oeffnungen, so daß der Wind auch Zutritt
zu der Asche im Stoofchen hat. In der Asche befinden
sich leicht immer noch einige Köhlchen, die noch nicht
ganz verglimmt sind. Bläst auf diese nun der Wind,
so erholen sie sich wieder zu neuem Leben und theilen
das auch den andern schon erloschen gewesenen Kohlen
mit. Wenn das nun Alles im Glühen ist, so treibt
der Wind einige Funken durch die Oeffnungen des
Stoofchens in die Mahne, die fängt dann, weil sie von
dürrem Holz ist, sehr leicht Feuer und auf einmal steht
die ganze Mahne in lichten Flammen. Auch die andere
Mahne, in welcher die oberste steckt, wird von dem

Feuer ergriffen und sehr bald steht der halbe Thurm in
Flammen. Die Leute rufen der Höckerin zu: „Ihr
Mahn brennt!" Die Sachsenhäuserin versucht einen
Blick nach oben zu werfen, da fallen ihr die Funken
auf die Nase und mit dem Ausruf: „Hu Harr Jises!"
macht sie eine Kopfbewegung, der in Flammen stehende
Thurm kam aus der Balance und stürzte hinunter in
den Main. Die nach oben gekehrte Langseite des
Mahnenthurms flammte weiter und trieb so fort im
Main. Aus der herbeigelaufenen Menge aber auf der
Brücke rief Einer: „Feuer! der Maa brennt." Und
daher nun datirt der Ausdruck: „Feuer! der Maa
brennt." Diese Geschichte beruht auf einer Thatsache.
Noch heute ruft der Frankfurter, wenn er etwas Un-
glaubliches hört: „Feuer! der Maa brennt."

Ein verschollenes altfrankfurter Sprüchwort, das
auch einen Bezug auf die Sachsenhäuser Brücke hatte,
war:

„Abgeprallt, wie der Schwedeschuß."

Ich habe den Ausdruck in meiner Kindheit noch gehört.
Auf der Sachsenhäuser Brücke befindet sich an der östlichen Brüstung ein eisernes Kruzifix. In der Schweden-
zeit nun, also zur Zeit des dreißigjährigen Kriegs, soll,
der Sage nach, bei dem Durchzug der Schweden ein
schwedischer Reiter mit seiner Pistole nach dem eisernen
Christusbilde geschossen haben, die Kugel sei jedoch abgeprallt und habe den Reiter mitten in die Brust getroffen, so daß er todt von seinem Roß herabgesunken
sei. „Abgeprallt wie der Schwedeschuß" hieß soviel als
wie: abgeprallt an meinem ehrlichen Namen zurück auf

den Verläumber. Noch heute ist an dem eisernen
Christusbilde an der Brust die Stelle zu sehen, wo
jene Schwedenkugel abgeprallt sein soll. Ob die Sage
auf Wahrheit beruht oder auf einer dichterischen Er-
findung, weiß ich nicht.

Von Goethe stammen die Worte:

**„Frankfurt gegenüber liegt ein Ding,
heißt Sachsenhausen."**

> Die Sachsehäuser Weiwercher,
> Die trage rothe Häuwercher,
> Die trage gehle Schickelcher
> Un danze wie die Gickelcher.

Das ist ein Verschen aus den alten Fastnachtsliedchen
unserer Stadt, die aber sehr wahrscheinlich Sachsenhäuser
Ursprungs sind. Schon gleich das Anfangsliedchen
deutet darauf hin:

> Hawele, hawele, lone,
> Die Fastenacht geht ohne,
> Da owe uff dem Hinkelhaus
> Henkt e Korb voll Ajer eraus,
> Da owe in de Ferschte *)
> Henge die Bratwerschte,
> Gebt uns die lange,
> Laßt die korze hange,
> Glück schlag in's Haus,
> Komm nimmermehr eraus.

Das „Hawele, hawele, lone" ist ein verketzertes Ave
Apollonia, und der Geburtstag der heiligen Apollonia

---

*) Firsten, unter dem Dach.

ist der Fastnachtstag. Das Affenthor in Sachsenhausen
soll seinen Namen von einem Bildstock haben, in dessen
Nische sich das Bild der heiligen Apollonia befand, und
das ist doch auch viel eher anzunehmen, als daß das
Affenthor von Offenbacher Thor herrühre. Letzteres kann
nur von Philologen behauptet werden, die im Sachsenhäuser Dialekt sehr schwache Studien gemacht haben.
Im ganzen Sachsenhäuser Idiom ist auch nicht ein ein-
ziges Wort aufzuweisen, wo der Vokal o der Rein-
sprache in ein Sachsenhäuser a verwandelt ist. Gerade
das Gegentheil ist der Fall. Der Sachsenhäuser sagt
„Osebach" und nicht „Asebach"; „Owerod" und nicht
„Awerad" u. s. w. Daß aber die Fastnachtsliedchen
unserer Stadt Sachsenhäuser Ursprungs sind, geht auch
schon aus dem weiteren Liedchen hervor:

> Ich un mei Kathrinche,
> Merr gehn emol iwer Feld,
> Merr trinke e halb Mooß Eppelwei,
> Deß kost uns unser Geld u. s. w.

**„E Sachsehäuser hat schont des Paradies uff
Erde."**

Das hat seine Richtigkeit. Es ist sogar zu behaupten,
daß es überhaupt gar keine Sachsenhäuser gäbe, die noch
nicht im Paradies*) gewesen seien.

Auf der Sachsenhäuser Brücke befinden sich auch
die en relief in Sandstein ausgehauenen „Kanonen-
Männchen." Zwei gütige Kanoniere. Für einen kleinen
Kerl hat aber der Frankfurter die Bezeichnung:

„Klaaner Kanoneftöppel."

---

*) Ein Wirthshaus dieses Namens.

Es ist nicht unwahrscheinlich, daß er sich das Wort von den zwei kleinen Kanonenmännchen auf der Sachsenhäuser Brücke geholt hat.

An den ehemaligen Brückenthurm diesseits auf der Mainbrücke knüpft sich der Ausdruck:

„Ich bin eweck wie'm Kraft sei Häusi."

Das Nähere vom „Kraft seim Häusi" findet sich in meinen Gedichten in Frankfurter Mundart (Bd. I, S. 104).

„Lägst de im Kreuzboge,"

entspricht an christlicher Gesinnung dem „Häste die Maabrick iwerzweerch im Hals." Noch zu Anfang des 17. Jahrhunderts wurden am Kreuzbogen auf der Sachsenhäuser Brücke die zum Tode Verurtheilten in Säcken in den Main hinab geworfen.

„Die Sachsehäuser hawe die best Uhr, die geht uff die Minut."

Der Uhrthurm der alten Dreikönigskirche in Sachsenhausen hatte ein Zifferblatt, dessen Stundenzeiger in den Dachkändel gefallen war und da Jahre lang lag. Da nur noch der Minutenzeiger am Zifferblatt war, ging die Uhr also auf die Minute.

„Der Dieb un der Kremer küsse sich hinnerm Remer."

Vor dem Römer thun sie's nicht, denn da würden sie gesehen werden. Sie küssen sich also im Verborgenen.

Das Sprüchwort:

„Die Nachricht stodirt, die Fedder geschnitte, en Schoppe gepetzt*) un haame geritte,"

stammt von keinem altfrankfurter Beamten.

„Hinner der Waart hört die Welt uff."

Hinter den Wartthürmen Frankfurts hat für einen Alt-

---

*) getrunken.

frankfurter die Welt aufgehört. Es war ihm nicht
begreiflich, daß es außer seinem Frankfurt noch eine
Welt geben könne, die auf der Welt sei.

> Ringsdichherum leit Frankfort in em Gaarte,
> Die Welt hört uff gleich hinner seine Waarte.

Leider habe ich dieses überhebende Selbstgefühl auch
noch mit den Worten verstärkt:

> **„Wie kann nor e Mensch net von**
> **Frankfort sei?"**

Singt aber doch auch der Wiener:

> „'S gibt nur aa Kaiserstadt,
> 'S gibt nur aa Wien!"

Oder der Leipziger:

> „Mein Leipzig lob' ich mir!
> Es ist ein klein Paris und bildet seine Leute!"

Und so will ich denn zu meiner Entschuldigung sagen:

> Kommt doch net so gleich in Trabb,
> Ach, un seht doch ei:
> Jedem Narr'n gefällt sei Kapp,
> Warum mir net mei?

> **„Da geht's zu, wie am Auslager!"**

Das „Auslager" hieß eine Gegend am östlichen Ende von
Altsachsenhausen zur Zeit als Sachsenhausen noch seine
Festungswerke hatte. Der Name hatte sich noch bis in
die neuere Zeit erhalten. In meinen jüngeren Jahren
war er noch üblich. Am „Auslager" mußten in früherer
Zeit nicht ganz feine Leute gewohnt haben, denn wenn
die Frankfurter und Sachsenhäuser eine Nachbarschaft
oder eine Haushaltung bezeichnen wollten, wo's bunt
herging und Zank und Schimpf und Prügelei an der

Tagesordnung waren, kurzum, wo's zuging „wie beim „Lumpezeug," da sagten sie: „Ei, merr meent ja, merr bhet hie am Auslager wohne." „Ei, da geht's ja zu wie am Auslager."

„Hie gehts zu wie bei de Krikleut."

Krik ist Krug. Also wie bei den Krugleuten. Krikleute wurden aber die Leute genannt, welche die Frankfurter Messen mit steinernem Geschirr bezogen. Sie hatten in früherer Zeit ihren Verkaufsplatz gemeinschaftlich mit den „Erdene Gescherr-Leut," irdenen Geschirrleuten in der Stadtallee, jetzigem Goetheplatz, und als an der Stadtallee die östliche Häuserreihe entstand, wurde der Geschirrmarkt hinter diese Häuser verlegt, in die jetzige Töpfengasse, welche ihren Namen von den Töpferswaaren erhielt. Später wurde der Meßmarkt mit irdenem Geschirr an die Schöne Aussicht und in die Langstraße verlegt, befand sich auch einmal auf dem Klapperfeld. Die Händler mit steinernem Geschirr kamen, wo sie noch heute sind, auf den Mainquai am ehemaligen Fischerthor. Die Krikleute zu damaliger Zeit, als die Redeweise entstand: „Hie gehts zu wie bei de Krikleut," waren gegen die heutigen Verkäufer von steinernen Waaren noch sehr in der Kultur zurück. Ihre Wagenburg, wo sie übernachteten und ihre Haushaltung hatten, befand sich draus vor dem Obermainthor im Fischerfeld und ihre mit grauer Leinwand überspannten Wagen, ihre abgemagerten Pferde und großen Hunde, die vielen kleinen Kinder, die sich da zwischen den Fuhrwerken herumtrieben, erinnerten lebhaft an ein Zigeunerlager. Und wie bei den Zigeunern gings auch bei den Krikleuten zu.

„Geldern leit in Flandern.“

Geldern in Flandern ist weit von Frankfurt entfernt. Aber der Frankfurter wollte damit nicht sagen: Geldern liegt in Flandern, sondern er gebrauchte das Wort leit, weil dieses wie „leiht“ klingt. Wenn es sich um Gelder handelte, die Einer vom Andern vorgeschossen haben wollte und jener war weit davon entfernt, das zu thun, so sagte er ihm: „Leiht euch in Flandern und nicht in Frankfurt.“

„E grifistig Koppstick is besser als wei e Brawenner met ruthe Backe,“.

pflegte die Frau Nagel zu sagen, weiland Hockin auf dem Frankfurter Krautmarkt. „Grifistig“ ist grünfistig, grünfarben. Ein noch unreifes Mädchen ist in Frankfurt und Sachsenhausen: „E grifistig Ding“; ein erwachsenes Frauenzimmer aber von ungesundem Aussehen und dabei etwas keck von Manier ist: „E grifistig Gesteck.“ Die Sechsbätzner nannte man in Frankfurt „Koppsticker,“ Kopfstücker, des Kopfbildes wegen, das sich auf den Sechsbätznern befand. „E grifistig Koppstick“ war ein mit Grünspann überzogener Sechsbätzner, der aber deshalb doch seinen vollen Werth hatte; ein Brawenner aber, ein Brabanter Thaler, der rothe Backen hatte, war falsch. Ein ungesund aussehender Mensch, wenn er ehrlich ist, ist einem blühend aussehenden, der unehrlich ist, vorzuziehen und dieses will die Redensart besagen: „E grifistig Koppstick is immer noch besser als wie e Brawenner mit rothe Backe.“

„Hast de Geld im Sack, so breng's dem Benack!“

Dem alten Benack hatten viele kleine Leute ihre

Ersparnisse, angelockt durch hohe Zinsen, anvertraut, bis
er es für gut fand, bankrott zu machen und alle um
ihr bischen Armuth gebracht waren. Von da an sagten
die Frankfurter von einem, der Lust hatte, um sein Geld
zu kommen: „Hast de Geld im Sack, so breng's dem
Benack!"

„Wie könne Se spekuliern mit mei Geld?"

Zu einem Frankfurter jüdischen Kaufmann kam ein
Schnorrer, ein alter Bettelkunde. Der Kaufmann gab
ihm einen Gulden. „Wie heußt? Se hawe doch immer
gewe zwaa Gulde?" — „Ja, ich habe Verluste in
meinem Geschäfte gehabt." — „Verluste? Wie könne
Se spekeliern mit meim Geld?"

„Verschämt wie e halwer Stecke Aarmeholz,"

ist so zu deuten: Bei der Unterstützung mit „Armenholz" unterlief zuweilen ein arger Mißbrauch. Leute,
die sich sehr wohl aus eignen Mitteln ihr Winterholz
anschaffen konnten, meldeten sich bei den milden Stiftungen.
Kam das Armenholz nun zur Vertheilung und wurde
auf „Haanzler"-Wagen (Einzlerwagen, sogenannt, weil
die Besitzer der städtischen Gerechtsame der Einzler nur
mit Einem Pferde fahren durften) den Leuten gebracht,
so sah man schon an der Art, wie das Holz auf den
Wagen verladen und abgetheilt war, daß es Armenholz
war. Der Haanzler-Knecht warf das Holz vor die
Hausthüre; entweder waren es nur wenige Scheite oder
mehr, bis zu einem halben „Stecken." In Frankfurt
wurde nach Stecken und Klafter gerechnet. Drei Stecken
gaben eine Klafter. Verschämte Arme nun, d. h. solche

23*

in nicht respektablem Sinn, kamen in Verlegenheit vor der Nachbarschaft, wenn das Armenholz kam und vor der Hausthüre lag. Wenn nun der Altfrankfurter eine falsche Scham, die schon mehr an eine gelinde Unverschämtheit grenzte, bezeichnen wollte, so sagte er: „Verschämt wie e halwer Stecke Aarmeholz.“ Er sagte absichtlich e halwer Stecke und nicht e paar Scheiter Aarmeholz, denn er wollte zugleich eine Kritik darüber aussprechen, daß in der Regel Diejenigen, welche wirklich arm sind, das Wenigste bekommen, die angeblich Armen aber das Meiste.

„Frankfort brengt kaa Batze um.“

An einem Batzen stirbt Frankfurt nicht. Einen Batzen mehr oder weniger, darauf kommt's Frankfurt nicht an. Ist's aber ein s ch ö n e r Batzen, so gewinnt er an Bedeutung. Ein Mann, von dem man sagen kann: „Der hat en scheene Batze Geld,“ der hat v i e l e Batzen. Ein „ärjerlicher“ Batze war den Altfrankfurtern der „S p e r r b a t z e“, zur Zeit der Thorsperre, die 1724 eingeführt und 1836 aufgehoben wurde. Diesen Batzen hat Niemand, auch der beste Bürger nicht, seiner Vaterstadt aufrichtig gegönnt. In einem Gedicht von Wilhelm S a u e r w e i n gibt ein alter Vater, der unter dem Fürst Primas Frankfurter Nationalgardist gewesen, seinem Sohne gute Lehren mit zu dessen Eintritt in den Frankfurter Landsturm, und unter diesen auch folgende:

„Kimmst de Owens an die Sperr
Un es gibt e groß Gewerr,
Dreh Dich liewer um und um,
Frankfurt brengt kaa Batze um.“

Die Redensart „Frankfort brengt kaa Batze um" hat besonders da ihre Anwendung gefunden, wo ein Handwerksmeister oder ein Lieferant der geliebten Vaterstadt mit einer großen Rechnung über's Ohr gehauen hat. Ueberhaupt spielte der Batzen im alten Frankfurt eine große Rolle; er hatte sogar Majorsrang. Frankfurt besaß 14 „Batzenmajore"; für jedes der 14 Quartiere einen. Batzenmajor war der Spitzname für die Quartiervorstände. Früher hießen sie Bürgerkapitäne und dann sind sie vom Kapitän zum Major avancirt, zum Batzemajor. Diesen Namen aber führten sie bei der Bürgerschaft, weil sie von jedem Einwohner in ihrem Quartier monatlich einen Batzen erhoben. Durch alle Quartiere von Littera A bis Littera O, also von Alpha bis Omega.

„Fuffzeh Batze gibbt's kaa."

Unser heutiges „Das giebt's nicht." In der Batzenzeit wurde auf dem Markte alles nach Batzen gehandelt. So und so viel Eier für einen Batzen. Der kleinste Laib Brod war „e Batze-Laabche" (Laibchen). Später gab es auch „Grosche-Laawercher." Entweder kostete etwas drei Batze, Sechs Batze (e Koppstick) oder Neu (n) Batze, Zwölf Batze oder Achtzeh Batze. Nach Fuffzeh Batze wurde nicht gerechnet; Fuffzeh Batze waren ein „Guldestickelche." In Frankfurt gab's sogar Dreibatzen-Leichen, die aber nicht etwa ihren Namen daher führten, weil der Verstorbene arm war. Im alten Frankfurt nannte man das Leichenbegängniß eine Leiche. „Der hat e schee Leich gehat," sagte man von Einem, der ein schönes oder prunkvolles Leichen-

begängniß hatte. Mit der Batzenleiche war es aber so:
Zur Zeit als die in Frankfurt Verstorbenen noch auf
dem alten Peterskirchhof begraben wurden, also bis zum
Jahre 1828, war es Sitte bei den wohlhabenden und
reichen Familien, ihren Verstorbenen bei deren Beerdigung
von den Frankfurter Waisenkindern singen zu lassen und
zwar am Eck der Schäfergasse und der Zeil, wenn da
der Leichenzug vorüberging nach dem Peterskirchhof.
Es gab zwei Klassen von Leichengesang. Die erste
Klasse war die „Dreibatze-Leich," so genannt, weil da
jedes der singenden Waisenkinder drei Batzen erhielt;
die zweite Klasse war die „Sechskreuzer-Leich."

    Man lebt und stirbt nach Klassen,
    Je nach der Batzen Gunst.
    Wer wird mir singen lassen?
    Die Engel thun's umsunst.

Geprägte Einbatzen-Stücke gab es nicht in Frankfurt, außer den großen „Berner-Batzen," einer schwei-
zerischen Münze, die selten vorkam und keinen Cours
hatte. Es gab nur Dreibätzner und Sechsbätzner oder
„Koppstickelcher," wie sie vorab von den Sachsehäuser
Gemüsehockinnen genannt wurden. Neben dem Batzen
kommt bei den Frankfurter Redensarten nur noch in
Betracht: der Dukat als Männchen oder Dukaten-Sch——;
der Brabanter; das Trantsu (Trente sous), so wurde
der ¼ Kronthaler genannt; der Groschen („Du bist
net recht bei Grosche," Du bist nicht recht bei Verstand),
der Kreuzer und der Heller und das Coburger Sechs-
kreuzerstück. — „Der is verrufe wie e Coborcher Sechskreuzerstick." Damit bezeichnete man eine verrufene

Persönlichkeit. „Die im eignen Lande verrufenen Coburger Sechskreuzerstücke," so lautete die öffentliche Bekanntmachung von seiten des Rechnei-Amts, waren in Frankfurt verboten. Außer dem „Schützenthaler," einem Doppelthaler mit dem Brustbild der Germania, welchen der Senat zur Erinnerung an das Erste Deutsche Bundesschießen zu Frankfurt prägen ließ und der den Spitznamen „Janauschek-Thaler" erhielt, kommt unter den Frankfurter Redensarten nichts von einem Thaler vor.

„Großardig, wie e Sonneuffgang uff eme Stadtkreuzer."

Die Freie Stadt Frankfurt prägte zweierlei Kreuzer; der eine, der gewöhnliche Kreuzer, zeigte auf dem Revers den Frankfurter Adler; der andere zeigte die Ansicht von Frankfurt, Main, Brücke, Pfarrthurm u. s. w. und im Hintergrund ging für den kleinen Raum des Kreuzers die Sonne sehr groß auf. Mit dem verschollenen Ausdruck „Großardig wie e Sonneuffgang uff eme Stadtkreuzer" bezeichnete man Einen, der in beschränkten Verhältnissen groß aufstieg. Jemand, der ein recht vergnügtes Gesicht machte, von dem sagte man: „Der glenzt wie e neuer Stadtkreuzer." Für Jemand, der viel Aufsehens von sich machte, gebrauchte man den Ausdruck:

„Der gehört in die Sparbichs wie e neuer Stadtkreuzer."

Dort ist er gut aufgehoben, wie die neuen Stadtkreuzer in den Sparbüchsen der Kinder.

„Die Schlamp un die Schludder sin von aanerlaa Mutter."

Und:

„Schlamp un Schlur gewe aa Fichur."

Sind eine Figur. Beide Sprüchwörter sind spezifisch
altfrankfurter Herkunft. Schlubber kommt von Schlotter;
der Frankfurter sagt für schlampig auch schlurig und
schludderig. Bei der S ch l a m p e sei auch nicht der
in den Schulen gebräuchlich gewesene „Schlampenkreuzer"
vergessen. Schüler, die in der Klasse ein Buch oder
Heft, ihre Tafel, ihren Griffel oder Bleistift liegen gelassen oder vergaßen, ihren Schirm oder ein Kleidungs-
stück mitzunehmen, mußten einen Kreuzer Strafe bezahlen, den Schlampenkreuzer. In den alten Quartier-
schulen Frankfurts gab's auch noch den „Ditschelkreuzer."
Das „Ditscheln" der Kinder war in der Schule verboten. Ditscheln ist Tauschen. Tauschhandel von
Bildchen, gepreßten Tulpen- oder Rosenblättern und
dergl. gegen einen Griffel oder Bleistift oder gegen einen
Wasserweck, wurde mit einem Kreuzer gepönt. Auch
außerhalb der Schule wurde, wie noch heute, von den
Kindern gern „geditschelt," wobei die Tauschgegenstände
nicht immer von gleichem Werth sind.

**„Der Ehrlich schriet's un der Meßdieb
kriecht's."**

Der Ehrlich schreit's und der Meßdieb bekommt's.
Wenn im alten Frankfurt die Messe eingeläutet wurde,
was mit der großen Glocke im Pfarrthurm geschah,
welche daher auch den Namen Meßglocke hatte, so
spannte alles auf den ersten Glockenschlag. Um halb
zwölf Vormittags fing die Glocke zu läuten an.
Schon um Elf standen die Kinder sprungfertig an den

Hausthüren und lauschten nach dem Pfarrthurm zu.
Wie dann der erste Schlag der Meßglocke ertönte,
sprangen die Kinder jubelnd auf die Straße und schrieen
aus vollem Hals: „Mei Meß! Mei Meß!" Auch die
Erwachsenen riefen sich einander zu: „Mei Meß!" Wer
das nun dem andern zuvorgethan, der hatte ihm „die
Meß abgewonne," dem mußte der andere ein Meßstück
kaufen, was er in alten Zeiten vielleicht auch gethan
hat, was später aber zum frommen Wunsch geworden
ist. „Der Ehrlich schriet's un der Meßdieb kriegt's."
Was sich der Ehrliche wünscht, dazu gelangt der Dieb.
Er holt sich's aus der Messe, er stiehlt's.

„Im Steh gestorwe, wie der Osebacher Meß=Schimmel!"

Es war zur Zeit der Offenbacher Messe eine traurige
Berühmtheit, das abgetriebene Schimmelchen eines
Hauterers, und starb auf dem Weg nach Offenbach, als
es nicht weiter konnte, im Stehen. Standhaft bis
zum Tod. Ueber ein Geschäft nun, das sich standhaft
gehalten bis zum — Bankrott, äußerte man sich mit
den Worten: „Im Steh gestorwe wie der Osebacher
Meßschimmel."

„Krieh die Krenk Osebach,"

„die Staa binne se aa un die Hund lasse se lääfe"
ist eine altfrankfurter Redensart, die sich auf eine Anek=
dote bezieht, die man scherzweise Offenbach nachsagt:
Die Offenbacher hätten einmal einen Hund an einen
Eckstein anbinden wollen, statt dessen aber den Eckstein
an's Haus gebunden und den Hund laufen lassen. Nach
einer anderen Lesart soll es ein Handwerksbursche ge=

rufen haben, der sich im Winter gegen einen ihn ver-
folgenden Hund wehren wollte; er griff nach einem
Stein, der aber fest an den Boden gefroren war. „Häste
die Krenk, wie kann merr so was dhu!" oder: „Häste
die narrig Krenk." In einer böswilligen Weise hat der
Frankfurter den Ausdruck: „Krieh die Krenk Ofebach"
nie gegen Offenbach gebraucht.

„Ofebacher Meßnickelcher,"

besuchen auf den „Nickelchestag," wie in Frankfurt und
der ganzen Umgegend der Montag in der dritten Meß-
woche genannt wird, die Frankfurter Messe schaarenweise.
Der „Nickelchestag" aber hat seinen Namen von einem
Offenbacher Fabrikanten namens Nickel, der seinen
Arbeitern den Nachmittag des dritten Montags der
Frankfurter Messe frei gab, damit sie sich die Messe be-
sehen und ihre Einkäufe machen konnten.

> „De beste Schlosser in der Welt
> Hat Ofebach zu weise;
> Was Leib un Seel zusammehält,
> Des mecht der ohne Eise."

Damit war der Schlosser'sche Garten in Offenbach gemeint, eine von den Frankfurtern gern besuchte Garten-
wirthschaft, sowohl wegen ihrer guten Bedienung als
auch wegen ihrer schönen Aussicht auf den Taunus und
nach der Bergerhöhe.

„Ich mach mein Narr in Ofebach."

Da war Maskenfreiheit, während in den Zwanziger
Jahren, wo diese Redensart aufkam, in Frankfurt die
Maskenbälle verboten waren.

„Beim Broll geht was vor,"

so seegt merr sich in's Ohr." In den Zwanziger Jahren

wohnte in einer schönen geräumigen Villa, die nahe bei Offenbach in einem großen Park lag, ein Großer Unbekannter. Offenbach hatte überhaupt Glück mit Großen Unbekannten. Vor Broli war schon eine Große Unbekannte dagewesen, eine polnische oder russische Fürstin oder gar Großfürstin oder heimliche Zarin und nach Broli kam dann, dreißig Jahre später, die Große Unbekannte, die ungarische Königstochter, den Altfrankfurtern bekannt aus der „Krebbelzeitung." Broli soll ein Holländer gewesen sein. Sein Dienstpersonal soll wenigstens theilweise aus Holländern bestanden haben. Daß sein Obergärtner ein Holländer war und von Blankenstein hieß, weiß ich für ganz gewiß. Broli war in ein tiefes Geheimniß gehüllt. Er war der Gründer einer neuen Sekte, von welcher man sich in Offenbach und Frankfurt allerhand Mormonenhaftes erzählte. Etwas Gewisses wußte Niemand. Wenn damals ein Frankfurter zum Frühschoppen kam, wo die Elfuhrmesse beisammen war, und es wurde gefragt: „Was giebt's Neues," so winkte er Einen von der Gesellschaft bei Seite und flüsterte ihm dann in's Ohr: „Beim Broli geht was vor!" Der machte dann ein sehr ernsthaftes Gesicht und winkte einen andern herbei u. s. w., bis sich die ganze Frühschoppen-Versammlung einander in's Ohr gesagt hatte: „Beim Broli geht was vor." Unter allgemeinem Gelächter setzte sich dann die Gesellschaft wieder an die Tische und sang:

> Beim Broli geht was vor,
> Beim Broli geht was vor,

Beim Broli, Broli geht was vor,
Ach wißt ich's, wißt ich's, wißt ich's nor!
Beim Broli geht was vor.

„Deutsche Herrn un sonstige Mähd."

Drans vor Sachsenhausen an der Offenbacher Landstraße
lag an einem Hügel die Dentschherren-Mühle, von
welcher der „Mühlberg" seinen Namen hat. Von dem
nah gelegenen Wirthsgarten aus hatte man eine prächtige Aussicht auf Stadt, Main und Land. Der Blick
nach der Mainsaçade der Stadt war damals noch nicht
verbaut, und man konnte von der Deutschherren-Mühle
aus die Leute an der „Schönen Aussicht" promeniren
sehen. Der ganze Höhenzug der „Berger Alpen" mit
ihren Dörfern im Thal und ihren Bergstädtchen oben,
die ganze blaue Kette des Taunus bis schier an den
Rhein lag vor den erfreuten Blicken. Die Deutschherren-Mühle war in meiner Kindheit ein sehr besuchter
Ort. An schönen Sommerabenden tanzten in dem
Gartensälchen der Terrasse die Sachsenhäuser und Frankfurter Bürgerstöchter, das heißt: an Wochentagen.
Sonntags war die Gesellschaft im Tanzsaal etwas ge-
mischter, und wenn damals der Frankfurter von einer
gemischten Gesellschaft sprach, so sagte er: „Deutsche
Herrn un sonstige Mähd."

„Hersch sin aach Leut."

In Folge einer Prügelei, die zu Ende der Zwanziger
Jahre in einer Wirthschaft stattfand, hatte der Wirth
öffentlich bekannt gemacht: „Nur honnette Leute haben
in meiner Wirthschaft Zutritt." Unfern dieser Wirthschaft befand sich und befindet sich noch das „Hotel Lands-

berg," und der damalige Gasthalter desselben, Herr
Wimer, besaß einen Hirsch, der sehr zahm war und sich
frei in der Nachbarschaft und den angrenzenden Gassen
herumtrieb. Eines schönen Morgens nun und wenige
Tage nach obiger Bekanntmachung saßen bei dem Wirthe,
der sie veröffentlicht hatte, die Gäste beim Frühschoppen,
als durch die offene Gaststubenthüre der Hirsch aus dem
Landsberg hereintrat und sich ganz ungenirt umschaute.
Der Wirth wollte ihn hinausjagen, aber einer der Gäste
sagte: „Lasse sen doch da, Hersch sin doch honnette Leut,
dann gucke Se, er beträgt sich ja ganz ordentlich!" Der
Vorfall trug sich bald in der Stadt herum und ward
zum Sprüchwort, der Kürze halber mit Weglassung des
„honett." Anwendung fand das Sprüchwort auf Fälle,
wo man gerne ein Auge zudrückt oder Nachsicht hat,
z. B. wenn einer ohne Eintrittskarte zu einer Festlichkeit oder dergl. wollte. Da sagte man: „No, lasse sen
nor enei, Hersch sin aach Leut."

„Muster, lehn merr dei Form."

Eine altfrankfurter Redensart, die bis in die Dreißiger
Jahre sich im Gebrauch erhielt und dann nach und nach
immer seltener wurde. Wenn sich eine Frau geschmacklos oder überladen gekleidet, so hatten die Altfrankfurter zwei Bezeichnungen dafür: 1: „Die hat sich ja
schee gemustert!" und 2: „Die hat Stubb un Stuwe-
kammer iwer enanner aa!" Aus der ersteren Bezeichnung, die schon im vorigen Jahrhundert in Frankfurt
gang und gäbe war, scheint die Redensart „Muster, lehn
merr dei Form" abzustammen und als witzigere Variation
in Gebrauch gekommen zu sein. „Muster, lehn merr

bei Form" ist dem Sinn nach gleichbedeutend mit dem allbekannten: „Ich bitt merr en Ableger aus!" Die Altfrankfurter wandten die Redensart: „Muster, lehn merr bei Form" aber auch auf solche an, deren äußere Erscheinung oder die Art ihres Benehmens nicht zu dem paßte, was sie vorstellen wollten, z. B. ein Mensch mit ungelenken Manieren, der sich den Anstrich eines feinen Weltmannes geben wollte, oder sonst eine Rolle zu spielen versuchte, für die er nicht das Zeug hatte. Die Erklärung der Redeweise „Muster, lehn merr bei Form" auf eine Grabrede zurückzuführen, die einmal auf dem alten Peterskirchhof gehalten worden sein soll, ist doch etwas zu gemacht, um ihr Werth beizulegen. Eine Frau aus angesehener Familie, eine Dame, die nicht des besten Rufes genoß, soll bei ihrem Begräbniß als ein wahres Muster christlicher Tugenden geschildert worden sein, als ein förmliches Musterbild gottseligen Wandels auf Erden. Und da soll einer der leidtragenden Zuhörer zu einem andern gesagt haben: „Muster, lehn merr bei Form."

„Gott im Herze un die Kaart im Ermel." Wer Moral predigt, aber selber nicht hasenrein ist, oder er hat ein Vorhaben gar zu naiver Art, welches voraussichtlich der Komik verfällt, so hat man für diese scherzweise den Ausdruck: „Der hat Gott im Herze un die Kaart im Ermel." Die Entstehung dieser Redeweise ist auf eine Anekdote zurückzuführen, die man von einem Pfarrer erzählt, der in der Kirche eine Predigt hielt über die Laster des Spiels und über die vom Spielteufel Besessenen, und darüber so in Eifer gerieth,

daß er mit den Armen heftig in der Luft herumfuchtelte,
wobei ihm ein Spiel Karten, das er im Aermel seines
Chorrockes stecken hatte, herausflog unter die versam-
melten andächtigen Zuhörer und Zuhörerinnen. Aber
der Herr Pfarrer verlor die Fassung nicht und rief
einem alten Mütterchen zu, das in der Nähe der Kanzel
saß: „Anne-Bärwel, was ist das für eine Karte, die
auf Deinem Schooße liegt?" „Herz-Bub, Herr Parre!"
„Hab' ich mir's doch gleich gedacht! In Deinen hohen
Jahren kennst Du noch den Herz-Bub! O, du sündige
Welt! o, du sündige Welt! Anne-Bärwel! Anne-Bärwel!
schäme Dich der Sünde in Dein altes unchristliches
Herz hinein, Verworfene vor dem Herrn, Herrn, Herrn,
die die Karten des Teufels kennt und die Spielblätter
der Hölle! Siehe, ich habe Dich geprüft und Du hast
nicht bestanden. Und wie viele mögen noch hier zu-
gegen sein, die gleich Dir der Spielteufel in seinen
Krallen hat!"

Noch älteren Ursprungs als das über ganz Deutschland verbreitete „Wasser thuts freilich nicht," ist das
Frankfurtische

„Schaad for den scheene Dorscht!"

Wir hörten es schon in unserer frühsten Kindheit, und
es soll seine Entstehung drei armen reisenden Hand-
werksburschen verdanken. Sie standen am Adler-Brunnen,
der sich damals noch nach der Zeil zu am Paradeplatz,
jetzigen Schillerplatz, befand und löschten da ihren großen
Durst. Einer nach dem andern trank aus dem großen
eisernen Löffel in vollen Zügen, und als sie sich alle
drei satt getrunken, sagte der eine seufzend zu dem an-

bern: „Schabb um den scheene Dorscht!" Sie hätten
ihn lieber in Bier gelöscht, wenn sie sich dafür schon
das Geld erfochten hätten.

„Der is so dumm, daß merr Rasselböck mit em fange könnt."

Was ist ein Rasselbock? Die in Sachsenhausen und
Frankfurt volksthümliche Bezeichnung des Bockkäfers,
der beim Springen einen Schwirrton von sich giebt,
welches Aehnlichkeit mit einer Rassel hat. Der Ausdruck selbst aber soll seine Entstehung von einem Zimmermannslehrling haben, dem die Gesellen den Auftrag
gaben, auf der Zimmerwiese, in deren unmittelbarer
Nähe sich die Zimmerplätze befanden, Rasselböcke zu
fangen, die sich sehr zahlreich auf der Wiese aufhielten.
Die Rasselböcke aber sind sehr scheue Käfer. Der
Zimmermannslehrling nun wurde von den Gesellen auf
die Zimmerwiese gestellt, bekam einen großen offenen
Sack in die Hand und sollte da so lange stehen bleiben,
bis er den Sack voll Rasselkäfer hätte, was er auch so
dumm war, im guten Glauben, thun zu wollen.

„Hie gehts zu wie in der Wallachei!"

Den Spitznamen „Wallachei" führte eine Sackgasse süd-
wärts hinter den letzten alten Häusern der Mainzer-
gasse gelegen. Die Redeweise ist wohl offenbar eine
alte Zeitgenossin von der auf das Auslager bezüglichen,
denn seit vielen Jahrzehnten wohnen die Sachsenhäuser
am ehemaligen Auslager friedlich zusammen und in der
ehemaligen „Wallachei" ging es nicht zu wie in dem
Auslager. Nichtsdestoweniger bekommt man die zwei
Redensarten zuweilen bei alten Frankfurtern und

Sachsenhäusern heute noch zu hören. Auch eine auf die
ehemalige Bornheimer Haide bezügliche Redensart oder
vielmehr ein Liedchen mit dem Spitznamen „Bernemer
Nationalhymne" hat sich noch erhalten:

Seht emal die Säu im Gaarte,
Seht nor wie se weuhle!
Seht emal die Löcher an,
Die se schont geweuhlet han!

Das schon halb verschollen gewesene Liedchen frischte sich
nach dem Jahre 1848 bei Gelegenheit der communalen
Parteikämpfe um's Haus zum alten Limpurg wieder auf
und zwar vonseiten der „Heuler" gegen die „Wühler".
Seinen Ursprung hatte das Liedchen von der Bornheimer Haide her, die der Bornheimer Gemeinde gehörte
und von dieser als Weideplatz benutzt wurde. Die
nördliche Seite hieß „die Keuhwaad" und die südliche
„die Säuwaad." Letztere nun war von den Säuen
sehr zerwühlt. Die erste Verszeile des Liedchens aber
gebrauchte man gegen eine Gesellschaft, die sich an einem
anständigen öffentlichen Ort roh und ungeschliffen be-
nahm. Auch eine zweite auf Bornheim bezügliche
Redensart, oder vielmehr eine, die einem dortigen,
überaus dicken Bäckermeister namens Vetter galt, war
bis in die vierziger Jahre in Frankfurt sehr gebräuchlich. Sie existirte in mehreren Variationen und ich
will die im Reim, als die mundgerechteste, hier citiren:

„Der mecht den dicke Vetter
Zum Derr-Rapp seim Petter."

So bezeichnete man Einen, der mit seinem dicken Geldbeutel schmale Geschäfte machte.

„Ganz wie Se meene, sagt die Schnecke-Lene."

Die Schnecke-Lene, eine Verkäuferin und Ausspielerin von mürben Waaren, Lebkuchen, Pfeffernüssen u. s. w., hatte ihren Namen von einem Gebäck, Schnecke genannt, das sie hauptsächlich führte. Wenn sie abends mit einer vertrakten Haube auf dem Kopf, in Rock und Joppel und einen großen Henkelkorb am Arm in die Wirthsstuben kam, rief sie jedesmal: „Gute n' Abend meine Herrn! Schnecke! Schnecke! Schnecke!" und dann rappelte sie mit einem Beutel, in welchem sich die in hölzernen Hülsen steckenden und zusammengerollten Nieten und Treffer befanden. „Lebkuche, meine Herrn! Eins, Siwe, Dreizeh is noch frei!" Wenn sie nun Jemandem ihr Gebäck anbot oder ein Loos, und sie wurde damit abgewiesen, so sagte sie immer: „Ganz wie Se meene!" und dieses „Ganz wie Se meene" wurde zuletzt sprichwörtlich in Frankfurt und bei allen passenden Fällen angewandt.

„Der Autsch wohnt im Kutscherhof."

Ein Herr Autsch war Besitzer des Gasthauses zum Kutscherhof auf der Friedbergergasse. Der Schmerzensausruf „Au!" heißt aber auf Frankfurtisch „Autsch!" Rief nun Jemand „Autsch!" so sagte ihm der Frankfurter scherzweise: „der Autsch wohnt im Kutscherhof."

„Sparsam wie die Bornemer Posaun."

So benannte man eine übertriebene Hausfrau. Dem Gasthaus „zum Lamm" in Bornheim vulgo „Lammches Houie," wie's die Frankfurter nannten und wo Sonntags der Hannes mit der Lasbatt tanzte, sagte man nach, daß da, wenn der Tanzsaal überfüllt sei, die eine

Hälfte der Tänzer oben im Saal bei offenen Fenstern und die andere Hälfte unten im Hof tanze. Damit aber dafür das Orchester ausreiche, springe der Posaunist zweimal bei jedem Walzer an's offene Fenster und werfe einige Posaunenstöße hinunter in den Hof aus Sparsamkeitsrücksichten.

Die alten Frankfurter hatten sich auch einmal das Sprüchwort: „Was soll Saul unter den Propheten?" in's Frankfurtische übersetzt und zwar so:

„Wie kummt e Chrift zu em Terk?"

Das bezog sich auf den Türken am Haus zum Türkenschuß am Ecke der Zeil und Hasengasse. Der „Türkenschuß" war damals ein Wirthshaus und der Wirth und Besitzer hieß Chrift. Mit dem Neubau des Türkenschuß hat der alte Türke einem neuen Platz machen müssen. Der alte Türke schoß mit seiner Pistole nach der „Schlimmen Mauer," jetzt Stiftstraße, und der neue schießt nach „Hinter der Rose," jetzt Brönnerstraße. Hätte er das früher gethan, so wäre das gut gewesen für den Vauxhall, der sich von Mitte der zwanziger Jahre bis 1830 „Hinter der Rose" befand und dann leider falliren mußte. Als nun der neue Türke an den Türkenschuß kam und nach „Hinter der Rose" schoß, sagten die Frankfurter: „Jetz batt's nix mehr! Häst de friher dem Vauxhall was vorgeschosse!"

„Lewerworscht im Haus gemacht, is besser als wie draus gemacht"

ist ein altfrankfurter Sprüchwort. Zum Schlachten der Schweine bedienten sich die alten Frankurter jedoch nicht der zünftigen Metzger, sondern der sogenannten

Krautdarschter, keiner eigentlichen Metzger von Profession. Unter den Krautdarschtern waren besonders die im Winter in ihrem Handwerk unbeschäftigten Weißbindergesellen und dergl. stark vertreten. Da in früheren Zeiten diese Leute den Frankfurter Bürgern auch das Weißkraut einschnitten und davon den Spitznamen Krautdarschter führten, so übertrug sich diese Bezeichnung auch auf ihre Beschäftigung als Schlächter während der „Vorjerschlacht" oder Freischlacht. Wenn ein Frankfurter Bürger schlachtete, so war dies ein förmliches Familienfest. Die ganze Nachbarschaft und Freundschaft bekam „Worschtsupp" geschickt und zwar keine dünne, sondern eine mit zerplatzten Würstchen wohl und reichlich ausgestattete. Abends war großer Speckschnitt, an welchem wieder die ganze Nachbarschaft, Verwandtschaft und Freundschaft theilnahm und wo es hoch und fröhlich herging. Die Vorjerschlacht hat gegen früher sehr abgenommen, und zumal der Speckschnitt ist ganz außer Gebrauch gekommen. Wie diese Familienfestlichkeit zur Winterzeit, so ist auch der Bohnenschnitt zur Sommerzeit hinfällig geworden. Die Verhältnisse zur Nachbarschaft und überhaupt der Bürger zu einander waren im alten Frankfurt, als sich die Bürgerschaft noch gleichsam als eine große Familie betrachtete, bedeutend herzlicherer Art als jetzt.

„Wann is kaa Käskorb."

Das „Wann" in diesem Sprüchwort beruht auf einem Wortspiel zwischen dem Adverb „wann" und dem Hauptwort „Wanne." Sagt z. B. einer: Wann ich in der Lotterie das große Loos gewinne, dann — u. s. w.,

oder: Ja, wann ich das im Voraus gewußt hätte, dann
u. s. w., so bekommt er von einem Frankfurter zur
Antwort: „Ja, Wann is kää Käskorb" — (eine Wanne
ist kein Käskorb). Der Besitzer eines Badehäuschens
hatte aus Concurrenzneid auf das neue Badschiff, welches
„Wannenbäder von Mainwasser" bekannt gemacht, ebenfalls Wannenbäder von Mainwasser in seinem Badhäuschen eingeführt. Da ihm aber kupferne Badwannen,
wie sie das Badschiff besaß, zu kostspielig waren, so
wußte er sich zu helfen, und bediente sich, anstatt deren,
großer Limburger Käskörbe, wie sie beim Herrn Petri
in der Höllgasse und in der „Käsdaub" (Käsdaube, so
genannt nach dem Namen des Hauses „Zur Taube" in
der Fahrgasse) leicht und billig zu haben waren. Solche
große Käskörbe, in einem Badhäuschen in den Main
gehängt, hatten als Badewannen zugleich den Vorzug
vor den kupfernen Wannen, daß sie aus Weiden geflochten
waren und also fortwährend neuen Zufluß von frischem
Mainwasser erhielten. Die Frankfurter aber sagten:
„E Wann is kaa Käskorb."

„Beim alte Huwer
Danzt der Besem mit dem Schruwer,"

ist ein spezifisch altfrankfurter Sprüchwort und nur noch
sehr wenigen Frankfurtern bekannt. Es bezieht sich auf
einen Tanzlehrer, namens Huber, der im „Häbern-Brei"
wohnte.

„Sanko, apport! Un der Rettich war fort!"

Der Sanko, ein schwarz und weiß gescheckter Hühner-
hund, war der Schrecken aller Hockinnen auf dem Gemüsmarkt. Wann sein Herr, der in der Nähe vom

„Parreise", dem jetzigen Domplatz, einen Laden gehabt
hat, gern einen billigen Rettich essen wollte, hat er nur
zu seinem Sanko gesagt: „Sanko, apport!" und da ist
der Sanko hinaus auf den Gemüsmarkt, hat sich an
den Mahnen herumgedrückt, als wann er keine Drei
zählen könnte, und wubb dich! hatte er den dicksten
Rettich erwischt und hat sich dann geschwind fortgemacht,
begleitet von den besten Segenswünschen und sonstigen
millionen Stickstewwe-Eeser, und hat seinem Herrn den
Rettich gebracht. Unter „Sanko, apport! Un der
Rettich war fort!" verstand man daher: Uff Kommando
gestrenzt.

Auf dem alten Markt und zwar vor dem Schul-
haus hat auch eine stadtbekannte und originelle Geflügel-
hockin gesessen, namens Löwetraut, deren drittes
Wort war: „Zum Deiwel zu!" und von ihr stammt
die alte Redensart:

„Zum Deiwel zu Fraa Löwetraut!"
Die alte Löwetrautin hat alles gewußt, sie war:

„Die lewendig Nachricht."
Die Nachricht aber war das Blättche, und das
Blättche war – die Nachricht, d. h.: die Nachricht war
das Blättche oder das Intelligenzblatt.

„Erwese Bohne, geht iwer Makrone."
Erwese sind Erbsen, können aber auch noch was besseres
sein. Erwese kann auch heißen: Erben Sie! Bohnen
aber sind Geld. Also: Erwese Bohne ist so zu verstehen: Erben Sie Geld, das geht über Makronen.

„Zu de drei sieße Jumfern."
Die drei sieße Jumfern in Bockenheim hatten eine
Kaffeewirtschaft, wo es Butterkuchen und Obstkuchen

gab, die noch süßer waren als wie die drei süßen
Jungfern. „Sieß, wie die drei sieße Jumfern" sagte
man von Jemand, der süß that, vorab von alten Jung-
gesellen. Als die drei süßen Jungfern in Bockenheim
aus der Mode kamen, nannte sie der Volkswitz „Die
drei Palmen". Die Erklärung dieser Bezeichnung ergibt
sich aus dem Liede in der Oper „Jacob und seine Söhne
in Egypten." „Wo drei Palmen einsam stehen, lag ich
im Gebet vor Gott."

**„Wenn etzt nor der Klowe hält,
Daß die Fahnel net erunnerfällt."**

So lautete, als Frankfurt zu Ehren des Vorparlaments
eine Illumination der Stadt veranstaltet hatte, das
Transparent eines Sachsenhäusers, das er unter der
schwarz-roth-goldenen Fahne an seinem Hause angebracht
hatte. Es gibt auch noch eine andere Lesart, die in der
Stadt coursirte: „Wann odder jetz der Klowe bricht, da—"

**„Waart's ab, wie die Hanauer Gehleriewe-
Weiwer."**

Die saßen auf dem Römerberg und mußten warten, bis
die Leute kamen, um bei ihnen gelbe Rüben zu kaufen.
Wer ungeduldig ist und nicht warten will, dem sagt man:
„Waart's ab, wie die Hanauer Gehleriewe-Weiwer."

„Heil! Hier!"

So sagte man, wenn einer im Wirthshaus beim Schoppen
eingeschlafen war und dann durch einen Faustschlag auf
den Tisch jählings aufwachte. Ein Frankfurter Namens
Heyl, Chorist am Stadttheater, hatte sich früher beim
Frankfurter Linienmilitär anwerben lassen. Die Kaserne
befand sich damals in der Münzgasse, in der Nähe der
Weißfrauenkirche und in diese wurden an Sonn- und

Feiertagen die Soldaten der Compagnie, welcher Heyl
angehörte, zum Gottesdienst geführt. Heyl saß oben
auf dem Lettner und war während der Predigt eingeschlafen. Als aber der Herr Pfarrer auf der Kanzel
zur Ehre Gottes mit Donnerstimme die Worte rief:
„Heil ihm! Heil! Heil! Heil!" erwachte der Heyl davon
und schrie: „Hierrr!" Er hatte nämlich geglaubt, er
befände sich im Kasernenhof beim Namensaufruf, bei
der Verlesung.

„Blatz for'n Mann, es kimmt e halwer!"
Dieser Frankfurter Ausdruck ist eigentlich von specifisch
Sachsenhäuser Herkunft und stammt noch aus dem
vorigen Jahrhundert. Wenn damals die Sachsenhäuser
in einer Heckenwirthschaft beim Schoppen beisammen
saßen und es bestellte einer noch einen halben Schoppen:
„Noch en halwe!" so waren die skeptischen Bemerkungen
darüber unausbleiblich, denn wer bestellt in Sachsenhausen einen h a l b e n Schoppen? Brachte nun der
Wirth den unerhörten Halben und drängte sich damit
durch das Gewühl in der Stube nach dem Tisch, wobei
er das halbvolle Schoppenglas hoch in die Höhe hielt,
so rief alles: „Blatz forn Mann, es kimmt e halwer!"
Mit der Zeit hat dieser Ausdruck nun eine andere Ver-
wendung bekommen, und wenn jetzt ein Frankfurter oder
ein Sachsenhäuser in eine volle Stube kommt oder sich
durch sonst ein Gewühl von Menschen durcharbeiten
will, so sagt er scherzweise: „Blatz forn Mann! es
kimmt e halwer!" und will damit zugleich andeuten,
daß er nicht ganz dick sei sondern nur halb und also
nicht soviel Platz brauche, um durchzukommen,

„Grobb wie e Maabengel."

Was in Mainz die Rheinschnaken, waren in Frankfurt die „Maabengel," am Hafen beschäftigte Arbeiter, die wegen ihrer Höflichkeit noch niemals mit der Polizei oder dem Stadtamt in Konflikt gekommen sind. Außer dem „growe Maabengel" gab es auch noch einen „growe Wellebengel." Der Wellebengel war ein doppelter Bengel, denn er war ein Bengel und brachte Bengel, nämlich Wellenbengel. Derlei Leute, welche das Bengel-holz, die Wellen, ins Haus besorgten, mit welchen, wann die Wäsche war, in der Waschküche geheizt wurde, waren auch nicht sehr feiner Art.

„Der Bengel un der Flegel fahrn mit demselwe Segel,"

ist ein specifisch Frankfurter Sprüchwort, das ich aus der Vergessenheit, welcher es schon verfallen war, wieder herausziehen will. Das Sprüchwort will sagen, daß zwar ein Flegel noch kein Bengel ist, Grobheit noch keine Rohheit, die Nüance, die Abstufung aber nicht sehr bedeutend in die Augen springt. Es gilt dies aber nur vom gewöhnlichen Flegel, nicht von der imposanten Erscheinung des

„Siweforteflegel,"

ein Flegel, welcher sieben Sorten von Flegeln in sich vereinigt, lauter Flegel, die nicht nur Flegel, nicht ein-fache Wortflegel sind.

> Denn es haben ihre Regel
> Auch die sieben Sorten Flegel,
> Welche sind Naturflegel,
> Angeborne Urflegel,

Nicht nur schlichte Wortsflegel,
Sondern Haupt-, Erz-, Mordsflegel,
Allerwelts-, nicht neu-Flegel,
Criminals- und Säuflegel.

Sie sind „grobb wie Packtuch," „grobb wie Sau-
bohnestroh."

Wir kommen nun an ein unvermeidliches Kapitel,
nämlich an das

„Dos,"

welches jedoch nicht in Baden liegt, sondern in Frank-
furt-Sachsenhausen. Das Dos an sich ist ein zu ge-
wöhnliches Dos, um länger bei ihm zu verweilen. Aber
es hat zahlreiche Eigenschaften. Es kann dumm sein,
olwerig und aafällig, ruppig und lumpig, elend und
armselig, läusig und grindig, schepp und bucklig, falsch
und garschtig, scheel und lahm, stinkig und miserawel
u. s. w. Es kann e Steuwe-Dos, e Schinn-Dos und
e Liche-Dos sein, e Gewitterkeil-Dos, e Blitzkeil-Dos,
e Donnerkeil-Dos, e Hagelkeil-Dos und e Rawekeil-Dos;
e Stickfluß-Dos und e Schlagfluß-Dos. E narrig Dos
und e verrickt Dos is e mischucke Dos. Es gibt eben
viel Dosezeug in der Welt. Es gibt aber auch e lieb
klaa Steuwe-Desi! Gieh emol har, mei Harzi! Was
es e Mäulche mecht! Häste neun un neunzig biese Kreuz!
Gott bewahr dich!

„Wenn ein Sachsenhäuser das Wort

„Steuwe-Dos"

gebraucht, so denkt er dabei an keine sprachliche Ab-
stammung des Worts, an keine Staupe, gleichbedeutend
mit „fallende Sucht" oder „fallende Krankheit". Diese

Worte haben mit dem Steuve-Dos gar nichts zu thun. „Häste die Steuve" ist ihm nicht mehr als „Häste die Krenk". Die Krenk aber, die Krankheit, ist ihm nichts weiter als ein Zustand nicht angenehmer Art. Es gibt aber auch einen solchen angenehmer Art. Wenn Jemand etwas recht Komisches vorbringt, so sagt der Sachsen= häuser und auch der Frankfurter: „Häste die narrig Krenk!" — Das Diminutiv von Steuve-Dos, also das Steuve-Ösi, das wir schon erwähnt, ist der höchste Zärt= lichkeits-Ausdruck in Sachsenhausen und wird entweder auf ein Kind oder ein schönes junges Mädchen angewandt.

„Häste des Neunmal eins."

In einer Frankfurt-Sachsenhäuser Götterlehre ließen sich auch unschwer neun Musen und drei Grazien nachweisen, das ist jedoch hier nicht unsere Aufgabe. Aber wie die Neun, so spielen auch die Drei eine Rolle in Frankfurt und Sachsenhausen. Wir sehen von dem „Dreimänner= Wein" ab, welche Bezeichnung allgemein für einen Wein gebräuchlich ist, der so schlecht ist, daß er drei Männer umwirft, und verweisen nur auf einige Häusernamen in Frankfurt: auf die „Drei Römer", die „Drei halbe Mond", vie „Drei weißen Rosen", die „Drei Steuver" und die „Drei Rinder" u. s. w. in Sachsenhausen. Bei dem Kinderspiel in Frankfurt und Sachsenhausen, „Anschlagjes" genannt, wird bei dem „Hollopp" (auch „Holler" und „Halloh") gerufen und dabei mit der Hand wieder die Wand geschlagen: „Ans, zwaa, drei for mich."

„Deß is e Neumal Dos!"

Also ein Dos neunmal genommen. Aber welches Dos?

Es handelt sich hier nicht, wie beim Siebensortenflegel,
um verschiedene Sorten, sondern nur um eine Qualität
in neunfacher Verstärkung. Da aber diese Qualität
nicht angegeben ist, was bei der Gründlichkeit, mit
welcher vorab in Sachsenhausen sich ausgedrückt wird,
doch gewiß geschehen wäre, so kann das das Neunmal-
Dos nur die neunfache Vergrößerung von dem „Dos an
und für sich" sein. Und so ist es auch. „Des is e
Neunmal-Dos!" kann man auch von Jemand in gutem
Sinne sagen und gleichsam in Anerkennung seiner Durch-
triebenheit. Wird aber gesagt: Des is e recht Neunmal-
Dos, so unterläuft dabei eine Mißbilligung. Die Zahl
Neun spielt überhaupt bei den Kraftausdrücken der
Frankfurter und Sachsenhäuser eine Rolle. Hier nur
ein Beispiel für viele: „Neun und neunzig Stickfluß
sollst de kriehe!" — Warum nun neun und neunzig und
nicht gleich hundert? Die Erklärung läßt sich nur so
finden: die drei ist eine heilige Zahl, zwei dreier neben
einander: 33, ist die Verdoppelung und diese Verdoppelung wieder dreimal genommen, also 33 mal 3,
ergibt 99. Eine zweite Erklärung des neun und neunzig
Stickflüß, und nicht hundert, (es können auch Schlagflüß
sein) wäre die: Auf einen Stickfluß mehr oder weniger
kommt es nicht an.

„Zieh dich for dei Kinner aus
Un krawel in e Schneckehaus."

Dieses Sprichwort, das eine bittere Wahrheit enthält,
war nur Altfrankfurt eigen und weder in Sachsenhausen
noch in Offenbach gebräuchlich), obgleich der Offenbacher
Dialekt mit seinen Redeweisen und Sprüchwörtern bis

in die kleinsten Abstufungen ganz derselbe ist wie der Frankfurtische. Merkwürdig ist, daß das zwischen Sachsenhausen und Offenbach gelegene kleine Oberrad, trotz seines hundertjährigen täglichen lebhaften Verkehrs mit beiden Städten, weder den Offenbach'schen, also Frankfurter Dialekt, noch das Sachsenhäuser'sche Idiom spricht, sondern seine eigene Grammatik hat.

„Des Geriß wie die schwarz Katz.“

Die „schwarz Katz“ war eine junge, schwarze Köchin bei einem alten Bürgermeister, die ihm zu schmeicheln wußte und die Anstellungen vergab, weßhalb sie das „Geriß“ hatte.

„Ich hab's von em Große.“

Unter einem Großen haben die alten Frankfurter einen Stadtschultheißen, einen Schöffen oder sonst eine „gradelirte Person“ verstanden.

„Alleweil hat's geschellt.“

Wann im alten Frankfurt auf dem Stadtamt die streitenden Parteien etwas laut wurden und mit der Faust auf den Amtstisch schlugen, daß die Tintenfässer tanzten und dem Herrn Amtmann Gallus seine begütigenden Worte: „Still odder ich laß euch enauswerfe, ihr Maabengel“ nichts mehr nutzten, da hat er zur Schelle gegriffen und dem Walther geklingelt. Das war der Pedell in der Vorstube. „Waltherrr! schmeiß merr emal die ganz Lumbebakaasch enaus!“ Da ist es still geworden, denn „alleweil hat's geschellt!“

„Herr Major, was mache Se dann for dumm Zeug!“

hat der Oberst Ellrodt dem Major Rotheborjer bei der Revue am Grinkbrunnen zugerufen, und der

Herr Major Rotheborjer hat dem Herrn Oberst Ellrodt zugerufen:

„Wann Se's besser könne, so mache Sie's!"
„Hochmuth kimmt vor'm weiße Hut."

Warum gerade vor dem weißen Hut und nicht eben so gut auch vor dem schwarzen? Noch zu Anfang des vorigen Jahrhunderts war es in Frankfurt kein so großes Pläsir Bankrott zu machen als wie eben, denn erstens wurde so ein Bankrottier von „amtswege" durch einen städtischen Tambour öffentlich ausgetrommelt, und zweitens mußte er ein ganzes Jahr lang einen weißen Hut tragen.

„Des sin odder stolze Leut, die hawe zwää Fahnele uffem Haus."

Mit der einen Fahne auf dem Haus war die Wetterfahne gemeint und mit der anderen eine Fahne von weißem Tuch. Wann in früheren Zeiten ein Hausbesitzer seinem Kapitalisten nicht die Zinsen bezahlen konnte und es ward die Injaßklage erhoben, so kam das eingeklagte Haus „unner die Fahnel". Bei der öffentlichen Versteigerung bekam es eine weiße Fahne aufgesteckt.

„Frankfort fährt selte aus, fährt's awer aus, so fährt's vierspännig."

Dieses geflügelte Wort ist von Dr. Maximilian Reinganum. Die Veranlassung dazu gab der Brand von Hamburg (5. Mai 1842). Als die Kunde davon nach Frankfurt kam, ließ der Senat die „Ständige Bürgerrepräsentation" und den „Gesetzgebenden Körper" zu einer außerordentlichen Sitzung einberufen (10. Mai) und stellte dann zuerst bei der Bürgerrepräsentation und dann bei dem Gesetzgebenden Körper, dessen Mitglied

Dr. Reinganum war, den Antrag, die Abgebrannten in Hamburg mit einer Summe von 2500 Gulden aus städtischen Mitteln zu unterstützen. Die Bürgerrepräsentation fand diese Summe für die Schwesterstadt viel zu niedrig, und als dann der Senatsantrag an den Gesetzgebenden Körper kam, fand auch dieser die Summe viel zu unbedeutend. Dr. Reinganum erhob sich und sprach: „Frankfurt fährt selten aus, wenn es aber ausfährt, so fährt's vierspännig." Der Gesetzgebende Körper faßte den Beschluß, dem Senat von Hamburg für die Abgebrannten sogleich die Summe von 100,000 Gulden aus der Stadtkasse zur Disposition zu stellen. „Frankfurt fährt selten aus, fährt's aber aus, so fährt's vierspännig," sagt heute noch der Frankfurter scherzweise, wenn er bei einer Festlichkeit, bei einem Schmaus oder dergl. ein Uebriges thut.

Im Verlage von **Heinrich Keller** in **Frankfurt a. M.** sind erschienen:

Friedrich Stoltze's gesammelte Werke
5 Bände geheftet Mk. 15.—

5 Bände in 3 Leinwandbände (nach Entwurf von A. Linnemann) geb. ohne Goldschnitt Mk. 17.75,

5 Bände in 5 Leinwandbände (nach Entwurf von A. Linnemann) geb. ohne Goldschnitt Mk. 18.75.

Gedichte in Frankfurter Mundart I. Band
geheftet Mk. 3.—, gebunden mit Goldschnitt Mk. 4.—,

Gedichte in Frankfurter Mundart II. Band
geheftet Mk. 3.—, gebunden mit Goldschnitt Mk. 4.—,

Novellen und Erzählungen in Frankfurter Mundart
geheftet Mk. 3.—, gebunden mit Goldschnitt Mk. 4.—,

Hochdeutsche Gedichte
geheftet Mk. 3.—, gebunden mit Goldschnitt Mk. 4.—,

Vermischte Schriften
geheftet Mk. 3.—, gebunden mit Goldschnitt Mk. 4.—.

Hornfeck, Fr., Schenkenbuch. Rhein- und Weinlieder. Geheftet Mk. 4.—, eleg. gebunden Mk. 5.—.

Graf, Franz, Hundert Kneiplieder für Techniker. Geheftet Mk. 1.50, cartonirt Mk. 1.75.